# 明日の授業に使える
# 中学校社会科

## 公民
### 【第2版】

歴史教育者協議会 編

大月書店

## 『明日の授業に使える中学校社会科』第2版 シリーズ刊行にあたって

　2017（平成29）年3月、2006年教育基本法下で2度目となる学習指導要領が改訂（第9次）されました。総則で2006年教育基本法に沿った目標を掲げ、道徳教育を要にしています。さらに、カリキュラム・マネジメントの実現と評価体制から、「育成すべき資質・能力（コンピテンシー）」とアクティブ・ラーニングを置き換えた「主体的・対話的で深い学び」を柱にしています。これを受けて、社会科では、さまざまな学び方と教育内容が求められています。

　歴史教育者協議会は、1978年から学習指導要領改訂のたびに『たのしくわかる社会科の授業』『新たのしくわかる社会科・生活科の授業』シリーズ、『わかってたのしい社会科・生活科の授業』シリーズを刊行してきました。前回の学習指導要領改訂では、教材の提供など教育現場の状況に対応するかたちで『明日の授業に使える社会科・生活科』シリーズとして刊行しました。今回は、中学校社会科の改訂版になります。これまでのシリーズと同様に、社会科が担っている平和で民主的な主権者を育成するという原点を大事にして編集しました。

　今日、教育の「デジタル化」が進んでいますが、授業は画一化と効率化だけでは成り立ちません。授業は、教員の教材研究や授業づくりと、学びあう生徒とのあいだでつくられていきます。カリキュラムの自主編成は、それぞれの教員の手によって進められていくものです。

　この10年余、東日本大震災や原発事故、紛争の絶えない世界、核兵器廃絶の動き、地球温暖化、女性の権利、性の多様性、歴史改竄の動き、新型コロナを機にした経済や働き方の問題など、世界は新たな課題に直面しています。今回の改訂版シリーズは、そうした課題も受けとめています。読者のみなさんの授業づくりに役に立つことを願っています。

2022年3月

一般社団法人　歴史教育者協議会

『明日の授業に使える中学校社会科』シリーズ編集委員会

▶ **明日の授業に使える中学校社会科　公民　もくじ**

## I　現代社会と私たち

## II　個人の尊重と日本国憲法

## III　現代の民主政治と社会

# ▶ 問いに向きあい、未来を創る主権者育成を

## 激動の時代に学ぶ意味を考える

　本書の執筆は、新型コロナウイルス感染症（COVID-19）のパンデミック下ですすめられました。学校現場では、2017年告示の学習指導要領が2021年度に本格実施となるにあたり、指導内容はもとより指導方法、評価方法の再検討が迫られましたが、新型感染症の流行という「非常事態」により「日常」が次々変えられる不安や驚きのなかで、学校としてさまざまな対応に追われ、教師が"自ら考え、判断し、方向を見出す"ことが十分にできないまま指令に流されている状況だったのではないでしょうか。いつ感染症が収束するとも見えないなかで、新指導要領への移行にあたって、十分に研究し準備をすることもできない学校が多かったのではと思います。

　そして2022年2月、ロシアがウクライナを軍事侵攻するという事態を世界が目撃しました。教室では生徒が「先生！　とうとう爆撃したよ！」「どうして？」「どうすればいいの？　止められないの？」と次々に質問してきました。

　「社会科」は、日本国憲法施行により主権者を育成するための教科として設置されました。私たち歴史教育者協議会は、設立以来、その責務に応えるべく研究、実践をすすめてきました。本シリーズ第2版の刊行にあたり、公民的分野はその時々の社会情勢をふまえた教材を取り入れようと、第1版から大きく改訂をおこないましたが、執筆・編集の時間経過とともに想像以上の事態が起きたため、残念ながら「今この時」に応じた最新の教材といえない部分もあるかもしれません。しかし本書を貫く授業づくりの姿勢、教材や問いの選択から、各地の社会科教師のみなさんに、授業とは、教材とは、問いとは、

と考えるためのヒントとして寄与する内容であればと願います。

　「先生、どうして？」「どうすればいいの？」という生徒の問いに、正しく答えることは容易ではありません。教師も、今の時代をともに生き、次々に新しい事態に直面している一人の市民なのですから。だからこそ、いっそう研究し、授業をつくり、「いっしょに考えよう」と答えていきたいと思います。

## 「政治的中立性」と授業づくり

　私たちの授業にあたっては、手元に「教科書」があります。社会科の教科書は、家永教科書裁判に象徴されるように、その時々の政権によって、時に社会事象の解釈や学問の自由との間で大きな問題をはらむものでした。2015年には「政府の統一的な見解…に基づいた記述」を指示され、領土問題や戦争責任問題に関わる執拗な検定がおこなわれています。

　では、教科書の記述からはみ出さないように教えることが、私たち社会科教師の心がけるべきことなのでしょうか。2017年告示の学習指導要領に、社会科の目的は「社会的な見方・考え方を働かせ、課題を追究したり解決したりする活動を通して、広い視野に立ち、グローバル化する国際社会に主体的に生きる平和で民主的な国家及び社会の形成者に必要な公民としての資質・能力の基礎」を育成することとあります。

　「社会的な見方」や「考え方」は、与えられる情報を鵜呑みにすることではありません。多角的に資料・情報を読み取り、比較や批判的検討を加えて、考察を深める過程が欠かせないのであって、教科書の教材や記述も、政府見解も、そのひとつの資料として授業をつくることが求

められています。

しかしながら、「中立」という文言が一人歩きすることで、たとえば賛否、たとえばAとB、さらには右と左など、二項対立の両論を提示することで「中立」の立場を保持しているとしたり、教師の説明を二項の中間において説明しようとしたりする授業も見受けられます。その場合、結論は見出せなかったり、どちらかの「選択」に終わる懸念があります。私たちが本書で提示した授業がめざしたのは、さまざまな視点を学び、どうすれば「より良い社会」を導くことができるのか、です。二項対立の紹介に終わるのではなく、生徒自身の中に疑問がわき、必要な情報や資料を求め、さらに比較し考察していこうとするような授業をしていきましょう。

## 若者の低投票率と政治教育

2016年から18歳選挙権が実現しました。しかし、近年の若い世代の低投票率は深刻です。2005年の郵政民営化を前面に押し出した選挙や2009年の政権交代選挙で40％を超えたものの、その後は30％台にとどまります。若者に限らず全世代の投票率が低迷している現実に、社会科教育は何をしてきたのかと忸怩たる思いを抱える教師も多いでしょう。

「まだ選挙権を手にするのは早いと思う」とは、国立大学で社会科教員免許を取得しようとしていた、ある学生の声です。「どうして？」と問うと「もっといろいろ学ばなければ」と答えますが、「どこまで学べば、有権者としてふさわしいことになるの？」と問うと、困ったように口をつぐみました。

私たちのこれまでの社会科は、知識の量を問う高学歴エリート育成のための社会科ではなかったでしょうか。受験制度の問題も大きく影響しているに違いありませんが、めざすべきは、普通選挙権を求め続けた歴史から学ぶまでもなく、「誰もがこの社会の主権者であり、有権者だ」と自覚できる生徒の育成のはずです。成績で優劣をつけるための社会科ではなく、生徒たちが

胸を張り「有権者」として政治参画する意識をもって巣立てるようにするには、どのような学びが必要なのでしょうか。

「多様性」というキーワードが教科書には多く用いられていますが、これは生徒にとって「他者の多様性」を認めるだけではなく、自分自身をも、その多様性のある「個」として受けとめることです。多様な意見をもつ市民の一人として自己を認め、権利を自覚するからこそ、社会の誰にも選挙権があるという「普通選挙」の意義を尊いと思えるし、そこに自分も当事者として向きあおうと思えるのではないでしょうか。

「中学校で模擬選挙をやってよかった。初めての国政選挙で、投票会場に向かうハードルが、自分はとても低かったなと実感する」とは高校3年生の言葉。模擬選挙を経験した中学生が、「どうしておとなは選挙に行かないんだ。政治ってウチらの生活じゃないか」「誰に入れても変わらないなんて、政策を少し見ればわかるじゃないか」と主張します。文科省と総務省が高校生向け副教材『私たちが拓く日本の未来——有権者として求められる力を身につけるために』（2015年）を発行し、教育現場で有権者教育の充実を図ることは重要な課題となっています。積極的に「有権者」の自覚を育む授業を、中学校でもおこないたいものです。

## 学習指導要領と私たちの授業

今回の学習指導要領の改訂にあたっては、社会の構造的変化がその背景にあるといいます。文科省は、これからの教育課程を「よりよい学校教育を通じてよりよい社会を創るという目標を学校と社会とが共有し…社会との連携・協働によりその実現を図っていく」、社会に開かれたものにすると謳っています（「新学習指導要領の全面実施と学習評価の改善について」令和2年10月、文部科学省初等中等教育局）。グローバル化や少子高齢化、情報化の進行する現代社会、さらに2015年に「国連持続可能な開発サミット」で採択された「持続可能な開発のための2030ア

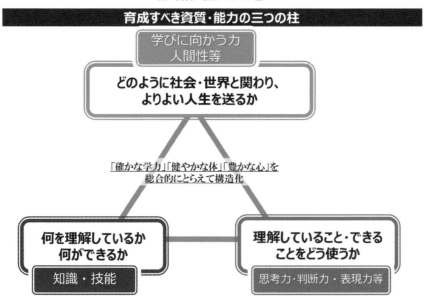

ジェンダ（SDGs）」に掲げられた達成目標の数々は、正解が教えられ、それさえ知っていれば解決できる課題ではないことが明らかです。そのような現代を生き、未来を形成する個人の育成という課題に向きあおうとしていることは、この新学習指導要領にも切実に現れています。そのため、「教育課程の実施に当たって…学校教育を学校内に閉じずに、その目指すところを社会と共有・連携しながら実現」させることを求めています。これからの社会形成の担い手となる若い世代の選挙離れ、政治的関心の低さは、どのような立場から見ても深刻な社会問題です。だからこそ、指導要領の目標とするところや、教科書で提示されるさまざまな課題を「自分ごと」として主体的に考察し、社会参画の意思をもつ生徒を育てることを意識しなければなりません。

　文科省の解説では、「何ができるようになるか」において、育成すべき「資質・能力」の3つの柱を図のように示しています。

　学校現場では、この3つの柱がそれぞれの観点別評価となり、評定につながるものであるため、数値化と3段階・5段階の基準作成という実務に頭を悩ませます。評価とは何か、特に

「学びに向かう力、人間性」が評価できるものなのかという問題は大きく、結局、テストやワークシートなど数値化しうるものに依拠し、さらに「学校としての」統一した評価基準に合わせることが求められます。そうして、学習指導要領の掲げる理念や理想が、各学校、各教室では、それとかけ離れた様相になっていることも、今の教育問題のひとつでしょう。それが、「学習目標は先に書く」「板書はこうまとめる」というような、各学校の「スタンダード」や共通授業スタイルが各地で謳われるという形で、如実に現れています。

　あらためて、社会科教師である私たちは、何のための社会科か、その本質をぶらさずに授業をつくるよう、多忙ななかでも日々考え実践しなければならないのではないでしょうか。

## 子どもの権利と社会参画

　子どもの権利条約の第29条「教育の目的」には「教育は、子どもが自分のもっている能力を最大限のばし、人権や平和、環境を守ることなどを学ぶためのもの」（日本ユニセフ協会抄訳）とあります。今まさに、2030年までにSDGsの17の目標達成をめざそうという国際的な取り組

みがあり、一方で、その破壊者のごとくウクライナ侵攻がおこなわれ、新自由主義経済のもとで格差・貧困がすすみ、差別や排外主義的な対立など、「どうしたらいい」のか不安な問題だらけです。しかしだからこそ、次世代が子どもの権利条約の掲げる人権・平和・環境という価値を共有することで、新しい知恵や法律、国際関係を生む希望もあるのでしょう。

この時代に、社会科を学ぶ中学生が「どうせ」「自分には何も」と、希望や可能性を感じられず自己の殻に閉じこもらずにすむように、視野も行動も社会に開かれていることを、教師自身が体現するように、地域とつながり、当事者とつながり、政治とつながり、外国とつながることが、日常の授業に感じられるような教材を教室に持ち込む必要があります。また、子どもの権利条約第12条の「意見表明権」、第13条の「表現の自由」に関連し、18歳成人を目前にした中学生が、「子ども」としても社会参画する権利を、当たり前に保障する姿勢をもたなければなりません。これは、日本国憲法の中で基本的人権として「何人も」請願権を保障されているように、これまでも当然大切にされるべきだったことが、なかなか日本の教育では重視されてこなかった側面です。子どもが社会的に意見を表明することは、まっとうな民主主義社会の実現のため、学習指導要領が謳うような社会に参画する国民形成のため、そして一人ひとりが幸せな人生を生きる術を身につけるためにも、大切にされなければなりません。そのために、教室をテストや入試対策に閉じ込めないものに改革することが喫緊の課題です。

本書は、そのような考えをもって全国の会員が実践している授業を、できるだけ広く、誰でも・どこでも実践できるように、教材を具体的にあげながら編纂したものです。

### ICTは社会とつながり探究を深めるツールとして

コロナ禍によって、各学校では急速に一人1台のＰＣ導入がすすみました。授業での活用については まだ試行錯誤の学校が多いと思われますが、活用すること自体が目標になってはなりません。ただ、社会科において「調べる」ことは多く、そのツールが各自の机上にあることで、辞書や事典、新聞などの論説に限らず「現場」や「当事者」にも迫ることができます。必要なリテラシーを習得しながら、この1台を生かす可能性は大きいでしょう。

2022年3月、筆者の目の前の中学3年生たちは、「どうしてだ」「どうすればいいんだ」とネットの情報を探しては思案していました。生徒の中に、どうしても知りたいことや解決したい課題という内発的動機が湧き起こったとき、使えるツールは使うという自発的行動になります。そして生徒どうしで情報の共有をおこなっては、また自分のＰＣと向きあう生徒や、ウクライナ大使館やロシア大使館、首相官邸、身近な議員等へと、時には翻訳ソフトも使いながら、質問や意見を手紙・メールにする生徒たちがいました。

公民的分野では、最終章に「よりよい社会を目指して」の学習活動が記されていますが、実態として、高校入試の時期にどれだけできるかは疑問です。本書では、最終章の学習活動を示していませんが、各章、各授業内で「よりよい社会をめざす」学びを意識し、生徒が主体的に調べ、考え、社会とつながる授業案を示そうとしています。その際にもツールとしてＰＣを活用できればと思います。グローバル化、ICT化がすすむ社会で、日本に限らず地球市民の一員として生きる生徒が、これらの学習を通じて、主権者としての意識や社会で連帯するための学びを身につけ、義務教育を卒業していくことを応援する授業づくりを各地で展開していただけるよう期待しています。　　　　　（平井敦子）

## デジタル資料集の使い方

本書のなかで $\boxed{\text{デジタル資料集}}$ 🖥 のマークのある図画資料やワークシート類は、インターネット上の専用サイト「デジタル資料集」で閲覧・ダウンロードできます。下記のアドレスからご登録の上、ご利用ください。

---

### https://data.otsukishoten.co.jp/jugyo/

大月書店ホームページ（http://www.otsukishoten.co.jp）にもリンクがあります。

---

### 図画資料

カラー画像をプロジェクターや電子黒板で大きく掲示すれば、生徒たちの注目が集まります。一般的な画像ファイル（JPEG形式）ですので、カラー印刷や、パソコンでの自由なレイアウトが可能です。

### 文章資料・ワークシート例

パソコンから印刷して配布することができます。ワークシートは、各時の授業案の執筆者が実際のクラスでの利用を考慮して作成したものです。参考例として、地域やクラスの実態にあわせて適宜変更してご利用ください。

## 著作権に関するご注意

本書および「デジタル資料集」に収録の資料・データ類には著作権が存在するものが含まれます。学校内での授業実践・授業研究・教材作成などに利用する範囲を越えて複製・頒布・公開することは著作権の侵害となりますので、ご注意ください。

## 図書館での利用について

「デジタル資料集」の利用は本書を購入した個人のみ可能です。図書館での購入および貸出しの場合はご利用いただくことはできません。学校内などでのアカウントおよびパスワードの共有もご遠慮ください。

# 現代社会と私たち

# ① 私の未来予想図と現代社会

## ねらい

● 公民的分野のオリエンテーションとして、地理、歴史の学習をふまえて未来を創造するための学習であることを理解する。
● 自身の未来予想と社会のあり方を多面的・多角的に考察し、どんな社会をつくるか、自分ごととして考え行動することの大切さを理解する。

## 授業の展開

(1) 義務教育はもう終わり

● 「中学3年になり、もうすぐ夏を迎える。みんなも進路選択に向けて準備をする時期になってきた。みんなはどんな未来を描いているだろう?」
義務教育を終え、自身の進路を選択して歩み出すときを意識して、これからの公民的分野の学習に臨ませたい。

・10年後の自分の未来予想、イメージする生活をワークシートに書かせる(**資料1**)。

・ペアワークを指示。インタビューの形でお互いの未来予想を語りあう。教師は、盛り上がっているペアから2～3組ピックアップし、内容を教室全体に紹介する。

資料1　10年後の自分の未来予想

| 今から | 西暦 | 年齢 | こんな生活、仕事 |
|---|---|---|---|
| 5年後 | 2027年 | 20歳 | 大学生(理系?) |
| 10年後 | 2032年 | 25歳 | メーカーに勤めて… 結婚はまだ |
| 20年後 | 2042年 | 35歳 | 家を建てる 家族は4人? |
| 30年後 | 2052年 | 45歳 | 子どもは中学生か |

● 「先生も、みんなの進路選択を応援しているよ。がんばって! でも、世の中は甘くない。厳しい壁にぶつかることもあるけど、大丈夫かな?」
壁を乗り越える強さ、相談したり励ましあう勇気など、中学校で日々指導していることにふれながら、ちょっとした覚悟へ誘う。

(2) 人間は社会的な存在だ

・4人程度のグループに、それぞれ「もしもカード」(**資料2**)を渡す。

● 「もしも、こんなことが起こったら、未来の自分はどうなるんだろう? どうすればいい?」

・グループで、自分の感じる不安と課題をどう解決するか、意見交流する。自分の努力だけでどうにかできるのか話しあう。

・出しあった意見を、そ

＊他に災害や家族の困難、不景気、過疎自治体のサービス低下など、これから学習する公民分野の導入として項目をあげるとよい。

資料2　もしもカード(例)

> **そんなあなたの人生に…こんなときどうする?**
> 1. 2年後、予期せぬ大病にかかり、治療に長い時間とお金がかかる
> 2. 大学の学費が値上がりし、家計の負担から進学を断念せざるをえなくなる
> 3. 新型の感染症が拡大し、その影響で仕事が続けられなくなる
> 4. 地球温暖化で世界的に農業生産が激減、十分な食料が買えなくなる
> 5. 近隣諸国との関係が悪化し、社会不安の中で徴兵制度ができる。3年間は軍隊に参加しなければならなくなる

れぞれワークシートに整理する時間を設ける。

● 「この教室を、大きな社会だととらえてみよう。みんなと同じように、それぞれ好きなことがあり、楽しく人生を送りたいと考える人が集まる、それが社会だ」

・各グループが疑似経験した課題について、どんな意見が出たかを発表。

　まだ社会経験の少ない中学生には、10年、20年後と、働き収入を得て、家族や地域ですごすということが十分にはイメージできない。生徒の反応の中には非現実的であったり、できごとの実際を想像しきれていないものもあるだろう。教師は、そうした発言をピックアップしながら、イメージ化を助けたり、質問したりすることで、学級全体で「こういう問題があるときには、自分たちはどうなるのだろう。どうするのだろう」と、関心をもつように働きかける。

　「そんなとき、医療費の無償化制度ができたとしたら？」（「やった！」）

　「返済不要の奨学金制度がある」（「そういえば」）

　「学費を無料にした国もあるよ」（「えー！」）

　現実にある制度だけではなく、未来の可能性なども示唆しながら、「社会」の中で生きていくことの意味を感じさせる。歴史的分野での、日本国憲法の成立や戦後史の学習からも、今の社会にあるさまざまな施策や法律は、先人が考え行動した結果として実現したこと、そして、これからは自分が未来の社会形成にかかわることを意識させる。

・先にあげた事例に対して、何ができるか、どうするか、もう一度考えさせ、質問や意見を求める。（「とりあえず区役所に行く」「研究者になって食い止める」「近隣諸国と戦争なんてこと、ありえるの？」）

（3）現代社会と私たち

・生徒会で取り組んできた身近なボランティア活動や、教科書の扉写真なども紹介しながら、「どうにかしてほしい」「どうにかできないか」から「どうにかするには」へと、多くの人びとが活動するようすを知る。

＊児童館や子ども食堂、また地域で経験した災害時の活動など、生徒の生活に身近な事例を教師は把握しておきたい。

・義務教育の最後となる公民的分野の学習は、自立して幸せな生活を送るために必要な教養や、社会のさまざまな課題にどのように向きあうかを考えていく学習。みんなで活発に考え、議論しあっていこう、と終える。

**留意点**

● 公民的分野の憲法、政治、経済、国際社会などの単元には「あまり興味がない」「不得意だと思う」と感じる生徒が多い。導入の1時間として、「未来予想図」を友人たちと楽しく語りあう時間を大切にしたい。

● 自分が幸せに、希望をもって生きられるかどうかは社会のあり方に左右されることに気づき、「社会をつくる」権利や責任があることを考えるきっかけの授業にしたい。

（平井敦子）

# 2 持続可能な社会に向けて

1 時間

## ねらい

● 「持続可能な開発のための 2030 アジェンダ（SDGs）」から、国際社会が地球規模でめざすべき目標を定めて動きだしていることを知る。

● SDGs の 17 の目標について考察し、理解を深める。

● 地球社会の一員として、ともに社会をつくる責任があることに気づく。

## 授業の展開

（1）持続可能な社会とは

● 「2050 年にみなさんは 40 歳代。その頃、世の中はどうなっていると思う？　次に紹介するのは、総務省の作成した『2050 年以降の世界』に書かれている未来予想です」

> ・人工知能（AI）を搭載したロボットと人間が結婚する
> ・地球と宇宙をつなぐ「宇宙エレベーター」が実現する
> ・脳に埋め込まれたチップによる無線通信が可能になる

（「まさか」「脳のチップで無線 !?」）

　科学技術の発展には夢があり、無限の可能性がある。AI 搭載の家庭電化製品はすでに私たちの生活をより豊かで便利にしている。いくつかの話題を紹介し、未来の可能性を想像してみる。

● 「しかし一方で、こんな予想もあります」

・世界気象機関（WMO）による「2050 年の天気予報」（資料１）を映像で紹介する。地球温暖化による異常気象、台風災害の大規模化、食糧不足、難民増等、今の社会のままでは、これまで通りの生活を維持できない恐れのある課題が多くある。

**資料1　「2050 年の天気予報」（NHK）**
www.youtube.com/watch?v=NCqVbJwmyuo

● 「SDGs（エスディージーズ）という言葉を聞いたことはある？」

　2015 年に国連本部で開催された「国連持続可能な開発サミット」で「持続可能な開発のための 2030 アジェンダ」として採択された、世界共通の目標（ゴール）だ。「未来の世代を犠牲にすることなく、現在に生きる人びとの要求も満たすために」として定められた目標。

・国連広報センター作成の動画（資料２）を視聴する。（「難しそう」「将来世代の要求を満たしながらなんてできる？」「でも必要なことはわかる」）

**資料2　「持続可能な開発とは?」（国連広報センター作成）**
www.youtube.com/watch?v=1c48vhokWLQ

（2）持続可能な開発目標と私たち

● 「それぞれのゴールにどれぐらい重要度があるか。自分たちなりに考えてみよう」

・4人程度のグループをつくり、17の目標カードを配布。

・とくに解決すべきだと考える課題を、緊急度の高い順に九つ選び、右図のようなダイヤモンドランキングを使って並べる。その理由をワークシートに整理する。

・各グループが結果と理由を発表。お互いの考えを聞き、自分たちのグループにはなかった視点や考え方をワークシート（資料3）にメモする。

● 「世界の人たちから見て、あなたたちのランキングはどう見えるかな」

・地理や歴史で学んだことを思い起こしながら、世界的には重要な課題なのに、自分たちの話しあいでは軽んじられていた目標がないかを再考察する。（「働く人のことは重視していなかったな」「トイレの問題は切実ではなかった」）

● 「その目標が世界全体で達成できなかったとしても、自分たちの生活だけは『持続可能』になるのだろうか？　それとも、地球全体としてはやはり重要なことだろうか？」

・考えをワークシートにまとめる。

（3）想像力をもって手をつなごう

● 「この数は何を意味するでしょう」と、「163か国・地域」という数字を示す。

「2011年の東日本大震災のとき、日本にさまざまな形で支援をしてくれた国や地域の数です」（外務省ウェブサイトより）

いくつかの国の支援活動を、写真資料を使って示す。

私たちの生きる社会は「ともに生きる」社会。SDGs達成のためにも、世界のできごとや課題を、ともに生きる仲間として意識し、解決にむけて社会参画していく大切さを示唆し、1年間の学習の導入とする。

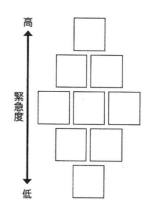

資料3　ワークシート「17ゴールのダイヤモンドランキング」

デジタル資料集

参考ウェブサイト
▶▶JICA 地球のひろば
SDGsカードなど教材がダウンロードできる。
www.jica.go.jp/hiroba/teacher/material/sdgs.html

▶▶日本ユニセフ協会
「SDGs CLUB」
www.unicef.or.jp/kodomo/sdgs/

▶▶東日本大震災における海外からの支援受入れについて
www.hemri21.jp/bunmeiseminar22/pdf/2013a6.pdf

▶▶外務省「東日本大震災・復興関連情報　世界各国・地域等からの緊急支援」
www.mofa.go.jp/mofaj/saigai/shien.html

---

**留意点** ·····················

● 「持続可能な開発目標」については、JICAやユニセフが学習教材を多く提供している。17の目標について、活動的な学習を通して学ぶ時間を設けることができるとよい。

● 日本など先進国が開発途上国に対して「してあげる」意識になりがちな目標もあるが、東日本大震災における世界各地からの支援を事例に、「お互いに、みんなで」という視点を忘れないようにする。　　（平井敦子）

## 3 現代社会の特色と私たち①

1時間

### ねらい

● 地理的分野や歴史的分野の学習内容と関連させながら、現代社会の特色について理解する。

● 「おとな世代へのインタビュー」をするために、グローバル化、少子高齢化、情報化など現代社会の特色について自分の言葉で表現する。

### 授業の展開

(1) 現代社会の特色

・教科書にある「グローバル化」「少子高齢化」「情報化」といった現代社会の特色を紹介し、その説明を確認する。

● 「たとえば、こういうこと」と、スーパーで売っている調理済み少量パック食品（実物または写真）を示す。「みんなの生活の中でみられる当たり前の商品だね。ここにも、現代社会の特色がつまっているんだけど、何のことかわかるかな？」

（「原料が外国産なんじゃない？」「パックもプラスチックだから石油だ」「高齢者の好みに合わせている」等）

グローバル化

少子高齢化　　情報化

・なぜ少量パック販売なのか、シールにどんな情報があるかなど、ヒントを示しながら、生徒たちにとっては日常の中の「当たり前」の商品に、家族構成の変化やICTの発達など、社会の変化が読み取れることを示唆する。

・地理の授業や、歴史の授業を通して学習してきたことを振り返る。世界の各地域の産物や貿易、国際分業の進行、食糧自給率の低下や産業の空洞化、過疎や過密といった人口問題など、これまで学習してきた内容を問いながら、あらためて公民教科書に掲載されている事項を確認する。

(2) 社会の変化と新たな課題

● 「みんなにとっては、現代社会は暮らしやすい社会かな？」（「もちろん」「でもSDGsの勉強したからな、ちょっと不安」「スマホがなかったら生きていけない」）

● 「こうした社会の急速な変化を目撃し、体験してきた人びとがいる。みんなの親や祖父母の世代には、今の社会はどう見えているだろう。良くなってきたと思っているのか、それとも課題がある時代になったと思っているのか？」（「どうだろう」「うちのおばあちゃんはスマホばっちりだよ」等）

● 「では、これからみんなに取材記者になってもらいます！」

・資料1のワークシート（①グローバル化　②少子高齢化　③情報化　④日本経済）を配付。

「このワークシートを使って、来週までに親や祖父母、身近なおとなたちに話を聞いてこよう」

デジタル資料集

〈取材テーマに関して〉
A　おとな世代が中学生だった頃は、現代と比べどんなようすだったか、具体的に聞きだそう。
B　現代は昔よりよくなった、暮らしやすくなったと感じていることは何か。その理由は？
C　現代は昔より悪くなった、暮らしにくくなった、心配だと感じていることは何か。その理由は？

「いきなりAのように聞かれても答えづらい。取材するには質問する力が必要だ。具体的に事例をあげたり、資料を見てもらって質問するように工夫しよう」と、例を示しアドバイスする。

（例1）「今は外国に行く機会が多いし、グラフでもこのように増えているけど、お母さんの中学生の頃はどうだったの？」

（例2）「介護が大変になったって教科書に書いてあるけど、そう思う？」

「そのためにも、自分が現代社会の特色を理解していなければならない。ワークシートで参照したデータや資料も説明できないとね」

教師が教科書の資料について、あらためて簡単に解説を加えた後、教科書や資料の説明からわかることを、各自が箇条書きでワークシートに整理する時間をとる。

発表会の予告をする。「各自で調べたことを次の時間で報告しあうので、取材したことをただ紙に写してくるだけではダメです。わからない用語や社会のようすは、納得できるまで聞き込んでくること。がんばろう」

### 留意点

●すでに地理や歴史で学習してきたテーマでもある。この授業は知る・覚えるというねらいではなく、「取材する」という動機づけを通して、現代社会の特色について理解を深めるようにアドバイスしたい。

●学習指導要領および教科書の内容は、三つのテーマを特色として挙げているが、教師は視野を広く、問題意識をもって臨むほうがよい。世界に比べ日本経済が大きく停滞し、特に非正規雇用の増加や実質賃金の低下なども大きな問題であり、諸問題に深く関連している。ここでは、生徒の4番目の調査項目として、あえて取り上げる。　　　　　　（平井敦子）

# 4 現代社会の特色と私たち②

## ねらい

●前時で課題としたインタビュー取材の結果から、おとな世代の経験や社会の見方、考え方を知り、自分たちが向きあう現代社会の課題について、多面的、多角的に考察を深める。

## 授業の展開

(1) 4〜5人程度のグループ内で報告交流をする。

・お互いの調査結果を聞き、参考になることはワークシートに赤ペンで追記すること。

・調査を読み上げるのではなく、わかりやすく説明すること。

・聞いていてわからないことは質問すること。

　4テーマの報告をしっかり終えるよう、教師は時間設定を示し、アラームを鳴らして次のテーマにすすむよう促す。これによって、グループによっては、早口ですすめたり、特に質疑もなく次々と進行するということもなくなる。時間いっぱい、そのテーマについて話そうという姿勢をもたせることができる。

・グループ学習中、右のような活動指示を画面に表示すると、やるべきことを確認しながらすすめることができる。

(例)「外国の人は、ほとんど見なかったなあって」「外国産の果物なんて、バナナぐらいだったっておばあちゃんが言ってた」「外国の人を差別せず仲良くしないとね、って言ってました」「食糧自給率を上げないと、地球環境が悪化すると輸入に頼れなくなる」

> **交流会**
> **―現代を上の世代はどう見ているか？将来への展望は？**
>
> ■次のテーマについてそれぞれ7分ずつ報告交流を行う
>
> 1、グローバル化
> 2、少子高齢化　　調査結果報告
> 3、情報化　　　　参考事項は赤ペンで追記
> 4、経済と生活の国際比較　質疑応答
>
> ■まとめワークシートを記載

(♪ピピピ、「はい、次のテーマにすすんでください」)

　「少子化のことだけど、お父さんの中学校は7クラスあって、3〜4人きょうだいの友だちも多かったって」「うちも言ってた」「バレーボールをやっていたけど、部員が多くて3年生でもレギュラーになれなかったって。あんたは楽してるとかお母さんに言われちゃった」「僕はおばあちゃんに話を聞いた。運動会がすごかったんだよって。家族全員が応援に来て、グラウンドが人でいっぱい」「兄弟姉妹が少ない今の子はおじいちゃんにはかわいそうに見えるって」「若い人の収入が安定しないから結婚できない

んじゃないかな」

(2) 交流を終え、何人かを指名して感想を聞く。

(例)「私は母にしか聞かなかったけど、おじいちゃんとかに聞いた人もいて参考になりました。20年違うだけでかなり違いがあるとわかりました」「どの人の取材でも、おとなの人がまじめに答えていて、今の社会についておとなは真剣に考えているとわかりました」「高度経済成長やバブルの頃のようすを聞けて、最近のようすとの違いについて知ることができて驚きました」

(3) 課題意識をもって公民の学習をすすめるために

●「今回の調査と交流会を通して考察したことをまとめよう」

・次の二点について考察し、まとめるワークシート（**資料1**）を配付する。

①現代社会について、今回の調査と交流を通して理解が深まったこと

②これから学ぶ公民を通して、より深く調べたい、解決や改善のためにできることを考察したいと思うテーマ

**資料1　ワークシート「現代社会の特色と私たち〈報告交流会〉」**

(例)「少子化対策として国はどんな対策をしているか」

「高齢者を守り、子どもを産み育てられるゆとりを生むための、賃金停滞の解決」

「どうして日本はG7の中でダントツに食糧自給率が低いのか、他国はどのように解決してきたか、私たちには何ができるのか」

「スマホ等が広がる中で増える犯罪を人工知能を使って解決できるか」

「年金の支給を安定して受け続けられる制度は、どのようにしたらできるのか」

「政治の役割。政治のしくみを深く知り、本当にその政治でいいのか、間違っていないか、しっかり言えるように、批判的思考力も持てるようになる」等

(4) まとめ

「今回の学習でみなさんの中に生まれた問題意識や、追求したいテーマを大切にして、これからの公民学習を深めていこう。これらの課題について、関連する新聞記事などに注目して気づいたことや考えたことを日々記録したり、新たに見えてくる諸課題にしっかり向きあってほしい」

**留意点** ......................................................

●「Ⅰ　現代社会と私たち」は公民学習の導入教材である。教師が説明するよりも、どうしてだろう、どうなっているのだろう、と学習への内発的動機につながるよう、ともに学び続ける学習集団、友人との相互刺激で語りあう時間を大切にしたい。

(平井敦子)

# 5 私たちの生活と文化

1時間

## ねらい

● 日常生活の中でさまざまな文化が見られることに気づき、関心をもつ。

● 生活と年中行事について、多面的、多角的に考察する。

● 地理的分野や歴史的分野の学習内容をふまえて、日本の文化の地域的多様性と、伝統文化の継承と保存の課題について考察する。

## 授業の展開

(1) 文化とは何か

● 「若者文化というと、どんなことを想像するかな？」（「オンラインゲーム」「アニメオタク」「YouTube」「でも、人それぞれじゃない？」「みんな好きなことをやってる」）

　「じゃあ、茶道は？」（「やっている若者もいるけど、文化というほど若者っぽくない」）

　「日本文化」「欧米の文化」「鎌倉文化」「関西の文化」「農村の文化」「アイヌ文化」など、「○○文化」として、さまざまに使用されることを示す。

● 「文化ってなんだろう？」

　特定の国や地域、民族などの人間集団、そして歴史上の特定の時代にみられる共通した生活様式などを文化という。文化はお互いに影響しあい、変容していくハイブリッド（混成的）なものであることを確認する。

● 「だからみんなも、この現代社会で、意識せずとも身につけた『文化』をもって生きている。ではここで、○○中学校3年生の文化チェック！」

　右のようないくつかの項目を挙手確認し、共感や違和感、内包する「伝統」や「グローバル化」「商業化」など、生活様式の変化への気づきを促す。

| 1 | スマホは生活に欠かせない |
| 2 | 畳の和室で寝るほうが安心する |
| 3 | 受験にむけて神社のお守りは必須アイテムだ |
| 4 | 「いただきます」を言わずに食事をする人は失礼だ |
| 5 | バレンタインデーは重要なイベントだ |
| 6 | 白飯が食べられない生活は耐えられない　…等 |

　「文化」は、前時に学習した「現代の特色」にもかかわり、これからも変化していくだろう。

(2) 伝統文化と私たち

● 「日本の年中行事は、みんなの生活にも根づいているかな？」

　お正月の儀礼や節分、学校のある地域に根ざした季節行事など、事例を出しながら、四季を感じる日本独特の節句や、氏神様の信仰、地域の伝統的な生活や産業などに根ざしてきた慣習の来歴を紹介する。

　その上で、現代の中学生の伝統とのかかわり方を問う。

●「お正月に、家庭ではどんなことをしているかな」(「おせち料理を食べる」)「誰がそれを作るの？」(「おせちセットを買う」)「わが家の伝統の味とか料理はあるかな？」(「おばあちゃんなら…」)「着物は着る？」(「着るよ」)「自分で着付けるの？」(「それもおばあちゃん」)

　親や祖父母の世代のかかわり方と現代のかかわり方の変化に気づく。自分で伝統を継承していこうと思うか、それができるのか。

●「50年後、みんなが今の祖父母の世代になったとき、残っていないかもしれないと感じる文化を挙げてみよう」

・4人程度のグループで、教科書の年中行事の資料を参考にしながら、これまでのかかわり方や今後について意見交流しながらノートに書き出す。

(3) 伝統文化の継承の課題

●「これは何？」(**資料1**のお椀の写真を示す)「これで何を食べるのかな？」(「お椀」「味噌汁を飲む」「お雑煮も」)

**資料1　2種類のお椀**

デジタル資料集

　「和食には欠かせない器で、日本文化の必須アイテムだね。この二つのお椀、実は値段が全然違う。300円ショップの製品(右)と2万2000円の輪島塗(左)」(「えーっ」「写真じゃわからない」)

　「お椀やお箸、畳や障子、伝統行事に使うさまざまな道具もお店で売っている。市販のおせち料理セットなどは、海外の工場で、外国産の原料やプラスチックを多用して大量生産されるものもある。『商品としての日本文化』は一見豊かに残っているけれど、文化の根幹にあった農林水産業は輸入品に押されて衰退したり、過疎化などで継承者不足が深刻だ」

　多くの文化的な要素が、企業による商品として提供され、購入する形でイベント化している一方で、少子化や農山漁村の衰退、生活様式の変化によって、伝統文化の継承には課題があることを理解する。ユネスコによる世界文化遺産の指定や文化財保護法等によって人びとの理解を深めたり、補助金の制度化を通じて、日本の伝統文化や、過去に失われそうになったアイヌ文化や琉球文化の保護がおこなわれていることなどを説明する。

●「私たちが継承していくべきこと、自分にできることは何だろう？」

・学習を振り返って、考察したことを文章にまとめる。

**留意点**

●「日本文化」を、現在の日本国の北から南まですべての地域で共有する文化という前提に安易に立たないように気をつける。

●それぞれの学校がある地域の生活文化や伝統行事を事例に挙げて、生徒がどのようにかかわってきたか考えるとなおよい。

●近年は企業やコンビニなどが提供する物質文化の側面が目立つが、地理や歴史の学習を生かし、日本列島内の多様な自然環境と暮らし、生活の知恵につながる「文化」を見ることを忘れないようにしたい。(平井敦子)

# 6

# 多文化共生の実現のために

## ねらい

● 地域に住む外国出身の人びとの暮らしに関心をもつ。

● 行政や町内会などがどのような「多文化共生」の取り組みをしているか
調べ、誰もが暮らしやすい社会をつくるために何が必要なのか考察する。

● 外国出身者だけではなく、障がいのある人、高齢者や子どもなど、とも
に生活する人びとの多様性（ダイバーシティ）を尊重することが、自分
自身も尊重される豊かな社会につながることに気づく。

## 授業の展開

(1) 私たちの暮らしと多文化共生

● 「外国から来た人と話をする機会があったら、どんな会話をするかな？」

カナダ、パキスタン等、いくつかの国をあげて生徒に聞いてみる。

資料1　ゴミ捨て場の標示

（「どうして日本に来たの？」「日本のどこが好き？」「お箸は使えま
すか」「趣味は？」「会話しない。外国語は話せないから」等）

異文化交流の定番の話題が出るかもしれない。日本では、外国人
との会話のイメージは貧困だ。

● 地域内で見つけたゴミ捨て場の多言語標示（資料1）を示す。

「ゴミの分別方法や回収日の標示に外国語があるね」（「何語かな？」）

社員寮のゴミステーションにあったベトナム語の標示。他にも生徒
の身のまわりに多言語標示はないか、考えてみよう。旅行者用の標示だけで
はなく、外国にルーツをもつ人たちが生活者として存在することに気づく。

「隣人として会話をするなら…」（「天気がいいですね」「今日は資源ゴミ
の日でしたね」「何か困ってませんか」）「そうです、交流ではなく共生です」

地域ごとに特性もあるので、生徒が身近に感じたり、関心をもちやすい
生活に関連する資料を教師が選んでおくとよい。

資料2　外国人向けの広報

・外国出身の生活者向けの行政広報（資料2）を配布する。（「何が書いてある
の？」「札幌市の外国人の窓口？」）日本語を使用するほとんどの住民（マ
ジョリティ）には読めないが、これを日本語で書いていては伝わらない。

・現代の日本社会では、多様な言語や文化をもつ人びとが地域にいること
が当たり前となり、単に国際交流や異文化理解ではなく、ともに生きる
「生活者」として、多様な文化をもつ人びとと向きあうことが必要だ。

● 「私たちのまちで生活する外国にルーツをもつ人たちは、どんなことに
困っているだろう。また、どんな取り組みがあるだろうか」

多文化共生のための取り組みについては、それぞれの地方自治体でも工夫してアンケート調査や情報発信をおこなっている。また、動画でも広報をおこなっているので、インターネット環境があるなら短い時間でも自治体のウェブサイト等を調べさせたい。（「災害時用の多言語のガイドを出している（**資料3**）」「日本の人の考えがわかりづらいっていう意見が多いみたいだよ」）

地域によっては、この課題への実感の持ち方が異なる。在住外国人が多く交流もさかんな地域、在住外国人は多いが心理的な壁や地域的な問題がある等、生徒らの生活にあわせて教材を工夫したい。

（3）多様性（ダイバーシティ）の尊重

● 「歴史の学習で、アイヌの人びとや琉球の人びとへの同化政策や、コリアンの人びとに対する差別を学習したね。逆に、日本から海外へ移住した移民や日系の人びとが苦労したことも学習した。そういう歴史を教訓にしながら現代社会がある」（「今でも差別が問題になることがあるよ」「移住したらその国に合わせることは必要じゃないかな」等）

「多数者（マジョリティ）の側は、そう考えてしまうかもしれない。でも考えてみよう。この教室も多文化の集まりだ。いろいろな好みや価値観、こだわりや得意・不得意がある。多くの人がこうだから、少数派は合わせろという教室で、居心地よくすごせるかな？」

「自分が少数派だからと我慢して『多数派』に合わせたことはある？」（「あるかも」）「この教室がみんなのものだというのと同じように、同じ地域でともに暮らすには、違いを認めながら一人ひとりの声を聞いて、反映させようとすることが大切じゃないかな」

・多様性の尊重を、生徒たち一人ひとりも多様だということと結びつけて理解させる。障がいがある人がいるのに、そうではない人（健常者）に合わせろと社会が強要することは、人権の侵害であると気づかせたい。

● 「この写真（**資料4**）を見てごらん。ユニークな形の水飲み場だけど、ある考え方でデザインされた、ユニバーサルデザインというものだ」（「知ってる、車いすの人も利用できるんだ」）「車いすの人専用ではなく、車いすの人にも利用しやすいというのが重要だね」

・今日の学習を振り返り、考え方や価値観などに違いがある人びとがともに暮らす社会をつくるために必要なことについて、考えをまとめさせる。

**資料3　札幌市の災害時ポケットガイド（部分）**

**資料4　児童公園の水飲み場**

デジタル資料集

---

**留意点** ..............................

● 生徒の生活圏内にある、具体的な教材を用意して授業をつくる。

● 報道等で注目された事例をあわせて紹介するようにしたい。（平井敦子）

# 7

# 「家族」で考える社会と法

## ねらい

● 歴史とともに家族のあり方は変わっていくことを理解する。

● 夫婦別姓について、グループ討議を通し、個人の尊重と多様性の尊重について多角的に考察する。

## 授業の展開

(1) 大家族から核家族へ

● 「今、三世代以上で同居している人は、どれくらいいるかな?」

・統計グラフを示し、三世代や四世代の同居から、核家族や単身家族が増えてきたことを示し、「家族」の変化という現代の特色をつかむ。

● 「あなたにとって『家族』とは何ですか?」と発問し、白紙を配付して「家族とは」を自由に記述させる。

　無記名のまま回収し、読み上げる。「父、母」など同居人を書く生徒や、「一緒に住む、ご飯を用意する場」「安心するところ」など、家族について考える多様な視点が提供される。

　「一緒にいる」→一緒に暮らしていなくても家族じゃない?

　「血がつながっている」→両親はもともと他人。離婚したらどうなる?

　「育ててくれる、教えてくれる」→どんなことを身につけてきた?

● 「家族って何だろうね」

　衣食住のこと、精神的なよりどころ、子どもの教育など、この世に生をうけてまず出会う「社会」としての家族の意味について考える。

(2) 家族と法

● 「家族について、国の法律で定められていることはあるだろうか?」

　(「結婚は18歳から!」「遺産相続とか、細かく決まっているはず」)

　「民法で定められていることは多くある。たとえば民法第752条『夫婦は同居し、互いに協力し扶助しなければならない』」(「別居もあるよ」「協力しない夫婦は法律違反?」)「さて、どうかな。法律というのは基本的な理念をもとに理解するもの。憲法の規定を見てみよう」

・憲法第24条「家族生活における個人の尊厳と両性の平等」を示す。

　「『個人の尊厳と両性の平等』という憲法の規定により、先の民法は、夫婦が互いに話しあい理解しあった上で別居の形をとっているなら違法ではないけど、そうでなければ離婚の訴えをおこすことができるというわけだ」

　近代史の授業を振り返り、「昔なら戸主が絶対だった家族のあり方も歴

史的に変化し、今は一人ひとりを大切にしようという社会になってきた」

（3）社会の変化と法整備

●婚姻届の実物を示し、「届けを出すには、どんな情報を記入しなければ
ならないかな」と問い、項目にあるもの、ないものを発言に応じて確認す
る。親の同意は不要なので記載欄はない。

・「氏」の欄に注目。「夫の氏か、妻の氏か、どちらにするか、話し合いで
"合意"しよう」「自分の氏にしようと主張する？　それとも相手の氏？」
生徒に挙手を促し、まわりの反応を見る。男女の感覚の違いや、悩み保
留する生徒もいることを確認し、次の判決（資料１）を示す。

「現在は結婚するカップルの約97％が夫の
氏になっているが、これは"別姓では結婚で
きない"法律の結果だ。中には別姓のままで
結婚したい、どちらかが変えなければならな
いという制限は個人の尊厳に反するとして、
裁判に訴える人がいる」

・新聞資料等から、選択的夫婦別姓に関する
当事者の意見を紹介する。

資料１　夫婦別姓訴訟の判決（新聞記事の要約）

> **最高裁、夫婦別姓再び認めず　同姓の規定「合憲」と
> 判断**（2021年6月23日）
> 夫婦同姓を定めた民法などの規定について、最高裁大
> 法廷は「合憲」とする判断を示した。夫婦がそれぞれ
> 望む姓を使える「選択的夫婦別姓」を求める声は高ま
> っているが、「国会で論ぜられ、判断されるべき事柄
> にほかならない」として、国会の立法裁量に委ねた。

「資料２は、婚姻届の改正イメージ図だ。このように、選択的夫婦別姓
を認める法律の議論がある。内閣府の男女・世代別の意見調査（資料３）
を見て気づくことは？」

女性や若い世代では支持が多いことに着目。「どうしてだろう？」（「変
えると大変だから」「少子化でどちらも変えられない」「仕事があるから」）
・次の資料で社会の変化を示す。

資料２　夫婦別姓を選択可能に
した婚姻届の氏選択欄（イメージ）

| 現行 | |
|---|---|
| 婚姻後の<br>夫婦の氏 | □夫の氏<br>□妻の氏 |

| 改訂すると… | |
|---|---|
| 婚姻後の<br>夫婦の氏 | □夫の氏<br>□妻の氏<br>□別　氏 |

> ・女性の就業率が過去最高に（2017年男女共同参画白書）
> 　25〜44歳　就業率72.7％

氏の変更は仕事上で困難を生じることが多い。理由はひとつではないが、
社会情勢や人びとの意識の変化から、家族に関する法律も議論する必要が
出てきた。近年は「同性婚」についても議論がすすんでいる。これからの
社会にどんな法律が必要なのか、「個人の尊厳と両性の平等」という視点
を大切にしながら、社会の一員として考えていこう、とまとめる。

資料３　選択的夫婦別姓に関
する意見調査（内閣府）

デジタル資料集

----

**留意点**

●さまざまな家庭があるので、生徒のプライバシーや人権に配慮する。

●「家族は同姓が当然」「日本の伝統」といった誤解や先入観によると思
われる発言が出た場合は、実際の多様な家族の存在や、同姓を義務づけ
るのは明治以降の制度であることなどは指摘しておきたい。（平井敦子）

## ねらい

●社会の合意のために、「効率」と「公正」の考え方で約束事＝決まりを検討するという視点を使い、身近なさまざまな決まりについて考察する。

●多様性を尊重する考え方を生かし、少数意見に耳を傾けながら、合意に向けて話しあうために、多面的・多角的に考察し意見を表明する。

●「公正」という観点から歴史的な人権発展の学習につなげる見方をもつ。

## 授業の展開

・対立のある課題を解決するために、納得ゆくまで話しあう大切さを実感させたい。そのために、学級会や生徒総会で話題になった「対立的な課題」を学習の導入にする。

(例)「春の生徒総会で、昼休みの体育館使用ルールの改正案『学年別の利用日指定は、利用者が少なく体育館に余裕があるので、2学年ずつ割り当てて学年使用日を増やしたい』が2年生から提案されたが否決された。この結論にみんなは納得している？」(「納得っていうほどじゃないが、仕方ない」「そんなに困っていない」「あと1年で卒業するし」)

「なるほど。では、もし次の選択肢で賛否を聞かれたら、今のみんなはどう答えるかな」

> A　改正案に　「賛成」「反対」
> B　改正案に　「賛成」「どちらでもいい」「反対」

対立的課題を合意に、という学習課題は表面的には理解できる。しかし、生徒自身にとって当事者性の希薄な課題で、切実に向きあってはいないということが多い。結果として、「どちらでもいい」「無関心」というあり方が問題解決を難しくする場合が現代社会では多い。

・「どちらでもいい」を選んだ生徒は、総会でどちらに挙手したか、多数派に流されなかったかを問う。修正案を積極的に出してきた「当事者」の提案理由を、十分に「自分なら」と考えただろうか。

「どんな理由が示されていたか、もう一度思い出して」と投げかける。覚えていない生徒が多ければ、それも重要な課題意識につなげられる。

> ・体育館の使用率が低く、2学年分利用できる。
> ・体育系部活動に入っていない人には、休み時間の運動は重要だ。

「どちらでもいい」「今まで通りでいいじゃないか」と議論を見ていた生徒に、もしも提案した当事者ならと問いかける。

・提案理由を分析・評価する視点として「効率」と「公正」の考え方と、決まりの評価について教科書で示し（**資料1**）、点検してみる。（「利用率が低いって本当かな？」「休み時間に運動したいって、どれくらいの人が思っている？」「もう少し事実を確認したほうがよかったかも」「そう思う人が少数でも、ほかの多数の人にも不利益にはならないな」「生徒総会で決まったとしても、無関心な賛成意見が多ければ、まじめに提案した生徒には不満だよね」）

**資料1　決まりの評価表**

| 評価の項目 | 評価結果 |
|---|---|
| ①目的を実現するための適切な手段になっているか。 | はい　いいえ |
| ②だれにとっても同じ内容を意味するものになっているか。 | はい　いいえ |
| ③決まりを作る過程にみんなが参加しているか。 | はい　いいえ |
| ④立場をかえても受け入れられるものになっているか。 | はい　いいえ |
| ⑤お金や物、土地、労力などが無駄なく使われているか。 | はい　いいえ |

（東京書籍版『中学校　公民』より）

「多様性の尊重」という既習事項と、「対立から合意へ」という学習を具体的に引き寄せるためには、さまざまな場面で、「当事者」が少数であっても、その人権や願いを保障するにはどうすればいいかという「共感力」「想像力」が必要だということに気づかせたい。

（2）社会の課題に向きあい、ともに生活するために

「人はさまざまな社会集団の中で生きている。家族や学校、地域、国、国際社会。その中で、約束事＝ルールを決めて人間社会は維持されてきた。義務教育の中学校を卒業後、より広い社会の一員として、ルールを守るだけではなく、つくっていく人として必要なことを、社会科で学ぼう」

「そして、もうひとつ大切なことは、『理想』や『未来』のことだ」（「どういうこと？」）「歴史の学習を振り返ってみよう。かつては…」

・武士が政治支配を独占してよい（「あった、あった」「身分制度」）

・男性が決めることに女性は従う（「男尊女卑」）

・国家間の政治的対立は戦争で解決していい（「それルールだったの？」）

・工場からの廃液は海に流してもいい（「よくないでしょ」）

●「今となっては多くの人がだめだと考えることも、かつては当たり前のようにおこなわれていた歴史を学んだ。みんながルールを決めるとき、大切にすべき『公正さ』を共有できないままなら、どんな社会になるだろう」

「『多様性を尊重しよう』ということも、近年やっと共有できるようになった公正だ。次の章では、そうやって人類が歴史に学び、反省しながら積み上げてきた大切な価値観、つまり人権や憲法について学ぶことにしよう」

**留意点**

●教科書でもこの項の学習課題は学校生活の例を取り扱っている。できれば生徒たちの実体験のともなう例に引き寄せて指導しよう。この学習を機に、少数意見や多様性の尊重、当事者性への共感などの思索を重ねて、意見が揺らぎながら形成されるという経験をさせたい。　　　（平井敦子）

# 発展学習 「自分ごと」として想像力を重視した学習活動を

## ねらい

●新学習指導要領では、特に「対立」を「効率と公正」の観点で考察し、「合意」を形成するための国民育成に力点を置いている。各社教科書に活動例が多数示され、授業では練習課題のように活動に取り組むだろう。ここでは、その例示を実践する際に留意すべきことを示したい。

## 授業にあたって

### (1)「効率と公正」を合意形成の必須観点とする問題点

本書巻頭の「問いに向きあい、未来を創る主権者育成を」でも述べたように、文科省から下達された学習指導要領の拘束力について、そもそも社会科教師として客観性をもって批判的にとらえる必要がある。前指導要領によって明示され、教科書に反映されるようになった「対立と合意」「効率と公正」という考え方そのものが、どのような学問的背景と議論をもって、全国の子どもたちに学ばせるべき必須教養となったのか、長く社会科教員を務めてきた立場でも、あいまいさを感じることは否めない。公民の学習を通して、この観点を柱に据えることで、ややもすると、すべての「対立」は「合意」によって解消しなければならず、「効率と公正」の判断基準で折り合いをつけるべきだ、という規範意識の形成になりかねない。

しかし現代社会を見渡せば、新自由主義の台頭で格差と貧困が顕在化し、「対立」が起きないはずはなく、「効率」の観点をことさら強調し、「公正」と五分五分のように判断すれば、根源的な矛盾に対する批判的思考を深く追求する時間や場さえも「非効率」だという考え方を導きかねない。

また「合意」を追求するあまり、限りなく少数意見をそぎ落としたり、妥協しながら中庸な意見に落ち着くことを是とするトレーニングになってはいけない。そのような問題意識をもちながら実践をおこなうべきだろう。

### (2) 問題点を把握しつつ教室で実践する

教科書の事例を学習することで、生徒は、さまざまな思考をめぐらせるトレーニングができる。おそらく参加型の楽しい教室になるだろう。ただ、それだけではなく、次の要素を組み込みたい。

ひとつは、当事者・他者への想像力を醸成すること。仮定の対立事案、仮定の賛成・反対の声。すべて生徒にとって当事者性の薄い例題。「このように意見の違う人たち」が合意できる決まりをつくる話しあいに、生徒はどんな立場で参加するのか。行政か、評論家か。その立場に切実感がない話しあいになりかねない。そこで、登場するAさんやBさんの「立場」を自分として考え議論するという仕掛けをしたい。また、自身の生活を見回し、教科書事例には登場しないXさんやYさんを新規に登場させて考えてみることも可能だ。

もうひとつ。教師が「公正」の価値や深まりへの課題意識を示すこと。歴史的に民衆の運動や、哲学的な思想の深化によって合意形成されてきた「かけがえのない人権」「立憲主義」という次章の学習へとつなぐ意識だ。

(平井敦子)

Ⅱ

個人の尊重と
日本国憲法

# 1 人権の歴史

## ねらい

● 人権とはどのようなものかを考える。

● 人権の保障はどのようにして発展してきたかを考える。

## 授業の展開

● 「人権とはどのようなものだろうか」(「人間らしく生きられる権利」「人が人として持つ当たり前の権利」「人が生まれながらに持っている権利」)

　「では、日本国憲法では、基本的人権としてどのような人権が保障されているだろうか。たとえば、第14条と第15条は？」(「平等権と参政権」)

　「第19条、第20条、第21条などに書かれている権利をまとめて何とよぶ？」(「自由権」)

　「第25条、第26条、第27条などは社会権とよばれる。人権はそれぞれが具体的な権利で、英語では human rights と複数形になっている」

(2) 人権の保障はどのように発展してきたのか

● 「ところで、第97条には、この憲法が保障する基本的人権は『人類の多年にわたる自由獲得の努力の成果』だとある。アメリカ独立宣言やフランス人権宣言には、どのような権利が明文化されているだろうか」

　自由権、平等権、そして抵抗権がある (**資料1、2**)。それらにはロック (1632〜1704年、イギリス)やルソー (1712〜1778年、フランス) の思想が反映されている。

> ロック：人はすべて平等であり、生命・自由・財産などの権利を持っている。人民はこれらを侵す政府を変更することができる (抵抗権)。
> ルソー：人間は生まれながらにして自由・平等である。その自由と平等を確保するためには人民主権 (国民主権) の国家を形成しなければならない。

● 「19世紀、資本主義経済の発展は労働者に低賃金長時間労働を強い、社会に貧富の差が広がった。こうした状況の中でさかんになった運動には、どのようなものがあっただろうか。日本の大正デモクラシーの時期を考えてみよう」

　労働運動や普通選挙運動 (参政権の拡大を求める運動) があった。1925年には、普通選挙法が制定されている。

● 「社会権を初めて保障したワイマール憲法 (**資料3**) には、どのようなことが保障されていただろうか？」(「人間たるに値する生活」「労働者 (被用者＝雇われている人) の権利はどのように規定されているか」

**資料1　アメリカ独立宣言（1776年）**

われわれは、自明の真理として、すべての人は平等に造られ、造物主によって、一定の奪いがたい天賦（てんぷ）の人権を付与され、そのなかに生命、自由および幸福追求の含まれることを信ずる。また、これらの人権を確保するために人類のあいだに政府が組織されたこと、そしてその正当な権力は被統治者の同意に由来するものであることを信ずる。そしていかなる政治の形体といえども、もしこれらの目的を毀損（きそん）するものとなった場合には、人民はそれを改廃し、かれらの安全と幸福とをもたらすべしとみとめられる主義を基礎とし、また権限の機構をもつ、新たな政府を組織する権利を有することを信ずる。

**資料2　人民および市民の権利宣言（フランス、1789年）**

第1条　人は、自由かつ権利において平等なものとして出生し、かつ生存する。（後略）
第2条　あらゆる政治的団結の目的は、人の消滅することのない自然権を保全することである。これらの権利は、自由・所有権・安全および圧政への抵抗である。

**資料3　ワイマール憲法（ドイツ、1919年）**

第151条　経済生活の秩序は、すべての者に人間たるに値する生活を保障する目的をもつ正義の原則に適合しなければならない。この限度内で、個人の経済的自由は、確保されなければならない。
第165条　労働者および被用者は、同等の権利をもって企業者と共同して、賃銀条件および労働条件ならびに生産力の前経済的発展に協力する使命を有する。双方の組織、およびその合意はみとめられる。

（資料1〜3とも『人権宣言集』岩波文庫より）

（「企業者〔雇用者＝雇っている人〕と同等とされている」）「ところで、ワイマール憲法は何年に、どこの国で制定されたのかな」（「1919年、ドイツ」）「第一次世界大戦で敗戦国となったドイツで革命がおこり、ワイマール共和国が成立し、この憲法が制定された。それに先立つ1917年、ロシアでは社会主義革命がおこっていた。社会権の確立の背景には、社会主義思想の広がりがあったんだ」

●「国際的に人権を保障している宣言や条約には、どのようなものがある？」（「世界人権宣言」「子どもの権利条約」等）

「第二次世界大戦後には、国際連合で世界人権宣言（**資料4**）が採択され（1948年）、国際的な人権条約が結ばれるようになった。国際人権規約、人種差別撤廃条約、女性差別撤廃条約、子どもの権利条約、障害者権利条約などには日本も参加している（**資料5**）。憲法前文には『われらは平和を維持し、専制と隷従、圧迫と偏狭を地上から永遠に除去しようと努めている国際社会において、名誉ある地位を占めたいと思う』とある」

**資料4　世界人権宣言前文**

デジタル資料集

**資料5　国連が中心となって作成した人権関係諸条約一覧（2021年4月1日現在）**

デジタル資料集

╭─── **留意点** ───╮ ...........

●人権の歴史を学習するにあたって、人権を抽象的な概念としてではなく、具体的な権利としてとらえるようにしたい。

●歴史的分野で学習したことを確認しながら授業展開する。人類の歴史を人権獲得の歴史としてとらえ、授業を構成したい。アメリカ独立宣言やフランス人権宣言が市民革命の成果であることが教科書にも明示されているが、ワイマール憲法も革命によって生まれた共和国の憲法である。

●資本主義経済が発展するなか、自由権だけでは人びとは幸せに暮らせないということが明らかになり、社会権の保障が要求されることになった。その背景には、社会主義思想の広がりがあった。　　　　　（松尾良作）

## 2 立憲主義と日本国憲法

1時間

### ねらい

● 立憲主義は憲法によって権力者を縛り、人権を守るという考え方であることを理解する。

● 憲法が最高法規であること、硬性憲法であること、違憲審査権を裁判所に委ねていることの意味を理解する。

### 授業の展開

(1) 憲法の規定を守る義務を負っているのは誰か

● 「日本国憲法第99条には、『(　)は、この憲法を尊重し擁護する義務を負ふ』とある。(　)に入るものは何だろう？」(「国民、政治家、国会議員、みんな…」)

「(　)に入るのは、『天皇又は摂政及び国務大臣、国会議員、裁判官その他の公務員』。国民は入らない。憲法によって縛られているのは権力者。国民が、憲法をつくって権力者を縛っておこうという考え方を立憲主義というんだ」「では、なぜ権力者を憲法で縛っておかなくてはいけないのだろう？」(「権力者が勝手なことをするから」)

「権力者が自分の欲望のために権力をふるったり、自らの親族や友人関係にある者を優遇するようなことがあってはならない。立憲主義は『法の支配』という考え方に基づいている」(資料1)

● 「憲法前文にはまた、『日本国民は…(　)の行為によって(　)(　)の惨禍が起こることのないようにすることを決意し…この憲法を確定する』とある。(　)にはそれぞれ何が入るだろう？」(「政府」「再び」「戦争」)「日本国憲法における立憲主義は、過去の戦争に対する反省に立った平和への決意でもある」(資料2)

(2) 憲法が国の最高法規であるとはどういうことか

● 「憲法第98条には、この憲法はどのようなものだと書かれている？」(「国の最高法規」)「国の最高法規とはどういうこと？」(「一番上、一番強い」)「では、憲法に反する法律などはどうなる？」(「無効」)「たとえ選挙で選ばれた多数派の人びとであっても、どんな法律でも作れるわけではないんだね」

**資料1 「王様をしばる法」(動画)**
www.youtube.com/watch?v
=zWvD1rjusF8
(「明日の自由を守る若手弁護士の会(あすわか)」作成)

**資料2 第二次世界大戦における死者数**

| | 軍人 | 市民 | 合計 |
|---|---|---|---|
| 日本 | 230万 | 80万 | 310万 |
| ドイツ | 422万 | 267万 | 689万 |
| 枢軸国側合計 | | | 1277万 |
| ソ連 | 1200万 | 1500万 | 2700万 |
| 中国 | 380万以上 | 1800万以上 | 2180万以上 |
| ポーランド | 12万 | 480万 | 500万 |
| 連合国側合計 | | | 5759万 |
| アジア諸国 | | | 2896万 |
| 総合計 | | | 7752万 |

(歴史教育者協議会編『日本社会の歴史(下)』大月書店より)

● 「法律などが憲法に違反していないかを判断するのはどこ？」（「裁判所」）

「憲法に反する法律は無効だといっても、その法律が憲法に反しているかどうかを判断する機関がなくては意味がない。日本国憲法では、この最終判断を最高裁判所に委ねている」（憲法第81条）

● 「憲法改正の発議はどこがおこなうことになっている？」（「国会」）「では、憲法改正の発議と、法律案の成立では、どちらがハードルが高くなっているかな？」

「憲法改正は、各議院（衆・参）総議員の3分の2以上の賛成で発議。法律案は、各議院の定足数が3分の1で、出席議員の過半数で可決。だから、憲法改正の発議のほうが高い。そして、さらに全有権者による国民投票での承認が必要とされている」

● 「日本国憲法のように、改正のハードルが高い憲法を硬性憲法という。では、なぜそうなっているのか」「ハードルが同じなら、ある法律を成立させた国会が、それに反する憲法の改正を発議することは比較的容易にできる。それでは最高法規ではなくなってしまうよね」

(3) 憲法はどのようにでも改正できるのか

● 「憲法はどのようにでも改正できるのかな？」（「国会が発議して、国民投票で承認されれば可能」）

「前文に『これに反する一切の憲法、法令及び詔勅を排除する』とある。ここに『憲法』があるのはどういうことだろう」「これは、どのような憲法改正でも可能なわけではなく、現憲法の基本原理を変更するような改正はできないことを示している。憲法第12条には『この憲法が国民に保障する自由及び権利は、国民の不断の努力によって、これを保持しなければならない』とある。権力者が都合のいいように憲法を変えてしまうことがないように、憲法を守る（＝護る）ことを求めているんだね」（資料3）

資料3 君たちが憲法を守る

悪い議員や政党が、憲法をやぶることがあるわけだが、それをなくすためには、はじめから、そういう議員をえらんだり、そういう政党を多数党にしないことが一番だ。また、もしそういうものによって憲法が破られようとしたなら、それがおこなわれない前に国民がそれを批判し、攻撃し、国民の声で、それを防ぐようにすることが、一番大切だということになる。裁判所も憲法の番人だし、また国会も、内閣も、議員や政党もじつはみんな憲法の番人のはずなのだが、国民はそれらの番人のそのまた番人だということになる。国民がしっかりと憲法を守ろうとし、国会やそのほかのものが憲法をやぶりそうになるのをふせぐということが、一番たいせつだというわけだ。そういう意味で、最後に憲法を守るのは国民の仕事だということになる。

（佐藤功『復刻新版 憲法と君たち』時事通信社、173〜174頁）

### 留意点

● 民主主義とは多数決であり、選挙で勝つことが「民意」を得ることで、「民意」さえ得れば何でもできるというような風潮があるなか、立憲主義の考え方を理解することがとても大切になっている。

● 内閣法制局参事官として憲法の作成に携わった佐藤功（1915〜2006年）は著書『憲法と君たち』を次の言葉で締めくくっている。「憲法が君たちを守る。君たちが憲法を守る」今、大切にしたい言葉である。（松尾良作）

# 3 前文の理念と基本原理

1 時間

## ねらい

● 前文の理念や憲法の基本原理を確認する。

● 憲法の制定過程や議会での審議による条文の修正や追加を確認することで、前文の理念や憲法の基本原理への理解を深める。

## 授業の展開

(1) 憲法前文の文言から前文の理念を考えよう

● 「国民主権と平和主義は、憲法前文のどこに示されているだろう?」（「国民主権は憲法前文の最初の文、平和主義は前文第2段落」）

「前文にある『そもそも国政は、国民の厳粛な信託によるものであって、その権威は国民に由来し、その権力は国民の代表者がこれを行使し、その福利は国民が享受する』と同じことが、リンカンのゲティスバーグでの演説文（資料1）に書かれている。どこか探してみよう」（「最後のほうに、"government of the people, by the people, for the people" とある」）

資料1　リンカンのゲティスバーグでの演説（1863年）

(2) 日本国憲法の基本原理は、憲法のどこに示されているか

● 「国民主権は、前文以外にどこに書かれているか探してみよう」

第1条に、象徴としての天皇の地位は「主権の存する国民の総意に基く」とある。平和主義は、前文と第9条、基本的人権の尊重は第11条にある。第13条には「すべて国民は、個人として尊重される」ともある。

● 「日本国憲法は、誰が制定したのかな」（「前文に『日本国民は、正当に選挙された国会における代表者を通じて行動し…この憲法を確定する』とあるから、国民」）

「国民によって確定された憲法を、民定憲法といいます」

(3) 日本国憲法はどのようにして制定されたのか

・ 日本政府はGHQの示唆を受けて、憲法改正案を作成した。しかし、GHQは日本政府案（松本案）を拒否して、自ら憲法草案をつくって日本政府に示し、日本政府はこれをもとに政府案を作成した。

「松本案では主権者はどのようになっていた?」（「天皇主権で、大日本帝国憲法と変わらなかった」）「ポツダム宣言では、主権はどのようになるとされていた?」（「国民主権」）「GHQが草案をつくるにあたって、参考にしたと考えられる草案は?」（民間の「憲法研究会案」）

● 「政府案が国会で審議され、どのような修正・追加がおこなわれたか、見てみよう」（資料2を参考に）

資料2　帝国憲法改正案（昭和21年8月24日）
www.ndl.go.jp/constitution/
shiryo/04/124_1shoshi.html
（国立国会図書館ウェブサイト「日本国憲法の誕生」より）

①前文　修正前「国民の総意が至高なものである（ことを宣言し）」
　　　　修正後「ここに主権が国民に存する（ことを宣言し）」
第1条　修正前「日本国民の至高の（総意に基く）」
　　　　修正後「主権の存する日本国民の（総意に基く）」
　　　→国民主権の理念が前文と第1条の修正により明確になった（政府は国民主権を明示したくなかった）

②第9条に次の文言を追加
　　　「日本国民は、正義と秩序を基調とする国際平和を誠実に希求し」
　　　→世界に向けて平和主義の理念を積極的に打ち出す姿勢を示した（資料3、4）

③第25条を追加
　　　→社会権の基本となる生存権の規定が基本的人権として追加された（資料5）

資料3　『あたらしい憲法のはなし』（文部省、1947年）

資料5　憲法25条の制定過程

**資料4　佐藤功『憲法と君たち』（1955年）**

（前略）つまり、世界のすべての国は、どんなごたごたが生じたとしてもそれを絶対に戦争によって解決してはならないということを、まず日本という国がやろうというわけなのだ。今まで人類があゆんできた平和への努力を、それをもう一歩、世界というところまで、進めようというわけなのだよ。
　今の憲法の中で、ほこってよいことは、まさにここにあるのだ。基本的人権とか、民主主義とかは、これは今まで、日本がおくれていただけのことなのだ。それを今の憲法で、ほかの国に追いついたということなのだ。だけど、平和だけはちがう。戦争放棄の点だけはちがう。それはほかの国ぐにはまだしていないことなのだ。それを日本がやろうというのだ。日本がおくれていたのではない。ほかの国が日本よりもおくれているのだ。ほかの国が、その点で日本のまねをしなければならないことなのだ。それが今の憲法の中で一番わたしたちが、君たちが、世界に向けてほこってよいことじゃないだろうか。

（佐藤功『復刻新版　憲法と君たち』時事通信社、173〜174頁）

---

**留意点**

●平和主義を理想として高く掲げた当時の雰囲気を、資料2、3から感じ取らせたい。

●自由民主党憲法改正草案（2012年）では「全て国民は、人として尊重される」となっていて、個々に尊厳のある「個人」ではなく、「人」（人類）として一般化されている。

●憲法改正案が審議された第90回帝国議会には、1945年12月の公職選挙法改正によって初めて選出された39名の女性議員が出席していたことにもふれたい。

●今なお現行憲法はアメリカによる押しつけだとして改憲を主張する勢力があるが、押しつけられたのは、国民ではなく、天皇主権の国家体制に固執し続けた当時の日本政府である。　　　　　　　　（松尾良作）

# 4 国民主権と天皇の地位

1 時間

## ねらい

● 大日本帝国憲法では、天皇はどのような存在であったかを理解する。

● 日本国憲法で、国民主権と天皇がどのように規定されているか理解する。

● 国民主権と天皇をめぐる問題について考える。

## 授業の展開

(1) 資料1、2を参考に、天皇のあり方はどう変わったか考えさせる。

● 「大日本帝国憲法では天皇はどのような存在であったか、まとめてみよう」（「主権者である天皇は神聖不可侵の国家元首であり、統治権の総攬者で、国会は天皇の協賛機関、内閣のメンバーである国務大臣は天皇を補弼（助ける）するとされていた」）

**資料1 大日本帝国憲法の条文**

● 「日本国憲法では、天皇はどのような存在になったか」（「主権者は国民となり、天皇は日本国および日本国民統合の象徴となった」）

「国会や内閣はどうなったか」（「国会は国権の最高機関、唯一の立法機関となり、内閣は国会に対して連帯して責任を負うことになった」）

「なぜ国権の最高機関が国会なのか」（「前文冒頭に『日本国民は、国会における代表者を通じて行動し』とあるように、代議制民主主義が基本になっているから」）

**資料2 日本国憲法**

(2) 天皇の国事行為にはどんなものがあるだろうか

「天皇が国事行為をおこなうには何が必要とされている？」（「内閣の助言と承認」）「国事行為としてはどんなことがおこなわれているか」（「法律の公布、国会の召集、衆議院の解散、栄典の授与など」）「それらは大日本帝国憲法のもとでは、天皇が国家元首として執りおこなっていたことだね」（資料1、2）

(3) 天皇にかかわる事柄は国民主権にふさわしいものだろうか

● 「皇室典範（資料3）では、皇位の継承がどのように定められているかな」（「皇位は、皇統に属する男系の男子が、これを継承する」）

「これは憲法第14条『法の下の平等』と矛盾しないのだろうか？」

**資料3 皇室典範**

> 第1条　皇位は、皇統に属する男系の男子が、これを継承する。
> 第4条　天皇が崩じたときは、皇嗣が、直ちに即位する。
> 第10条　立后及び皇族男子の婚姻は、皇室会議の議を経ることを要する。
> 第12条　皇族女子は、天皇及び皇族以外の者と婚姻したときは、皇族の身分を離れる。
> 第15条　皇族以外の者及びその子孫は、女子が皇后となる場合及び皇族男子と婚姻する場合を除いては、皇族となることがない。
> 第28条　皇室会議は、議員十人でこれを組織する。議員は、皇族二人、衆議院及び参議院の議長及び副議長、内閣総理大臣、宮内庁の長並びに最高裁判所の長たる裁判官及びその他の裁判官一人を以て、これに充てる。

● 「国民の祝日にはどのような日があるかな」（資料4）

　その多くが天皇に関係する。たとえば2月11日の建国記念の日。もとは紀元節という祭日で、初代神武天皇が即位をした日とされる。これは歴史的事実ではないので「建国記念日」ではなく「建国記念の日」（「建国した日」ではなく「建国したことを記念する日」）として国民の祝日にしている。11月3日の文化の日は日本国憲法の公布、5月3日の憲法記念日は施行の日だが、11月3日は明治天皇の誕生日でもあり、戦前戦中は明治節として、四方拝（1月1日）、紀元節、天長節（天皇誕生日）と並ぶ四大節とされた。

資料4　国民の祝日

| 期日 | 現在 | 戦前 |
|---|---|---|
| 1月1日 | 元日 | 四方拝 |
| 1月第2月曜 | 成人の日 | |
| 2月11日 | 建国記念の日 | 紀元節 |
| 2月23日 | 天皇誕生日 | 天皇誕生日は「天長節」 |
| 3月21日頃 | 春分の日 | 春季皇霊祭 |
| 4月29日 | 昭和の日 | 昭和天皇の誕生日 |
| 5月3日 | 憲法記念日 | |
| 5月5日 | こどもの日 | |
| 7月第3月曜 | 海の日 | 明治天皇が横浜港に帰還した日 |
| 8月11日 | 山の日 | |
| 9月第3月曜 | 敬老の日 | |
| 9月23日頃 | 秋分の日 | 秋季皇霊祭 |
| 10月第2月曜 | スポーツの日 | |
| 11月3日 | 文化の日 | 明治天皇の誕生日「明治節」 |
| 11月23日 | 勤労感謝の日 | 新嘗祭 |

● 「大臣が記者会見をするとき、何かをしてから壇上に上がっている。どんなことをしているか、わかるかな」（「何かに一礼している」）

　「記者会見のときは、舞台脇にある『日の丸』に一礼してから記者団に話しかける。こうした行為は他の場面でも見られないかな」（「入学式や卒業式」）

　「『日の丸』と『君が代』は1999年制定の国旗国歌法で、それぞれ国旗、国歌とされた。『君が代』の歌詞は国民主権に矛盾しないのかな」

　天皇の地位を考えることは、国民主権の意味を考えることにもなる。

> ### 留意点
> ● 大正デモクラシー時代に普通選挙運動を支えた理論である民本主義を説いた吉野作造は、民主主義と言うと「主権が人民にある」という危険思想と間違えられるから「民本主義」と言うと書いている。天皇主権のもとでは、国民主権や民主主義は危険思想だったことにふれておきたい。
>
> ● 天皇は「国民統合の象徴」であって「国民統合のための象徴」ではない。つまり、国民が統合した状態を示す象徴であって、天皇の下に国民を統合しようとするものではないということである。そして、その地位が国民の総意に基づくということは、国民の意思で天皇制を廃止することもできるということである。
>
> ● 天皇や皇族の人権という視点もふまえておきたい。天皇や皇族男子が結婚する場合には、内閣総理大臣、最高裁判所長官、衆参両院議長などをメンバーとする皇室会議の議を経なければならず、「両性の合意のみ」では成立しない。
>
> ● 祝日や式典での所作など、天皇制に起源をもつ文化が生活に定着していることを、天皇制の問題を考える手がかりとしたい。　　　　（松尾良作）

# 国民主権と現代の政治

- 現在の政治に国民の意思が反映されているとはいえない現実をふまえ、その理由について考える。
- 憲法改正を国民主権の観点から検証する。

**授業の展開**

(1) 国民の考えや意見は現代の政治に反映されているだろうか

- 「**資料1**から、国の政策に国民の考えや意見が反映されているといえるだろうか」(「全体で、『反映されている』と答えている人が約28%、『されていない』という人が約70%なので、反映されているとは言えない」)

「年代や性別によって違いがあるだろうか」(「若年層と高齢者層で『反映されている』と答えている割合が高い。また、女性のほうが『反映されていない』と答えている割合が高い」)

**資料1　国の政策への民意の反映程度（世論調査）**

| 性別 | 年齢 | 反映されている | かなり反映されている | ある程度反映されている | 反映されていない | あまり反映されていない | ほとんど反映されていない | わからない |
|---|---|---|---|---|---|---|---|---|
| 男女 | 合計 | 28.3 | 1.2 | 27.1 | 69.2 | 54.1 | 15.2 | 2.5 |
| 男性 | 合計 | 32.4 | 1.8 | 30.5 | 66.4 | 50.1 | 16.3 | 1.3 |
| | 18～29 | 38.5 | 1.0 | 37.4 | 59.5 | 49.2 | 9.7 | 2.1 |
| | 30～39 | 29.0 | 0.3 | 28.7 | 69.8 | 52.5 | 17.3 | 1.2 |
| | 40～49 | 26.5 | 2.0 | 24.5 | 73.0 | 50.6 | 22.4 | 0.5 |
| | 50～59 | 27.7 | 0.5 | 27.2 | 71.0 | 51.0 | 20.0 | 1.3 |
| | 60～69 | 31.6 | 1.3 | 30.3 | 67.8 | 53.2 | 14.6 | 0.5 |
| | 70～ | 38.6 | 3.8 | 35.1 | 59.1 | 45.8 | 13.2 | 2.1 |
| 女性 | 合計 | 24.5 | 0.5 | 23.9 | 71.8 | 57.8 | 14.1 | 3.6 |
| | 18～29 | 30.9 | 0.6 | 30.4 | 66.2 | 59.4 | 6.8 | 2.9 |
| | 30～39 | 25.5 | 0.5 | 24.9 | 73.0 | 60.4 | 12.6 | 1.5 |
| | 40～49 | 23.5 | － | 23.5 | 74.9 | 60.9 | 14.0 | 1.6 |
| | 50～59 | 19.1 | － | 19.1 | 79.6 | 62.7 | 16.9 | 1.3 |
| | 60～69 | 21.0 | 0.3 | 20.7 | 77.2 | 61.7 | 15.5 | 1.7 |
| | 70～ | 29.0 | 1.7 | 27.2 | 62.0 | 47.9 | 14.1 | 9.0 |

（「社会意識に関する世論調査3 国の政策に対する評価について」内閣府、2019年）

- 「なぜそうなるのか、**資料2**、**3**を参考に考えてみよう」(「民主主義ランキングでも下位になっているし、ジェンダーギャップ指数も良くない。特に政治の分野が低い」)

- 「**資料4**の大学生の意見を読んでみよう。どういう場面で、筆者は『主権』という能力を感じることができたのだろうか」(「投票とデモに行ったとき」)

「街頭でデモをおこなうことも主権の行使のひとつで、表現の自由として保障されている。署名活動も請願権の行使で、主権者としての正当な行動だ」

(2) 憲法改正の国民投票法制定には、どのような意味があるのだろうか

- 「**資料5**を読んでみよう。憲法上、選挙以外で、国民が直接に決定すると明示されている権利には何があるとされている？」(「ひとつは、憲

**資料2　民主主義指数ランキング（英『エコノミスト』誌調べ）**

**資料3　「ジェンダーギャップ指数2020」主な国の順位（153か国中）**

　主権とは権力のことであり、みんなに備わった能力だ。だとすれば、重い
ものを持ち上げるのが大変なように、使うには骨が折れるし、使わなければ
何の力にもならず、持っていないのと同じだ。果たして僕たちは、この能力
をちゃんと使っているのだろうか。もし僕やあなたが、主権を持っているけ
どそれを感じたことがないのだとすれば、それをちゃんと使ってこなかった
からじゃないか。
　僕は投票とデモに行くことを通じてほんの少しだけその能力を感じること
ができた。だけど、まだまだだと思う。その能力は鍛えたり、いろんな使い
方を試したりしないと強くならないからだ。

(SEALDs編著『民主主義は止まらない』河出書房新社、179頁)

法改正の国民投票」)

　「憲法改正の最終的判断は国民の直接投票に委ねられている。このこと
こそが、国民主権のもっとも重要な具体的権利だ」

　「現在、国民投票法では、国民による承認の要件をどう定めているだろ
う？　総務省ホームページで調べてみよう」

・投票権を持つのは選挙権を持つ人（日本国籍を有する18歳以上の男女）。

・賛成投票の数が投票総数（賛成投票数と反対投票数の合計数）の2分の
　1を超えた場合は、憲法改正について国民の承認があったものとする。

　「憲法第97条に、基本的人権は、人類の多年にわたる自由獲得の努力の
成果であり、現在及び将来の国民に対して信託されたものとある。憲法改
正を考えるときは、先人の努力を理解し、次世代に対する責任を引き受け
る覚悟が必要になるのだ」と伝えたい。

### 留意点

●投票総数を「賛成投票数と反対投票数の合計」とするということは、白
　紙などの無効投票は数に入らない。また、この投票制度には最低投票率
　の定めもない。憲法第96条では「特別の国民投票又は国会の定める選
　挙の際行われる投票において、その過半数の賛成を必要とする。」とあ
　るだけで、賛成投票数と反対投票数の合計の過半数としているわけでは
　ない。投票総数に無効投票数を含め、最低投票率を高く設定すれば、承
　認のハードルは上がる。

●教科書の国民主権の説明では、「国の政治のあり方を最終的に決める力
　が国民にあること」「国の政治の決定権は国民が持ち、政治は国民の意
　思に基づいて行われるべきであるという原理」といった記述が多いが、
　「国民の意思は、憲法によって示されます。つまり憲法にのっとって国
　の政治を進めることが、国民の意思に従うことになるのです。国民主権
　の意義は憲法にのっとって国家権力を行使させることにあります」（帝
　国書院版）との視点を大切にしたい。　　　　　　　　　（松尾良作）

# 5 平和主義の思想

## ねらい

● 日本国憲法前文には平和主義と平和的生存権が、日本国憲法第9条には戦争放棄と戦力不保持・交戦権の否認が明記され、平和主義が徹底されている。その内実を理解する。

● 戦争違法化の思想が、どのように日本国憲法第9条に結実化されてきたか、それがどう世界に受け継がれているかを理解する。

● 日本国憲法が徹底した平和主義をとったのはなぜかを考える。

## 授業の展開

(1) 戦争をしていない国は何か国？

8か国（アイスランド、フィンランド、スウェーデン、ノルウェー、デンマーク、スイス、ブータン、日本）だけを色塗りした世界地図（**資料1**、教師作成）を見せる。

● 「この色塗りした8か国に共通することは何だろう？」

「この8か国は、第二次世界大戦後、2001年まで戦争に参加していない国。日本が戦争をしないのは何と関係している？」（「平和主義」）

「これ以後も世界では各地で紛争が続いている。日本は果たして戦争をしていないとはっきり言えるのか、後で考えてみよう」

(2) 9条の平和主義と戦争違法化の歴史的意義

第9条の条文を読ませ、重要だと思うところに下線を引かせる。

・ポツダム宣言が軍国主義を排していることを教師が説明する。

・国際連合憲章（以下「国連憲章」）前文が、日本国憲法前文と同じように、戦争の悲惨さと国際平和を強調している点にふれる。

● 「国連憲章（**資料2**）と日本国憲法第9条の共通点（赤）と違う点（青）を探して、マーカーペンで色塗りしてみよう」

・大きく印刷した紙を黒板に貼る。共通点は「武力による威嚇又は武力の行使」。違う点は、国連憲章は「慎まなければならない」だが、第9条は「永久にこれを放棄する」。

「戦争を強く禁止しているのはどっち？」（「第

**資料1　2001年まで戦争をしていない8か国**

浅井春夫『戦争をする国・しない国』（新日本出版社）などを参考に作成。ただしアイスランド・ノルウェー・デンマーク・スウェーデン・フィンランドは2001年からのアフガニスタン戦争に軍隊を派遣した。2003年からのイラク戦争ではデンマーク等が「有志連合」に参加し、日本の自衛隊も多国籍軍の輸送活動などに協力した。

**ポツダム宣言**
www.ndl.go.jp/constitution/
etc/j06.html （国立国会図書館「日本国憲法誕生」）

**資料2　国際連合憲章**

> 第2条3　すべての加盟国は、その国際紛争を平和的手段によって国際の平和及び安全並びに正義を危くしないように解決しなければならない。
> 4　すべての加盟国は、その国際関係において、武力による威嚇又は武力の行使を、いかなる国の領土保全又は政治的独立に対するものも、また、国際連合の目的と両立しない他のいかなる方法によるものも慎まなければならない。

9条のほう」)「第9条のほう
が徹底した平和主義といえ
るね」
● 資料3、4を示し、「第一
次世界大戦の後、平和を
願ってどんなことがおこ
なわれた？」（「国際連盟
の設立」「軍縮会議」「パリ
不戦条約」）「パリ不戦条約でどんなことが決
まった？」（「戦争放棄が決まった。歴史上は
じめて国際条約が成立した」）

世界各国の憲法のうち、戦争を禁止した条項
があるのは日本だけではない。最初に戦争（征
服戦争）禁止条項を入れたのはフランス憲法
（1791年）。

「第二次世界大戦で日本と軍事同盟国だった
イタリアやドイツの憲法は、日本と同じように
戦争を禁止していると思う？」

「イタリアの憲法とドイツの憲法はこれ」と、
資料5を黒板に貼る。（「イタリアは『戦争の
放棄』、ドイツは『侵略戦争は違憲』とある」）

「では、イタリアとドイツの憲法になくて、日
本だけにあるのは何？」（「『戦力を持たない』と
『交戦権の否認』。平和主義が徹底している」）

● 「日本のほかに『軍隊を持たない』と憲法で
決めた国はどこだろう？」（「コスタリカ」）

「そう。コスタリカは憲法で軍隊を禁止した」

「軍隊を持たないと憲法で決めた国は他にも
ある。でも、憲法の規定があっても軍隊や準軍
隊を持ったり、他国の軍隊に守ってもらったり
している国もある」

(3) 平和主義（戦争違法化）の思想はどのよう
に広がってきたか

● 「反戦・平和主義・非暴力・抵抗から思いつく人は？」（「与謝野晶子、
内村鑑三、ガンディー、植木枝盛」）

「古くはイエス・キリストから現代まで、宗教家・思想家・運動家など
さまざまな人びとが平和の主張・運動を続けている」

教師がまとめた資料（資料6）を例示。個別の解説はせず、人びとの努

**資料3　戦争被害を防ぐための国際的行動**

| 1899年 | ハーグ平和会議 | 毒ガス、ダムダム弾などの禁止 |
|---|---|---|
| 1907年 | 第2回ハーグ平和会議 | 捕虜の人道的扱い、戦傷者の保護など |
| 1920年 | 国際連盟規約 | 国際紛争の平和的解決 |
| 1922年 | ワシントン海軍軍縮会議 | 戦艦・航空母艦の保有の制限 |
| 1928年 | パリ不戦条約 | 戦争放棄、紛争の平和的解決 |
| 1930年 | ロンドン海軍軍縮会議 | 補助艦の保有の制限 |
| 1945年 | 国際連合憲章 | 自衛以外の戦争の禁止 |

**資料4　パリ不戦条約**

第1条　締約国は、国際紛争解決のため戦争に訴
　ふることを非とし、かつその相互関係において
　国家の政策の手段としての戦争を放棄すること
　をその各自の人民の名において厳粛に宣言する。
第2条　締約国は、相互間に起こることあるべき
　一切の紛争又は紛議は、その性質または起因の
　如何を問わず、平和的手段によるの外これが処
　理又は解決を求めざることを約す。

データベース「世界と日本」日本政治・国際関係データベース
http://worldjpn.grips.ac.jp/　現代仮名づかいに改めた）

**資料5　イタリアとドイツの憲法**

イタリア共和国憲法（1948年）
第11条［戦争放棄、主権の制限］イタリアは、
　他の国民の自由を侵害する手段および国際紛
　争を解決する方法としての戦争を放棄する。イ
　タリアは、他国と同等の条件において、諸国
　家間に平和と正義を確保する機構に必要な主
　権の制限に同意する。イタリアは、この目的
　のための国際組織を促進し、助成する。

ドイツ連邦共和国基本法（1949年）
第26条［侵略戦争の禁止］（1）　諸国民の平和的
　共同生活を妨げ、特に侵略戦争の遂行を準備
　するのに役立ち、かつ、そのような意図をも
　ってなされる行為は、違憲である。このよう
　な行為は処罰するものとする。

（初宿正典・辻村みよ子編『新解説 世界憲法集　第5版』
三省堂）

コスタリカ憲法（1949年発効）
第12条①「常設制度としての
軍隊は、禁止される。」（歴教協
編『世界の中の憲法第九条』
高文研）

力で平和思想が受け継がれていることを伝える。

　日本国憲法の制定後、アメリカのチャールズ・オーバビー氏は、日本国憲法第9条の思想を世界に広めた。また、1999年オランダで開催されたハーグ世界平和会議は、基本原則の1番に「各国議会は、日本国憲法第9条のような、政府が戦争を禁止する決議を採択すべきである」とした。さらに、日本だけでなくスペイン領カナリヤ諸島やトルコにも9条の碑があり、憲法9条の思想は世界に広がっている。

(4) 国民に歓迎された平和憲法

●「日本以外にも戦争の禁止を憲法で定めている国はいくつかあるが、日本は侵略戦争だけでなく、戦力の保持や交戦権も否認している。なぜ徹底した平和主義をとったのだろう？」(「戦争はもうたくさんだ」「昔の戦争は自衛といいながら侵略した。だから軍隊を禁止した」「軍隊がなければ戦争はできない」)

「この平和憲法ができたとき、国民はどう思ったのだろう？当時の毎日新聞の世論調査（1946年5月27日、**資料7**）では、憲法9条の戦争放棄の条項について『必要』約70％、『不要』約28％だった。ここから何がわかるかな？」(「7割の人が平和憲法は必要だと思った」)

「多くの人たちは平和主義を歓迎した。ある一人の国民の声を紹介しよう」と、『日本国憲法を国民はどう迎えたか』（歴史教育者協議会編、高文研）の一部（**資料8**）を教師が読む。

「どう思った？」(「戦争に行った人は、もう二度と戦争をしたくないと思った」)

「戦争に対する深い反省と痛恨の思い、平和の願いが憲法9条に反映されていた。それは当時の世論調査や国民の声に表れているね」

　最初の地図に戻り、「日本は徹底した平和主義を憲法ではとっているが、その後現実はどうなっていったか。この後の授業で考えてみよう」

---

**留意点** ....................

●ロシアによるウクライナ侵攻の現実のもと、国連憲章・憲法9条の意義を考えさせたい。

●戦争違法化の太い流れが日本国憲法の前文・第9条に結実している。そして、核兵器をなくすための運動が発展し、2021年1月の核兵器禁止条約発効へとつながり、核兵器の違法化が国際条約となった（→196ページ）。世界的には平和主義の思想が発展していることを知らせたい。

（中尾　忍）

資料6　さまざまな平和・非暴力の思想

〈宗教家〉
イエス・キリスト
仏教
〈思想家〉
カント「永遠平和のために」
〈人道主義〉
アンリ・デュナン
〈日本の思想家〉
安藤昌益　中江兆民
植木枝盛　内村鑑三
与謝野晶子　堺利彦
幸徳秋水
〈抵抗の人〉
黒島伝治　槇村浩
ガンディー　阿波根昌鴻

資料7　当時の新聞の世論調査

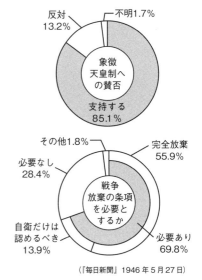

象徴天皇制への賛否
反対 13.2%
不明 1.7%
支持する 85.1%

戦争放棄の条項を必要とするか
完全放棄 55.9%
その他 1.8%
必要なし 28.4%
自衛だけは認めるべき 13.9%
必要あり 69.8%

（『毎日新聞』1946年5月27日）

資料8　『日本国憲法を国民はどう迎えたか』

デジタル資料集

参考資料
前田朗『軍隊のない国家27の国々と人びと』（日本評論社）
チャールズ・オーバビー『対訳 地球憲法第九条』（たちばな出版）
本庄豊『ここから始まる平和学』（つむぎ出版）
伊藤千尋『9条を活かす日本』（新日本出版社）

# 6 憲法9条と自衛隊

1 時間

## ねらい

●憲法9条の内容を理解する。

●「実力」と「戦力」の違いを理解し、イラク派兵違憲判決から自衛隊と9条の関係を考える。

## 授業の展開

(1) 憲法第9条1項の条文を読み、次の①～③を考える。

①「国権の発動たる戦争」とは？（「日本の政府が始める戦争のこと」「権力を持っている人が命令して始める戦争のこと」）

→宣戦布告をともなう戦争のこと。

②「武力による威嚇」とは？（「武器を持って、攻撃するふりをする」「武器を向けて威圧する」）

→武力を背景として自国の主張を相手に押しつけるような行為を指す。

③「武力の行使」とは？（「戦争のこと」「実際に武器を使うこと」）

→宣戦布告なしにおこなわれる事実上の戦争のこと。

　憲法9条は上記①～③のすべてを「国際紛争解決の手段としては、永久にこれを放棄する」と書いている。ここで疑問が出てくる。自衛戦争はどうなるのか。そこで、次に第2項を確認する。「前項の目的を達するため、陸海空軍その他の戦力は、これを保持しない。国の交戦権は、これを認めない」とある。

①「前項の目的」とは？（「戦争しないこと」「他の国を攻撃しないこと」「武器を使って他の国を威圧してはいけない」）

→これが何を指すのかが問題。「自衛」ではなく「侵略」のための戦争の放棄を指すと解釈する考えが多い。

　つまり、2項では「正義と秩序を基調とする国際平和を誠実に希求」するという目的を達するために、戦力を放棄し、交戦権を否認している。すべての戦力を放棄していることになる。しかし、「前項の目的」は「侵略戦争の放棄」を指し、自衛戦争は否定していないという解釈もできる。そこで、資料1を掲示する。（「侵略戦争だけをイメージしていたけど、自衛のための戦争も考えないといけないな」「日本は戦後、戦争をしていないから、

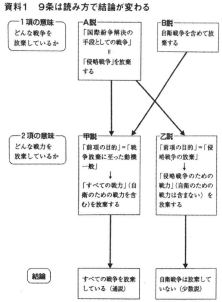

資料1　9条は読み方で結論が変わる

（伊藤真『高校生からわかる日本国憲法の論点』トランスビュー）

すべての戦争を放棄していることになるんじゃないかな」「この資料を見ると、日本は9条があるから戦争をしてないと思う」）

→1項でA説、2項で甲説をとり、すべての戦争を放棄しているという解釈が憲法学では通説であり、自衛戦争は放棄していないという解釈は少数派となっている。

(2) 自衛隊の憲法上の位置づけ

(1) でみたように、9条では「戦争放棄」と「戦力不保持」について書かれている。しかし、自衛隊は強力な武器を持ち、それを使う訓練を毎日おこなっている。一発撃てば人が吹き飛んでしまうほどの武器を持った組織である。また、防衛関係費は年間4〜5兆円となっている（資料2）。

● 「なぜ自衛隊は訓練をおこなっているのか？」（「戦争が起きたときのため？」「でも、9条で戦争は放棄しているんじゃないの？」）

日本政府は、自衛隊は自衛のための最小限度の「実力」であり、憲法が禁止した「戦力」ではないとしている。日本は、相手の攻撃を受けてから初めて防衛力を使う「専守防衛」を原則としている。

● 「では、専守防衛なら戦闘の訓練も許されるのか？」（「いつか攻撃されたときのために4〜5兆円も使って訓練しているの？」

(3) 自衛隊の活動の変質

自衛隊は1991年のペルシャ湾（湾岸戦争）派遣やカンボジアPKO派遣に始まり、2001年にはテロ対策特別措置法によりアフガニスタン紛争の最中にインド洋へ派遣された。2004年にはイラク戦争が継続する中、航空自衛隊がバグダッドへ約4万6500人の人員の輸送をおこなった。

● 「このような活動は、専守防衛と言えるのだろうか？」（「専守防衛じゃなくて、もはや戦争に自衛隊が送り込まれている」）

特にイラク戦争時の人員輸送の内訳（資料3）は、米軍を中心とする多国籍軍の兵士が大部分となっており、この航空自衛隊の活動について裁判所は、憲法9条とイラク特措法に違反するという判決を下している（資料4、参考程度に）。違憲判決が出た以上、自衛隊は自衛のための最小限度の「実力」だから合憲という政府の見解と矛盾し、政府は、このような活動をやめなければならない。しかし、このような動きを合憲にするために憲法改正をする動きもある。

資料2　日本の防衛関係費の推移　　　（億円）

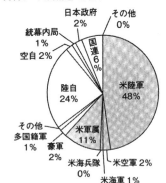

（防衛省ウェブサイトより作成）

資料3　人員輸送の内訳

日本政府 2%
その他 0%
統幕内局 1%
国連 6%
空自 2%
陸自 24%
米陸軍 48%
その他多国籍軍 1%
米軍属 11%
豪軍 2%
米海兵隊 0%
米空軍 2%
米海軍 1%

（「イラク派兵差止訴訟」原告・弁護団有志チーム『イラクで航空自衛隊は何をしていたか』せせらぎ出版）

┌─ 留意点 ─┐ ･････････････････････

● 9条があるのに自衛隊が存在しているのはなぜか、イラク派兵違憲判決から自衛隊の活動の実態について考えさせたい。　　　（鈴木惇平）

資料4　「イラク派兵差止訴訟」名古屋高裁の判決文
www.courts.go.jp/app/files/
hanrei_jp/331/036331_
hanrei.pdf

# 7 日本の平和と日米安全保障条約

1 時間

## ねらい

● アメリカ軍の基地がなぜ日本にあるのかを考える。

● 日米安保条約は日本の平和にどのような影響を与えているのかを考える。

## 授業の展開

(1) なぜ米軍基地が日本にあるのか

資料1は、日本国内で、ある国の軍事基地が置かれている場所を表している。どこの国の基地かを考えさせる。(「アメリカ」「基地問題がよくニュースになっている」)

次に、どの地方に多いかを考えさせる。(「圧倒的に沖縄が多いけど、地方で言うと関東地方が多い」「東京と神奈川は5位以内に入っているし、埼玉や千葉も10位以内に入っている」)

在日米軍基地の約75％は沖縄にあるが、首都圏にも基地が多くあることに着目させる。

「日本には憲法9条があり、戦力の不保持などについて書かれているのに、なぜ米軍基地があるのか」(「日本は戦争に負けた国だから？」「アメリカが日本を守ってくれるから？」)

それは日米安全保障条約を結んでいるからである。日米安全保障条約を結ぶ直前、日本はサンフランシスコ平和条約を結んでおり、独立を回復した上でアメリカと安全保障条約を結んでいる。

● 日米安全保障条約にはどのようなことが書かれているのか、第5条・6条を読み取る(資料2)。

第5条では「日本国の施政の下にある領域における、いずれか一方に対する武力攻撃が」あった場合、日本の領域が攻撃されたときはアメリカが防衛するが、アメリカの領域が攻撃されても日本には防衛の義務がないという内容になっている。第6条では、日本がアメリカに基地や米軍の駐留を許していることがわかる。それは「日本国の安全」と「極東における国際の平和及び安全」の維持のためであるとされている。

日本の米軍基地は、アジア太平洋地域にとどまらず、アメリカの海洋戦略全体にとっても重要な拠点となっている。ここまでの疑問点を生徒に問う。(「日本の安全を守るっていうより、まわりの国がアメリカを恐れているだけじゃない？」「実際に日本が攻撃されたときにアメリカは助けてくれるの？

**資料1 在日米軍施設・区域(米軍管理)の面積が上位の都道府県**

(千㎡)

| | | |
|---|---|---|
| 1 | 沖縄県 | 186,092 |
| 2 | 青森県 | 23,743 |
| 3 | 神奈川県 | 14,744 |
| 4 | 東京都 | 13,202 |
| 5 | 山口県 | 7,914 |
| 6 | 長崎県 | 4,686 |
| 7 | 北海道 | 4,274 |
| 8 | 広島県 | 3,539 |
| 9 | 千葉県 | 2,095 |
| 10 | 埼玉県 | 2,033 |
| 11 | 静岡県 | 1,205 |
| 12 | 京都府 | 35 |
| 13 | 福岡県 | 23 |

(「都道府県データランキング」https://uub.jp/pdr/s/usfj.html)

**資料2 「日本国とアメリカ合衆国との間の相互協力及び安全保障条約」条文**
www.mofa.go.jp/mofaj/area/usa/hosho/jyoyaku.html

これってアメリカにとってはどんなメリットがあるの？」）

第5・6条を読み解くと、果たして日米安保条約は日本の平和や安全に寄与しているのかという疑問が浮かび上がる。日本に駐留する米軍は、本当に□米安全保障条約に書かれたような役割を果たしているのか。

(2) 日米安全保障条約は必要なのか

資料3を掲示する。これは、アメリカの国外に駐留する兵力（上位10か国）を表したものである。2017年現在、陸海空および海兵隊の現役兵士（約130万人）のうち約15%（約19万人）が国外で活動している。これは統計データが存在する中で最低の水準となっている。この資料を見て考えたことを問う。（「一番多いのは日本なんだ」「日本以外にも米軍は世界各地にいると思った」）

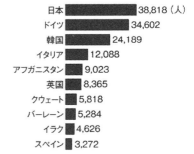

資料3　米軍の国別在外兵力（上位10か国）

| 日本 | 38,818（人） |
| ドイツ | 34,602 |
| 韓国 | 24,189 |
| イタリア | 12,088 |
| アフガニスタン | 9,023 |
| 英国 | 8,365 |
| クウェート | 5,818 |
| バーレーン | 5,284 |
| イラク | 4,626 |
| スペイン | 3,272 |

2016年9月末現在。予備役や軍属などは除く。
（しんぶん赤旗 2017年8月27日）

過去最低水準となっている理由は、アメリカ国内でも、海外基地は不必要な紛争を引き起こす要因になる可能性が指摘されており、海外に軍隊を常駐・展開させる戦略は「時代遅れ」との見方が出ているからである。

しかし日本政府の政策は逆行している。資料4の「在日米軍駐留経費負担（思いやり予算）」の推移を掲示する。これは日本に駐留する米軍の維持経費である。この資料を見て考えたことを問う。（「日本はそこまでして、なぜ米軍基地を残したいのかな？」「日本は9条があって戦争をしないって言っ

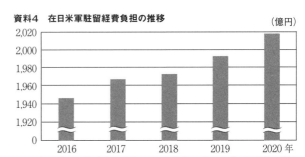

資料4　在日米軍駐留経費負担の推移
（億円）

2021年以降、日本政府は「思いやり予算」に代えて「同盟強化予算」という呼称を使用している。
（防衛省ウェブサイトより作成）

ているのに、お金を払ってまで米軍基地を残す理由ってあるの？」）

アメリカは核保有国であり、日本は核を後ろ盾にすることで他国からの攻撃を抑止している側面もある。このような状況を「核の傘」と表現する。駐留経費を負担してまで他国の軍を駐留させているという現状は、資料3からわかるように、当たり前ではなく、むしろ異常と考えられる。また、沖縄に典型的なように、基地を置くことによって「日本の安全や平和に寄与」するどころか、弊害も多くなっている。以上を踏まえ、日米安全保障条約は日本の平和にとって必要なものかどうか議論し、まとめて発表させる。

留意点

●9条があるのに、なぜ日本に米軍基地があるのか。また、日米安保条約はその意義を果たしているといえるのか。日本の平和に日米安保条約は必要かどうかについて、自分の意見・考えを持たせたい。　（鈴木惇平）

# 8

# 国際社会の平和と日本の役割

1 時間

## ねらい

● ペシャワール会・中村哲さんの功績から、国際貢献について考える。
● 民間団体による国際貢献について考える。

## 授業の展開

（1）中村哲さんの功績

　2019 年 12 月 4 日、アフガニスタンで活動する人道支援団体「ペシャワール会」の現地代表・中村哲さんが武装集団に襲撃され遺体で発見された。**資料1** を見せる。

● 「中村さんはアフガニスタンでどのような活動をしていたのか」（「医療支援や灌漑工事」「医療支援と灌漑工事って全然違う仕事じゃない？」「そもそも灌漑ってなに？」「医者なのに工事ってどういうこと？」）映像資料『アフガニスタン　干ばつの大地に用水路を拓く』（**資料2**）を 15 〜 20 分視聴させる。

● 「中村さんはなぜ灌漑工事を始めたのか」（「水があれば、たいていの病気にはかからないから」「食料も作れて栄養失調にならないから」）

　「中村さんと一緒に工事をしていたのは、どんな人たちだったか」（「日本人のボランティアスタッフと現地のアフガニスタンの人」「難民や仕事を失った農家、元ゲリラなど、いろんな人が仕事をしていた」）

　映像の中で、中村さんが一緒に働くアフガニスタンの人びとに「未来のため」と話すシーンが何回か出てくる。それを受けて、多くの人びとが「自分の国の未来のために」と一生懸命に働いているようすがわかる。

● 「中村さんはなぜこのような活動をしているのか」（「アフガニスタンの人たちが、故郷を自分たちの手で復興できるように手助けをしている」「自分の国の未来を自分たちでつくる手助けをしている」「自給自足できる環境をつくっている」）

　本当の国際貢献や支援とは、こちらで何もかも用意するのではなく、自立する手助けをすることだと中村哲さんは教えてくれている。

（2）日本の「国際貢献」

　2001 年のアメリカ同時多発テロを受けて、米軍がアフガニスタンへの攻撃を始めた。干ばつによる食糧不足に加え、市民が犠牲になる米軍の誤

**資料1　中村哲さんの訃報**

> アフガニスタン東部ナンガルハル州の州都ジャララバードで 4 日朝、同国で人道支援に取り組んできた NGO「ペシャワール会」（事務局・福岡市）の現地代表で、医師の中村哲さん（73）の乗った車が何者かに銃撃された。州政府によると、中村さんや運転手ら計 6 人が死亡した。
> 　長く医療支援や灌漑工事を続けてきた中村さんは 10 月、同国から名誉市民権を授与されたばかりだった。2008 年に日本人スタッフ（当時 31）が殺害される事件があったため、警備員を付けて活動していた。
> 　　　　　（「朝日新聞デジタル」2019 年 12 月 4 日）

**資料2　『アフガニスタン　干ばつの大地に用水路を拓く』**

（企画：ペシャワール会　製作：日本電波ニュース）

爆が後を絶たず、治安は最悪である。中村さんは生前、米軍主体の国際治安支援部隊について「彼らが残したのは破壊と憎しみ、貧富の差だけです」と話している。一方で、アフガニスタンの人びとの対日感情は良好であった。

- 「なぜアフガニスタンの人びとは、日本に対して好意的なのか」(「日本は9条で戦争を放棄しているから安心しているんじゃない?」「武力でアフガニスタンの人を傷つけたりしないから?」)

大きな理由は、日本が軍隊を送らずに支援しているところにある。しかし2001年にテロ対策特別措置法が成立し、日本は初めて戦時中の地域(ペルシャ湾)に自衛隊を派遣した。

- 「このとき中村さんは、車両に描いていた日の丸を消した。それはなぜか」(「自衛隊を派遣したから、日本もアメリカの戦争に加担すると思われたから?」「もしそうなら、アフガニスタンの人びとからすると、中村さんのことをよく思わない人も出てくるかも…」「でも日本の自衛隊は9条があるから戦えないんじゃないの?」)

「自衛隊を派遣しただけで、アフガニスタンの人びとの日本に対する態度は変わると思うか」(「日本の自衛隊は武力の行使はできないのに、なんでそんなに敏感になるんだろう」)

日本の海上自衛隊は米英軍の艦艇に給油活動をおこなっていた。その給油を受けた米英軍によってアフガニスタンが空爆され、誤爆を受け亡くなった人もいる。空爆を支えた燃料が日本のものだったとなれば、中村哲さんや現地の日本人ボランティアスタッフも攻撃の標的となってしまう。

日本には9条があり、戦争を放棄し、武器を持たないので、他国からも安心してもらえたが、近年、日本の国際貢献のあり方が変容している。映像を視聴し、中村哲さんの功績にふれた上で、日本の国際貢献の今後について話しあい、まとめて発表する。

**資料3　ペシャワール会が支援して建設された用水路の概要**

| 水路の名称 | マルワリード用水路(Marwarid Canal, Marwaridはペルシャ語で「真珠」の意) |
|---|---|
| 全長 | 約25.5km　(第一期:13.0km、第二期:12.5km) |
| 場所 | アフガニスタン国クナール州ジャリババからナンガルハル州シェイワ郡ブディアライ村を経て、同郡シギ村ガンベリ沙漠まで |
| 平均傾斜 | 0.00073 |
| 標高差(落差) | 17.2m(ジャリババ取水口633.5m、ブディアライ村624.4m、ガンベリ沙漠末端616.3m) |
| 取水量 | 4.5〜5.5㎥/秒(限界最大量6.0㎥) |
| 推定損失水量 | 30%(浸透損失20%、無効水10%)、但し無効水は主にD沈砂池の余水で、クナール河に排出、季節により変動 |
| 灌漑給水能力 | 3.0〜4.5㎥/秒(一日25〜40万トン) |
| 推定灌漑可能面積 | 約9,700ヘクタール(約9,700町歩=小麦作付け)、約3,000ヘクタール\*(約3,000町歩=水稲作付け)<br>\*既に灌漑している耕地と給水量から算出。土壌の保水性、作付けの相違で、日本の基準とは必ずしも一致しない。 |
| 水路沿い植樹総数 | 318,326本(2009年12月現在)、うち第一期128,150本、第二期190,176本 |
| 設計・施工者 | PMS;協力:日本土木技師会有志 |
| 工期 | 第一期工事:(竣工)2003年3月19日〜2007年4月30日、第二期工事:(建設中)2007年5月1日〜2016年4月30日予定、ただし開通は2010年3月 |
| 総工費('03〜'09年度) | 14,332,366米ドル=約15億円(既存の用水路カマ、シェイワ、ベスードの取水口建設費を含む) |

(DVD付属資料より)

実際に中村さんを殺害したのはパキスタンのイスラム系武装勢力につながる人物で、金銭目的で誘拐するつもりだったとされる(朝日新聞による報道より)。

**留意点**

- 中村哲さんの功績と日本の国際貢献の現状にふれた上で、日本の国際貢献のあり方を考えさせたい。

(鈴木惇平)

集団的自衛権と米軍基地

● 集団的自衛権と米軍基地の問題点を理解し、今後、起こりうる問題点を
　理解する。

**授業の展開**

(1) 集団的自衛権と安保法制

● 「集団的自衛権とは何か？」(「自分の国を守る権利」「集団で自分の国を
　守るってどういうこと？」「仲間をつくって一緒に守ることじゃな
　い？」)

　集団的自衛権とは、自国が攻撃を受けていなくても、攻撃を受けた同盟
関係にある国の防衛活動に参加する権利のことである。

・国連憲章は、戦争は原則として違法であることを宣言しているが、例外
　的に認められた戦争が2つある。「この2つの戦争とは？」(「悪いこと
　をしている国を攻撃する。よくニュースで流れている」「攻撃されたと
　き初めて防衛する、自衛のための戦争じゃない？」)

　①安全保障理事会が決定する軍事的な強制措置　②自衛権に基づく戦争
　②は条件が2つあり、ひとつは、武力攻撃が発生する恐れがあっても、
実際に攻撃を受けていない段階では自衛権に基づく戦争とは認められない。
もうひとつは、安全保障理事会が平和安全の措置をとるまでの間という限
定が付されている。

● 「では、②の自衛権に基づく戦争なら日本も戦争をしていいのだろう
　か？」(「憲法9条で禁止されているから、できない」「国連憲章でいいこ
　とになっているなら、攻撃されたときは自衛できると思う」)

　国連憲章では上記のように規定されているが、憲法は国の最高法規のた
め国際条約よりも優先される。なので、9条では戦争や武力の行使を一切
認めていない。集団的自衛権は自衛権の一種として持っているが、それを
行使することはできないと解釈されている。

　しかし、2014年に政府は、これまで憲法上認められてこなかった集団
的自衛権の行使を限定的に容認するとする閣議決定をおこない、それに基
づき2015年に安保関連法を成立させた。これにより、日本が攻撃されて
いなくても、「密接な関係にある他国」が攻撃された場合には、自衛隊が
その他国の軍隊と一緒に反撃できるようになった。

● ここまでの話を聞いて、それぞれの考えを問う。(「9条でダメってなっ

ているのに反撃できるの？ じゃあ憲法の意味は？」「今後、日本が戦争
に参加することもあるってこと？」)

**資料1 「なぜ普天間飛行場を辺野古へ移設することに反対なのですか」**

　沖縄は今日まで自ら基地を提供したことは一度としてありません。戦後の米軍占領下、住民が収容所に隔離されている間に無断で集落や畑がつぶされ、日本独立後も武装兵らによる「銃剣とブルドーザー」で居住地などが強制接収されて、住民の意思とは関わりなく、基地が次々と建設されました。土地を奪って、今日まで住民に大きな苦しみを与えておきながら、基地が老朽化したから、世界一危険だから、普天間飛行場の移設は辺野古が唯一の解決策だから沖縄が基地を負担しろというのは、理不尽です。

　沖縄県知事選挙、衆参議員選挙など、これまでの一連の選挙において、辺野古移設に反対する県民の民意が示されています。普天間飛行場の代替施設としての辺野古埋立てについては、平成31年2月の県民投票において投票者総数の7割以上という圧倒的な反対の民意が示されました。

　沖縄県は日米安全保障体制の必要性は理解していますが、県民の理解の得られない辺野古移設を強行すると、日米安全保障体制に大きな禍根を残すことになります。沖縄県は、これらのことから辺野古への移設を反対しており、今後とも辺野古に新基地は造らせないということを県政運営の柱にし、普天間飛行場の一日も早い危険性の除去、県外・国外移設を求めていきます。

（『沖縄から伝えたい。米軍基地の話。Q&A Book』令和2年版　資料用に一部を書き改めた）

**資料2 辺野古米軍基地建設のための埋立ての賛否を問う県民投票（平成31年2月）の結果**

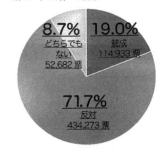

（本時の資料はいずれも『沖縄から伝えたい。米軍基地の話。Q&A Book』令和2年版、沖縄県作成より）

**資料3　沖縄の米軍基地の規模について**

**1 在日米軍施設・区域（専用施設）面積**

| | 本土 | 沖縄県 |
|---|---|---|
| 面積 | 7,823.2ha | 18,483.6ha |
| 割合 | 29.7% | 70.3% |

※令和2年3月31日現在

面積

**2 軍人数**

| | 本土 | 沖縄県 |
|---|---|---|
| 軍人数 | 10,869人 | 25,843人 |
| 割合 | 29.6% | 70.4% |

※平成23年6月末現在

軍人数の割合

(2) 辺野古新基地建設問題

　ここで少し話題を変える。沖縄の辺野古新基地建設問題について、**資料1**を読み、なぜ反対運動が起きているのかを考えさせる。（「日本は9条があるから、そもそも武器を持っている米軍が近くにいるのが危ないと思っている」「なぜ新しい基地を沖縄に造らないといけないのか、明確で納得のいく説明が欲しいんじゃない？」）

　資料1にも書かれている県民投票の結果（**資料2**）は、投票率が52.48％あり、投票総数の71.7％、43万4273人の圧倒的多数が辺野古の埋め立てに反対の意思を示している。しかし、日米両政府ともに「辺野古が唯一の解決策」との姿勢を変えず、県民の思いを顧みることなく工事が強行されている。

(3) 集団的自衛権と米軍基地（**資料3、4**）

　集団的自衛権と米軍基地の2つの問題について考える。2008年には、イラクでの航空自衛隊の空輸活動に関する違憲判決も

**資料4　在日米軍施設・区域（専用施設）面積、軍人数**

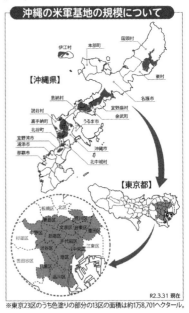

※東京23区のうち色塗りの部分の13区の面積は約1万8,701ヘクタール。

あり、集団的自衛権の行使の限定的容認は明らかに違憲であるとの声が根強い。また、沖縄の県民投票結果からわかるように、新基地反対が多数のなかで、なぜ政府は強行しようとしているのか。これは非常に重要な問題である。そこで、集団的自衛権容認と辺野古新基地建設から起こりうる問題点を考えさせる。（「他の国から攻撃されたとき米軍が守ってくれるから、沖縄は安全なはずじゃない？」「いや、それがかえって危険にならないかな」「だって、敵国からすれば、武器を持っている米軍をまず攻撃するよね。そうしたら沖縄は危険な地域にならないかな」）

　たとえばアメリカが他国と戦争した場合、日本はどうなるのかを一緒に考える。（「日本が攻撃されているわけじゃないから、放っておけばいい」「集団的自衛権はあっても、日本が攻撃するのは違憲なんでしょ？」「日米安全保障条約では、アメリカが攻撃されても日本に防衛の義務はないって習ったよ」）

　日本に駐留する米軍も、戦争となれば戦地へ出動する。出撃拠点を攻撃するのは軍事作戦の常道のため、最初に狙われるのは日本になる。つまり、アメリカの敵国から攻撃されるリスクを国民全員が負っていることになる。特に米軍基地の約70％は沖縄に集中しているため、沖縄が狙われてしまう。今起きている問題を他人事ととらえていると、このような問題に直面したときには、すでに手遅れになってしまう。政治家の間でも、自衛隊を専守防衛のための「実力」に見合う規模に縮小すべきという「護憲派」と、自衛隊を軍隊として明確に位置づけようとする「改憲派」の2つに分かれている。だが一番大切なことは、日本にはなぜ9条があるのかを考えることだ。

---

┃ **留意点**

● 「集団的自衛権と米軍基地」の問題点を整理させ、今後、起こりうる問題点に気づき、その問題に対して当事者意識をもたせたい。（鈴木惇平）

# 9

# 私が個人として尊重されること

## ねらい

●「個人」を尊重する理念として「基本的人権」を理解する。

●基本的人権は、自由獲得のための人類の努力の成果であり、永久の権利として侵すことのできないものであり、不断の努力が求められていることに、社会の形成者の一人として気づく。

## 授業の展開

(1) 日本国憲法の基本的人権条項

　日本国憲法の中で「国民の権利および義務」は 32 条もあり、103 条ある条文の中で基本的人権の規定がもっとも多く書かれていることに気づく。

●条文を黙読させ、その中で気になった条文や、いい内容だと思った条文を発表させる。「権利と義務の規定ではどちらが多いですか？　義務にはどんなものがありますか？」(「教育を受けさせる義務」「納税の義務」「勤労の義務」)「なぜ義務よりも権利が多いのでしょうか？」

・憲法第 11 条を読ませ、戦前の大日本帝国憲法との違いを考えさせる。

(2) みんな違ってみんないい

●「『思春期は異性に関心を持つ時期』って本当かな？　男は女を、女は男を愛することが常識？」「男らしい・女らしいってどういうことだろう。男らしくとか、女らしくって言われて嫌だったことはない？　そもそも『らしい』ってなんだろう？」

　生徒たちの状況を見ながら、個々人で自分が思うことを書かせたり、班で話し合いをしたりする。

　「男や女ってどう決まるのかな？　生まれたとき、外性器の状態から男か女かが決められても、こころの性（性自認）がかならずしも一致するとは限らない。自分が男か女かがわからない、決めたくないという人もいます。社会では、人に対してもいろいろな分類がなされて、その分類ごとに先入観で判断されたりするけれど、男女は単純に二分されるのではなく、個人として一人ひとりが多様な性を生きています」

　常識や当たり前とされてきたことの中にも、社会の中で作られてきたものがあることに気づかせ、憲法第 13 条「個人の尊重・幸福追求権・公共の福祉」を読むことで、誰もが個人として尊重され、幸福になる権利があることを確認させる。

●「資料 1 から、性的マイノリティの人が、どんなことに苦しんだり困

**資料1　ハートネット TV「セクシャルマイノリティの子どもたちの心の支え」**
www.nhk.or.jp/heart-net/article/252/
(NHK E テレ 2019 年 8 月 26 日放送)

ったりしているか考えてみよう」（「男女別の制服で悩んでいる」「トランスジェンダーの人はトイレや着替えが困る」）

（3）ダイバーシティの社会を実現するために

● 「個人の尊厳が守られるためには、平等権や自由権、人間らしく生きる権利が保障されている必要があります。でも、憲法に書かれているからといって、本当に権利が保障されているといえるのだろうか？」と問い、「そのために憲法第12条がある」と、条文を読ませる。そこにある「国民の不断の努力」の意味を問い、その努力とは具体的に何をすることかを聞いてみる。

● 資料2を示し、「ダイバーシティとは多様性という意味です。性的マイノリティの人びとがどんな問題に直面し、何を求めているのかを考えてみよう」（「同性カップルのパートナーシップ制度を認めてほしい」「どんな性別や性的指向の人も働きやすい職場」）

「日本の法律では同性婚が認められていません。公的に認められないために、異性の夫婦にあるような法律上の権利が保障されないことがあります。そこで、同性カップルを夫婦と同等の関係として自治体が証明などできるようにするのが同性パートナーシップ制度です。現在60を超える自治体が導入しています」

このように、当事者が声を上げることによって社会を変えていっている現状を知る。2021年3月17日、北海道地方裁判所で、同性どうしの結婚が認められないことは違憲であるという判決（資料3）が出たことも紹介したい。

● 憲法97条の条文を読み、憲法に書かれている人権が、過去の人びとの努力の成果であって、現在から未来へと受け渡していかなければならないものであることを理解する。

● 「私たちのまわりで『個人の尊厳』が軽視されたり、誰にもあるべき権利が保障されていない人がいたら、私たちはどうしたらいいでしょう？」

資料2 「LGBTの声　社会変える力に」

（朝日新聞大阪本社版2021年3月8日）

資料3 「同性婚、認めぬのは違憲」

（朝日新聞2021年3月18日）

#### 留意点

● 性的マイノリティを取り上げることで、どの性のあり方も「自分らしさ」であり、ひとつの生き方であると気づかせ個人の尊厳について深めたい。

● 教室の中にもさまざまな生徒がいることを教師が自覚して、班で共有しあえることか、一人で考えさせることかを、生徒の反応を見ながら考慮する必要がある。

● 憲法に書かれたことが実現される社会にするためには、国家に対して、憲法の内容の実現を求める権利が自分たちにあることを自覚させたい。

（平井美津子）

参考資料
薬師実芳ほか『LGBTってなんだろう？　からだの性・こころの性・好きになる性』（合同出版）
渡辺大輔『性の多様性ってなんだろう？』（平凡社）
太田啓子『これからの男の子たちへ』（大月書店）

▶▶ NIJI BRIDGE
https://nijibridge.jp/
性の多様性に関するさまざまなデータを閲覧できる。

## 10 差別を解消し平等な社会を実現するために

1時間

### ねらい

● 憲法第14条の平等権を掲げ、差別解消へ進んできた戦後の歴史を知る。

● 少数者である当事者の声に、多数の人びとが理解と共感を示すことの大切さを理解する。

この学習の前に、一般に普及している「ちがいのちがい」カードゲームなどを通して区別や差別について学習しておくと授業にすんなり入りやすいだろう。

### 授業の展開

(1) さまざまな立場の人の願いを受けて

● 2018年に発覚した、東京医科大学などの入試で女子の点数を不利に操作していた問題の記事（資料1）を読み、何が問題かを考えさせる。（「入試は点数で合否を決めるはずなのに、点数ではない要素で不利になっている」）

「これは憲法第何条に違反するだろう？」（「14条」）

教育基本法4条の「教育の機会均等」にも違反している。報道を受けて大学側は事実を認めて謝罪し、不合格者を合格させる措置を取ったものの、すでに別の進路選択をしたため救済されなかった人も多かった。

「『女性にハイヒール・パンプスの着用を指示する、義務づける。これは、社会通念に照らして業務上必要かつ相当な範囲かと』（根本匠厚労大臣［当時］）この発言をどう思いますか？」（「なんで女性はパンプスを義務づけられないといけないの」など）

「もし、あなたならどうする？」（「会社で声を上げる」「でも、一人で声を上げるのは…」）「そんなときに組合に相談するという方法もあるよ。最近は、SNSで署名を集めることも」

女性にだけ職場でパンプスを強いる状況に声を上げ、服装規定をなくそうという#KuToo運動のネット署名に2万人近くが署名し、JALやANAなどの大企業も服装規定を見直したことを紹介する（資料2、3）。

● 「現在の日本のジェンダー平等指数は世界で何位くらい？」

内閣府男女共同参画局のサイトから最新のジェンダーギャップ指数の結果を見せる。あまりの低さに驚く生徒も多い。実際に日本の閣僚に女性がどのくらいいるかを確認させると頷くだろう。

(2) 平等を実現していく法整備

● 「日本の女性の働いている割合の年齢別グラフ（資料4）から

資料1　「女子減点　差別と偏見」

（朝日新聞 2018 年 8 月 2 日）

資料2　「#KuToo に見る日本社会での女性の『生きにくさ』」

（「朝日新聞 Globe」 2019 年 6 月 16 日）

https://globe.asahi.com/article/12452690

資料3　# KuToo に関するアンケート

（朝日新聞 2019 年 8 月 25 日）

気づくことはなんだろう」(「30代で落ち込んでる」「スウェーデンはまっすぐなのに」など)「なんでだろう？」(「出産や育児で仕事を辞めるから」)「じゃあスウェーデンは、なぜまっすぐなの？」

スウェーデンでは、家事・育児は男女がともに担うという考え方が根付き、保育所も完備しているところが大きい。

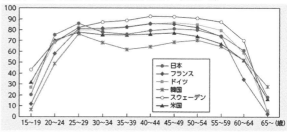

資料4　各国の女性の年齢階級別労働力率（2019年）

（「令和2年版男女共同参画白書」内閣府）

資料5　性別・年齢階級による賃金カーブ（1976年、1995年、2020年）

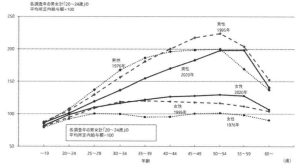

（厚生労働省「賃金構造基本統計調査」による。独立行政法人労働政策研究・研修機構HPより）

● 「男女の年齢別賃金（**資料5**）を見て気づくことは？」(「女性が低すぎ！」「どの年齢でも女性は男性より低い」)「これは怒り心頭だよね。どうしてなのかな？」(「途中で仕事を辞めるから」「非正規が多い」)

● 「これまでにどんな法整備がおこなわれているか、教科書で調べよう」

男女雇用機会均等法（1985年）について内容を見る。「募集や採用の機会均等」「差別的取り扱いの禁止」など。しかし賃金の差別の禁止がないことに気づかせたい。男女共同参画社会基本法（1999年）では、男女が対等に社会に参画することが書かれている。これらの権利を獲得できたのは、女性たちが声を上げ、女性を不当に扱う企業を提訴するなどの運動をしていった成果であることを伝える。

● 「不当な扱いでも、それが続いて慣習となっていれば差別と気づきにくかったりします。痛いと感じた人が我慢をせずに声を上げること、痛いと叫んでいる人の声を聞くこと。周囲の人がその痛みを共有し、痛みをなくすために、ともに努力していくことで社会は変わってきました」

● 「女性差別以外に、どんな差別があるのかを調べてみよう」

・どのように「個人の尊厳」を損なわれたか

・解決がすすんでいる事例については、どのような取り組みがあったか事例から学び、差別を解消するために何が必要か、意見をまとめる。

日本のジェンダーギャップ指数および順位（内閣府男女共同参画局）
www.gender.go.jp/public/kyodosankaku/2019/202003/202003_07.html

**留意点**

● 具体的な問題を提示することで、そこに潜むものは何かを考え、歴史の中で作られてきた制度のために差別が生み出されたことに気づかせたい。

● 問題を解消するまでに、当事者が声を上げ、運動がつくられ、世論を形成し、そこから法整備へと向かっていったことを理解させたい。

● 教科書では女性、障がい、同和問題、民族差別などの事例が挙げられているが、そのひとつを深めることで、日本や世界にあるさまざまな差別について生徒が課題を見つけ、探究できるようにしたい。（平井美津子）

# 11

# アイヌの人びとの民族としての誇りを守る

1時間

## ねらい

●現代を生きるアイヌの人びとの活動を知る。

●日本の先住民族としての権利回復への願いを理解する。

## 授業の展開

(1) 今を生きるアイヌの人びと

●「アイヌってどんな人びとだろう？」

・アイヌは、北海道・樺太・千島列島などに先住し、独自の言語、宗教や文化の独自性を有する先住民族であることを伝える。アイヌを主人公にした漫画『ゴールデンカムイ』や小説『熱源』を紹介するのもいいだろう。

・動画「『アイヌとして』萱野茂が遺したもの」(**資料1**) を見せる。

●「ＦＭピパウシ」と板書し、ラジオ放送を聴かせる (**資料2**)。

「アイヌ語学習のためのラジオ放送です。"イランカラプテ"はアイヌ語で"こんにちは"という意味です」

●副読本『アイヌ民族：歴史と現在——未来を共に生きるために』を示す。

「小中学生がアイヌ民族の歴史や現在のようすを学ぶために配布された副読本です」(北海道では全小中学生、他府県では学校に1冊ずつ配布。**資料3**)「アイヌの人びとは、アイヌ語や文化の普及活動、教育活動などを活発におこなっています。どうしてこういう活動が必要なんだろう」

(2) 民族の復権にむけた長いたたかいと現在

副読本から「若いアイヌの思い」(**資料4**) を示す。「多くの日本人が無理解だということばかりでなく、政府によって文化や伝統的な生活基盤を奪われてきたため、民族の次世代にも伝わっていない。そのためアイヌの人びとは、劣等感や差別的な仕打ちに苦しんできました」

●「アイヌの人びとが民族として経験してきた差別や不利益を考えよう」

北海道アイヌ政策推進局アイヌ政策課の統計資料 (**資料5**) を使って、生活保護率や進学率の実態、差別体験の有無について考えさせる。

「直接の差別体験は外見や、民族の歴史や文化に対する無理解から来る偏見などに起因します。若い世代にはこのような体験は減っているといいますが、まだ偏見をもつ人がいて、嫌な思いをすることがあります」

「間接的差別には、経済的な問題が多くあります。近代の諸政策による貧困を原因として、次世代の進学等にも影響が出ているのです」

・北海道では、北海道アイヌ協会の活動を受け、1974年から北海道在住

**資料1　「『アイヌとして』萱野茂が遺したもの」**
(HTB北海道ニュース)
www.youtube.com/watch?v=5A_O_pHEhDU

**資料2　FMピパウシ**
www.aa.alpha-net.ne.jp/skayano/menu.html
2001年4月の第1回放送からダウンロードして聴くことができる。ほかに札幌テレビ放送のSTVアイヌ語ラジオ講座もある。

**資料3　副読本『アイヌ民族：歴史と現在』**

**資料4　副読本より「若いアイヌの思い」**

**資料5　北海道アイヌ生活実態調査 (平成29年)**

わからない、不詳、無回答 28.4%
差別を受けたことがある 23.2%
13.1%
自分はないが、他人が受けたのを知っている
受けたことがない 35.2%

(北海道アイヌ政策推進局アイヌ政策課、2017年)
www.pref.hokkaido.lg.jp/ks/ass/new_jittai.htm

**北海道アイヌ協会**
先住民族アイヌの尊厳を確立するため、社会的地位の向上、文化の保存や発展のための活動を目的とした団体。

アイヌへの福祉対策と、生活改善と文化伝承活動がおこなわれてきたが、全国に暮らすアイヌへの施策や国民への啓発はすすまなかった。

・日本政府は1980年、国連への報告で、日本にはいかなる少数民族もいないと報告し（いないので施策も差別事例の調査もおこなっていない）、86年には当時の中曽根首相が「単一民族」発言をした。また2021年には全国系列のバラエティ番組でアイヌを揶揄（やゆ）するコントが問題になった。

● 1995年に萱野議員が初めて国会でおこなった演説のアイヌ語部分（**資料6**）を紹介し、「萱野さんが国会で何を実現したかったか考えよう」

アイヌ文化振興法（1997年）成立時の記事（**資料7**）を示す。「アイヌ文化を認めず日本人への同化を強要した旧土人保護法がやっと廃止され、

・アイヌ自ら、歴史や文化・言葉を学び継承できる条件が整備される

・日本政府としてアイヌ文化の保存・普及をすすめる

・多くの日本人が、文化にふれ理解を深める機会ができるようになった」

「しかし、アイヌ文化振興法では、文化の尊重は謳いましたが、依然として『民族』の存在を認めていません。そのため、国際社会にある『先住民族としての権利』の保障がないという問題が残ります。『先住民族の権利に関する国連宣言』（**資料8**）を読み、多民族国家である日本が、人権を尊重する社会を築くために、どんな取り組みや理解が必要かを考えましょう」

(3) これからの課題——先住民族としての権利を求めて

「2008年、『アイヌ民族を先住民族とすることを求める国会決議』が採択され、2019年、アイヌ民族を初めて『先住民族』と明記し『アイヌの人びとが民族の誇りを持って生活でき、その誇りが尊重される社会の実現を図る』ことを目的に掲げるアイヌ施策推進法（**資料9**）ができました」

これを具体化した施設として、2021年に北海道白老町に「ウポポイ」（民族共生象徴空間）ができた。

● 「先住民族の権利を考える上で重要な裁判が起きています。北海道浦幌町のアイヌ団体が、地元の川でのサケ捕獲は先住民族の権利だとして、札幌地裁に提訴しました。**資料10**の記事から考えましょう」

▷ 留意点 ..........

● 北海道以外の地域の生徒に、アイヌとはどんな人びとなのかを知らせることが重要。できればDVDなどを視聴する時間を設けたい。

● アイヌの人びとの運動により、経済的困難を解決したい、民族の尊厳を回復したい、アイヌらしく生きられる社会にしたい、損なわれた民族の基盤を回復したい、と前進してきたことを理解させたい。

● アイヌの人びとは明治政府によって日本に組み込まれ、経済基盤や文化を取り上げられ、民族の誇りを踏みにじられてきた。その責任が日本政府にあるという歴史的視点をもちたい。　　　　（平井美津子）

**資料6　萱野茂参議院議員の国会演説**
（平成6年11月24日）
http://kokkai.ndl.go.jp/SENTAKU/sangiin/131/1020/13111241020007c.html

**資料7　アイヌ文化振興法成立**

（毎日新聞1997年5月8日）

＊学校の学習に活用のため、アイヌ文化振興・研究推進機構からアドバイザー派遣事業がおこなわれるようになった。

**資料8　先住民族の権利に関する国連宣言（抜粋）**

デジタル資料集

**資料9　アイヌ施策推進法**
https://elaws.e-gov.go.jp/document?lawid=431AC0000000016

**資料10　「いちからわかる！アイヌの人が求める『先住権』ってなに？」**

（朝日新聞2020年9月24日）

## 12 私はやってない！ 自由権と現代社会① 1時間

### ねらい

●自由権の内容を知り、どうして自由権が必要かを考える。

●身体の自由をとりあげ、どうしてえん罪が起きるのかを考える。

### 授業の展開

(1) 自由権ってどんな権利？

●「自由権にはどんなものがあるのかな？」（「言論の自由」「身体の自由」「経済活動の自由」）

「どうして自由が要るのかな。こうした自由がなかった時代はあったの？」（「戦前は言論の自由もなく、政府を批判したら逮捕された」）

「逮捕されるということは、言論の自由だけでなく、どんな自由が奪われるの？」（「身体の自由」）「身体の自由を奪われると、どうして困るの？」（「自由に動けないし、監視されたり、すべてがんじがらめになる」）

「経済活動の自由はどうかな」（「江戸時代とかは、身分で仕事が決まっていたから、今みたいに自由に仕事を選べなかった」「住む場所も決められていた」）

「自由を奪うのはどんな人たち？」（「その人の言動や行動が気に入らない人」）「じゃあ誰でも自由を奪えるの？　みんなが自由に行動したり発言したりすることが気に入らない立場の人ってどんな人だろう？」（「政府とか？」「権力をにぎってる人」）「そうです。権力をもっている立場の人は、その権力を使って都合の悪い言論を封じこめたり、政府を批判するような人を逮捕してしまえるかもしれないね」

(2) えん罪ってなんだろう？

●「資料1の布川事件とは何かを読んでみよう。桜井さんや杉山さんは、最初はどんな理由で逮捕された？」（「ズボンの窃盗」「暴力行為」）

「つまり、この犯罪の容疑ではなくて別の容疑で逮捕されたんですね。こういうことを別件逮捕といいます。桜井さんはどうして自白したのでしょう」（「連日の厳しい追及」「長期間の取り調べ」）

代用監獄とは警察の留置場のことで、捜査段階での被疑者の勾留に使用される場合が多い。自白の強要などに結びつき、えん罪の温床になるとして廃止を求める意見も強くある。2007年5月には、国連の拷問禁止委員会により日本の代用監獄制度の廃止に向けた勧告が示され、日本弁護士連合会も資料2のように廃止を求めている。

1967年8月30日、茨城県利根町布川で、ひとり暮らしの老人が自宅で両足を縛られ、殺害されました。指紋が採取されましたが、犯人に結びつくものはありませんでした。前科者、素行不良者などアリバイのはっきりしない者を対象に捜査がおこなわれ、10月10日になって桜井昌司さんが、ズボン1本の窃盗容疑で逮捕、16日には杉山卓男さんが暴力行為の容疑で逮捕されました。ふたりは、警察で自白を強要され、取調官の連日の厳しい追及に耐えきれず、やってもいないことを自白してしまいました。彼らが取り調べを受けた場所は「代用監獄」と呼ばれるところで、やっていないと言い続ける被疑者に対しては、弁護人以外とは会わせずに、長期間にわたって精神的に追いつめる取り調べがおこなわれました。桜井さんはその自白を根拠に、裁判で無期懲役の判決を受け、獄中で無実を訴えながら29年間も刑務所に囚われ、1996年仮釈放となりました。

〈桜井さんの話〉

逮捕されて「おまえが犯人だ」「現場で見た人がいる」「おまえの母ちゃんも、早く本当のことを言えと言っている」などと連日言われ続け、犯人にされてしまうと不安になっているときに、嘘発見器にかけられたのです。そのとき、係官が「よく話して、わかってもらいなさい」と言って帰ったので、無実をわかってもらえたと安心したのですが、20〜30分後「検査の結果、みんな嘘と出た。もうダメだから話せ」と言われ、何を言っても犯人にされてしまうと自暴自棄になり、嘘の自白をしてしまったのです。

（朝日新聞2011年5月24日夕刊）

● 「代用監獄は何の自由を奪っていると言えますか？」（「身体の自由」）

「桜井さんらはその後どうなったのだろう」（「29年間も刑務所に入れられた」）「最終的に再審で無罪判決が出たのは事件から44年後の2011年でした。彼らが人生の半分以上を刑務所で暮らし、犯罪者と汚名を着せられて生きなくてはならなかったことについて、あなたはどう思いますか？」

（3）今もあるえん罪

「布川事件のようなえん罪事件は過去のことではありません。2009年6月、当時厚労省の官僚だった村木厚子さんは、身に覚えのない容疑で突然逮捕されました。取り調べでは一貫して否認しましたが、保釈申請が認められるまで164日間拘束されました。裁判では検察による証拠のでっち上げが判明し、村木さんは無罪判決を勝ち取りました。資料3を読んで、どんなことが問題かを班で出しあいましょう」（「密室の取り調べ」「長期間の勾留」「重要な証拠はすべて検察にあること」）

「どうしたらえん罪を防ぐことができるだろう」（「代用監獄をなくす」「長期間の拘留をやめる」「取り調べを密室でしない」など）

資料2 日本弁護士連合会「国際人権基準に適った未決拘禁制度改革と代用監獄の廃止に向けて」
www.nichibenren.or.jp/activity/human/criminal/detention/haishi.html

資料3 板倉君枝「冤罪を生む日本の『人質司法』──村木厚子『改革はまだ道半ば』」
www.nippon.com/ja/people/e00156/

 留意点 

● 自由権が、主として権力からの自由であることを、歴史をふまえてとらえさせる。

● えん罪をなくすにはどうしたらいいのかを班で討論し、班ごとの提案を全体で話しあわせるなどの活動を取り入れて考えさせたい。（平井美津子）

# 13

# 精神の自由は守られているのか
## 自由権と現代社会②

1時間

●表現の自由が、権力によって傷つけられやすい性質をもち、人権の中でも不当な制限を受けやすいものであることを理解する。

●民主主義を守るために、表現の自由の侵害に立ち向かった人びとの取り組みを知る。

**授業の展開**

（1）デモの俳句は掲載できない？

●「梅雨空に『九条守れ』の女性デモ」という俳句（資料1）を黒板に貼って見せる。

「この俳句は、安倍政権が集団的自衛権の行使容認を閣議決定しようとしていた2014年6月はじめに、東京の銀座でおこなわれたデモに参加した人が詠んだものです。さいたま市の公民館の句会で発表して優秀作に選ばれ、公民館だよりに載るはずでした。ところが、市から掲載できないと言われたのです。載せない理由を、新聞記事（資料2）から考えてみよう」

資料1　掲載を拒否された俳句

資料2　「梅雨空に『九条守れ』の女性デモ　さいたまの70代俳句　月報掲載拒否」

集団的自衛権の行使容認に反対するデモを詠んだ市民の俳句を、さいたま市の公民館が月報への掲載を拒否したことが分かった。大宮区の女性（73）が詠んだ「梅雨空に『九条守れ』の女性デモ」の句。識者から「表現の自由の侵害だ」との批判が出ている。（中略）公民館長は「世論が大きく2つに分かれる問題で、一方の意見だけ載せられない」と説明したという。（中略）一方、全国九条の会事務局長を務める小森陽一東京大教授は「この句だけを掲載しなかったのは、表現の自由を保障した憲法21条に違反する」と批判した。

**川岸令和早大教授（憲法）の話**

そもそも公民館は市民の表現活動を支援するために設置されている。言論を活性化させる形で運営しなければ趣旨に合わない。今回の俳句は「公民館の意見ではない」と明記して掲載すればよかった。改憲にはいろいろな意見があり、逆に「改憲賛成」の俳句があっても掲載してよい。

（東京新聞2014年7月4日、抜粋）

「どんな批判の声が起きているの？」

「さて、あなたならこの決定に納得いきますか？」と尋ね、班で話しあわせる。できるだけ多くの意見を出させるとともに、その理由も発表させ

黒板で整理してみるといいだろう。

●「この作者は、その後掲載を求めましたが、解決しなかったため裁判を起こしました。結果はどんなものでしたか？ **資料3**を読んでみよう」

「最終的に、この句は公民館だよりに載ることになりました」

（2）精神の自由を守るために

●「戦前は、政府が言論や表現の自由を弾圧する事件がありました。**資料4**にあげた滝川事件もそのひとつです。権力者は、なぜ言論や表現の自由を弾圧しようとするのだろう？」と尋ね、班で話しあわせる。

**資料4　滝川事件**

> 1933年、京都帝国大学教授の滝川幸辰教授の研究が危険思想であるという理由で問題とされ、鳩山一郎文部大臣は京大総長に対し滝川に辞職勧告をおこなうよう命じ、一方的に滝川を休職処分にした。これに対し、京大法学部の全教官は、大学の自治を侵害するものとして抗議のため辞表を提出した。滝川の『刑法読本』は発禁となった。これを契機に政府は自由主義思想への弾圧を拡大するようになっていった。

・ヒントとして、「権力に対する批判や反対運動が活発になったら、権力者にとってはどうだろうか」と問うてみてもいいだろう。

「権力者は自由を抑制するとき、権力にとって都合が悪いからと言うだろうか？」（「言わない」「もっともらしい理由をつける」）「そうです。たとえば秩序の維持だとか、今回のように、国民の意見が二分するから等ですね。だとすれば、そういう自由が奪われたり、奪われそうになったとき、どうすればいいんだろう？」

**留意点**

●民主主義を守るために何が必要かを考えさせる重要なテーマだけに、生徒たちの意見交流の時間をしっかり確保する。

●教師自身がこういった問題にアンテナを張り、タイムリーな時事問題などを織り交ぜて考えさせたい。

●2019年、あいちトリエンナーレで開催された「表現の不自由展」が脅迫などによって展示中止に追いこまれる事態が起きた。このような例を出しながら生徒たちに意見を出させ、表現の自由を守ることが民主主義にとってどうして大切なのかを考えさせたい。

（平井美津子）

**資料3　「公民館だよりに九条俳句　不掲載は違法確定」**

公民館だよりに九条俳句
## 不掲載は違法 確定
最高裁

「梅雨空に『九条守れ』の女性デモ」。こう詠んだ俳句が秀句に選ばれたのに、公民館だよりに載らず、作者の女性（75）がさいたま市に200万円の慰謝料などを求めた訴訟で、不掲載を違法とした二審判決を支持し、20日付の決定で市の上告を退けた。最高裁第一小法廷（池上政幸裁判長）は、5千円の賠償を命じた二審判決が確定した。

女性は2014年6月、集団的自衛権の行使容認に反対するデモに加わった経験から句を詠んだ。地元の公民館では3年以上、秀句を公民館だよりに載せ続けていたと指摘。秀句を掲載しなかったことは、恩恵や偏見を理由にした不公正な取り扱いで「句が掲載されない不利益」を認めた。

二審・東京高裁は、集団的自衛権の行使について世論が分かれていても、不掲載の正当な理由とはならないとし「女性の人格的利益を侵害した」と判断。不掲載の損害賠償などを命じた。

作者の女性は「ほっとしました。早急に句の掲載を求めたい」とのコメントを出した。

（岡本央）

（朝日新聞 2018年12月22日）

# 14 教育を受ける権利は保障されているのか？　社会権①

1時間

### ねらい

- 人間らしく生きる権利のなかに、なぜ教育を受ける権利が入っているのかを考える。
- この権利が、義務教育だけでなく、高等教育をふくむすべての教育を受ける権利であることをつかませ、この権利の重要性を理解させる。

### 授業の展開

(1) 教育を受けるのは何のため？

- 「きみたちは学校に通っているけど、それは何のためかな？」

　さまざまな答えが返ってくるだろう。班で話しあわせ、黒板に書きだして考えていくと、教育を受けることの意味を考えるきっかけになる。

　「あと1年足らずで高校入試ですね。みんな高校には行くのかな？」

　「当たり前！」というような声が返ってくる反面、経済的な問題で厳しい状況をかかえている生徒もいることをふまえておきたい。

- 「高校の授業料ってどのくらいかかるんだろう。**資料1**を見て。これは、子どもを公立または私立の高等学校（全日制）に通学させている保護者が、子ども一人の学校教育や学校外活動のために支出した1年間の平均的な経費の実態です」

　（「公立と私立でずいぶん違うね」「親が公立に行けって言うのも無理ないわ」「うん、高いなあ」「でも公立に行きたくても、落ちたら私立に行くしかない」）

　「大阪府で2008年に、当時の橋下徹大阪府知事と面談した私立高校の生徒が、生活が苦しいので私学助成を減らさないでくださいと言いました。すると橋下知事は『なぜ公立を選ばなかったんですか？　嫌ならこの国を変えるか、出ていくしかない』と言いました。みんなはどう思う？」（「ひどい」「公立に行けばよかったんだ」）

　そこで、どうしたら改善できるかを話しあわせてみよう。「公立校を増やす」「私立の授業料を安くする」など、自分たちの意見を出させてみる。

(2) 教育を受ける権利を保障するために

　「実は、これでもかなり家庭の負担は減っています。教育

**資料1　高校1年間の学費**

| 公立高等学校（全日制） | 45万7380円 |
|---|---|
| 私立高等学校（全日制） | 96万9911円 |

（「平成30年度　子供の学習費調査の結果について」文部科学省）

**私学助成**
私立学校やその在学生に対して国や地方公共団体が助成金の支給をおこなうこと。

**資料2　高等学校等就学支援金制度の対象となる学校**

- ・国公立の高等学校（全日制、定時制、通信制）
- ・私立の高等学校（全日制、定時制、通信制）
- ・中等教育学校後期課程
- ・特別支援学校高等部
- ・高等専門学校（1～3年）
- ・専修学校高等課程
- ・専修学校一般課程や各種学校のうち国家資格者養成課程に指定されている学校
- ・各種学校のうち一定の要件を満たす外国人学校

の機会均等を目的に『高等学校等就学支援金制度』が2010年4月からスタートしました。公立か私立かを問わず、高等学校等の教育費の負担の軽減を図るためです。具体的には、公立高校で全日制は月額9900円、定時制は月額2700円、通信制は月額520円が支給されます。私立高校では、全日制・定時制・通信制ともに月額9900円で、世帯所得や通う学校種により加算支給される場合があります」

「さて、この支援金制度の対象となる学校は以下（資料2）の学校です」（「これは高校に行く人みんな?」）「実は、この対象から外されている学校があります。わかるかな?」

(2) 教育を受ける権利を侵害されている人びと

●「高校無償化からも幼保無償化からも、朝鮮学校は外されています。そもそも朝鮮学校とは、戦後、在日コリアンの人びとによって自主的に設立された、民族教育を主軸とした学校です。朝鮮学校に対しては、反日教育をおこなっているのではないか、北朝鮮の支配下にあるのではないか、などという誤解がありますが、200校以上あるその他の外国人学校と同様に、民族の歴史や文化を学び、一般的な学校と同じ教育をしています。他の外国人学校には適用されている無償化が、朝鮮学校にだけ適用されていません。このことは、朝鮮学校に通う子どもたちの何を侵害していると言えるでしょう」（「教育を受ける権利」）

「コロナ禍においても、さいたま市の朝鮮幼稚園にだけマスクが支給されなかった問題や、学生支援緊急給付金の対象から朝鮮大学校の学生は除外されたなどの問題が起きています。これに対して、朝鮮学校の子どもたちの学習権、憲法が定めた教育を受ける権利の侵害であり差別だとして、さまざまな地域で授業料無償化を求める裁判が起こされました」

●「資料4の『朝鮮高生　私が「頑張る」理由』という新聞への投書を読んでみよう。この高校生は、どんな社会をつくりたいと思っているのだろう」

ここで、じっくり班などで話しあわせてみたい。

留意点 ...................

●高校の授業料を手がかりに、自分たちの身近なところにある問題を考えさせ、意見表明したり、討論したりすることで、身近なところから社会を変えていくことに取り組むきっかけにもなるだろう。

●資料5のQ&Aや資料6の「アイたちの学校」の予告編を見せることで、より深い認識をもたせたい。

●在日コリアンの子どもたちの置かれた厳しい状況を、直にその思いにふれて考えさせたい。行政が排外主義を助長するような扱いをしていることを理解させ、次時（発展学習）へと結びつけたい。　　　　　（平井美津子）

資料3　「高校生等への修学支援」（文部科学省）
www.mext.go.jp/a_menu/
shotou/mushouka/index.htm

資料4　朝鮮高生による投書

朝鮮高生　私が「頑張る」理由

朝鮮高級学校生
（兵庫県　18）

朝鮮学校の授業料無償化を求める街頭署名活動に協力してくれている日本人が言った。「僕は街頭で日本人がかける『頑張ってね』の意味が分からない。これ以上、どう頑張れというのい。君たちは十分頑張っているじゃないか。僕にはその言葉が無責任にこえてならない」

私たちを勇気づけるほめ言葉。聞く度にうれしくてありがたいのに、どこか悲しくて自分がいた。「頑張れ」について説明されて、悔しさが増した。

でも、私は頑張るしかないんだと思う。伝わらないのなら伝わるまで、届いていないのなら届くまで、声を上げ続けるしか、頑張り続けるしかないんだ。私の下の世代、次の世代がより良い環境で学ぶためにも。「朝鮮に帰れ」と道端で罵声を浴び、どうせ変わらないと諦めたら、全てが終わる。日本人と朝鮮人が手を取り合い、尊重しあえる温かい社会。そんな日が必ず来ることを信じて、私はこれからも頑張り続けたい。

（朝日新聞 2020年5月23日、大阪本社版「声」欄。個人名は削除した）

資料5　「朝鮮高校生就学支援金違憲国家賠償請求裁判Q&A」
（朝鮮高校無償化ネット愛知）
https://mushouka.aichi.jp/
saiban

資料6　「アイたちの学校」（予告編）
朝鮮学校に対する差別とたたかいの真実を浮き彫りにするドキュメンタリー。
www.youtube.com/watch?v
=CMayEkzMzbY

# ヘイトスピーチを考える

●ヘイトスピーチとは何かを知る。

●ヘイトスピーチをなくすために何が必要かを考える。

## 授業の展開

(1) ヘイトスピーチにさらされる人びと

●「自分では変えようがないこと、たとえば国籍や肌の色、性別や容姿で
嫌なことを言われたり、差別されたと感じたことはありますか？」

「たとえば、血液型が A 型で、男子で、生まれも育ちもこの町の人以外
は、この町から出ていけ！ なんて言われたら、どう思いますか？」

これらの問いについて、班で話しあわせながら、発表させてみる。

スポーツメーカー NIKE の CM（**資料1**）を見せる。この動画に対して
「日本に人種差別はない」「ナイキは反日企業だ」といった主張がネット上
にあふれたことを紹介する。

**資料1 「動かしつづける。自分
を。未来を。The Future Isn't
Waiting. Nike」**
現在は非公開になっている。

●「特定の国の出身者であることや、またはその子孫であるこ
とを理由に、日本社会から追い出そうと主張したり、侮辱す
るなどの一方的な内容の言動はヘイトスピーチ（差別煽動表
現）と呼ばれています。具体的には、〇〇人は出ていけ、〇
〇人は殺せ、ゴキブリ〇〇人など、決してあってはならない
ものです」

川崎市などでおこなわれたヘイトスピーチ街宣のようすを画
像（**資料2**）などで示し、どんなことが起きているかを知らせ
る（その場合、右記留意点に配慮すること）。

**資料2 ヘイトスピーチを止めようとしている人
びと**

（風巻浩撮影）

●「ヘイトスピーチは、差別煽動表現とも言われていますが、差別を助長
する表現として、ある人種や民族が劣っているなどと主張し、憎しみや
暴力をあおる行為です。街頭でおこなわれるデモ以外に、SNS 上の書
き込みもあります。このような攻撃を受けた人の思いを、**資料3**の文
章を読んで考えてみましょう」

読み終わったら、疑問点などを出しあわせる。「なんで在日朝鮮人が攻
撃されるのか」「在日ってどんな人？」「どうしてこんな差別をするんだろ
う」「警察はなぜ止めないのか？」など、たくさん出てくるだろう。

そこで、日本が 1910 年に朝鮮を植民地にしたころから、仕事を求めて
やってきたり、アジア太平洋戦争のなかで労働力不足を補うために日本の

**資料3 川崎市で被害を受けた
崔江以子さん「国に人権侵犯
被害を申告――誰もが力いっぱ
いに生きられるために」**
https://imadr.net/books/
186-2/

鉱山や工場に送りこまれた朝鮮人がたくさんいたこと、戦後も故郷に帰れず日本に住み続けた人たちを「在日韓国・朝鮮人（在日コリアン）」と呼んでいることを、歴史の学習を振り返りながら説明する。また、ヘイトスピーチをおこなう人たちが「在日外国人には特権がある」といった主張をしていることも、まったく根拠のないデマであることを押さえておきたい。

(2) ヘイトスピーチをなくすために

● 「表現の自由があっても、このような差別や憎悪をあおる発言や書き込みは許されません。こんなことをなくすには、どうしたらいいのかな?」

班で考えて意見を発表させる。「法律で取り締まる」などが出てくるだろう。

「2016年に国会でヘイトスピーチ解消法ができました。どんな内容か、資料4で読んでみよう」「どんなことに気づきますか?」(「差別の解消を推進する」「でも罰則はない」など)

資料4　ヘイトスピーチ解消法（本邦外出身者に対する不当な差別的言動の解消に向けた取組の推進に関する法律）
www.moj.go.jp/JINKEN/jinken04_00108.html

この法律だけでは不十分なことを読み取らせる。その上で、独自にヘイトスピーチを規制する条例をつくった自治体を紹介する。2021年3月現在、反差別の条例をつくっている自治体には大阪市、東京都、川崎市がある。自分たちの町でどのような取り組みがされているかを調べてみるのもいいだろう。

● 「神奈川県川崎市では罰則つきの条例ができました。でも、まだヘイトスピーチは続いています。どういう取り組みが必要だと思いますか。資料5から考えてみよう」

政府や自治体などの行政がやるべきこと、私たち市民が取り組めることなど、それぞれ分けて考えさせ、発表させたい。

資料5　「川崎市のヘイトスピーチ禁止条例成立から1年。条例も法律も『声』から生まれる」（師岡康子弁護士）
https://d4p.world/news/8160/

### 留意点

● ヘイトスピーチの実態を示すことは大切だが、動画を見せることで衝撃を受ける生徒もいるので、反対する人たちの姿を写真で示すのに留めるといった配慮を必要とする。

● 「在日」と呼ばれる人たちが日本に住むようになった経緯に日本の植民地支配が関係していることや、戦後それらの人びとを「外国人」として権利保障の外においてきた日本政府に責任があるという歴史的視点をもちたい。現在の日韓・日朝関係についても、生徒たちが排外主義的な言説にからめとられることのない科学的な理解をさせたい。（平井美津子）

参考文献
師岡康子『ヘイト・スピーチとは何か』(岩波新書)
安田浩一『学校では教えてくれない差別と排除の話』(晧星社)
水野直樹・文京洙『在日朝鮮人　歴史と現在』(岩波新書)

# 15

# 一人で街へ出たい　社会権②

1 時間

## ねらい

● 身近な事例から、国家・行政による生存権の保障を考える。

● 差別を受ける当事者たちの運動だけでなく、共感し、ともに生きやすい
社会を築くことの大切さを理解する。

## 授業の展開

(1) 身近な公共施設における設備の変化を探す

● 「みんなが乗っている地下鉄の車両に、古い車両と新しい車両があるの
は知っているかな。名古屋市営地下鉄、市営バスの旧型車両と新型車両
の車内（資料1）を比べてみよう。どんな変化があるかな？　どんな人
にとって、どんな面で利便性が増したと考えられますか？　探して班で
出しあってみましょう」(「つり革や手すりが低い位置にもあって、身長
が低くてもつかまることができる」「ドアの上に液晶パネルがあり、英
語、中国語や韓国語でも表示されるので海外の人が利用しやすい」「優
先席の座席やつり革の色が変わっている」「ノンステップバスになって、
足の不自由な人も乗り降りしやすくなった」)

● 「みんなが使っている交通機関や施設にも、たくさん変化があって、障
がいを持っている人や、外国の人でも使いやすくなっているね。他に、
みんなが見たことがあるバリアフリー設備はあるかな？」(「駅にスロー
プやエレベーターがかならずある」「多目的トイレが増えた」)

「これらの変化が増えたことの背景に、バリアフリー新法（旧交通バリ
アフリー法）が制定されたことがあります。この法律によって、地方公共
団体が条例によりバリアフリー設備を拡充・強化することができます。憲
法第25条を見てみよう。『健康で文化的な最低限度の生活』を保障するた
めに、国や行政は立法などによって諸制度を築く義務があるとされている
よね」

(2) 障がい者運動と公共交通機関の整備を考える

● 「かつて、障がいを持っている人にとって『自由に街中を一人で移動す
る』ことには今以上に高い“壁”がありました。この“壁”はどんなよ
うすだったのでしょう。神奈川県の川崎市でおこなわれた障がい者の運
動を映像で見て、班で感じたこと、思ったことを共有してみよう」

記録映像『街に出よう　福祉への反逆』（資料2）を視聴する。脳性ま
ひなどによる車いす使用者に対し、バス会社が乗車拒否するようすや、他

資料1　交通機関の変化の例

（下：CC by 円周率3パーセント）

資料2　記録映像『街に出よう
福祉への反逆』
www.youtube.com/watch?v
=AOq2lgmbtB8

の利用者からの偏見などが見えてくる。

● 「先ほど見てもらった運動にかかわった白石清春さんの証言（**資料3**）を読んでみよう」

「**資料4**も見てください。神奈川県では、この闘争の後、駅へのエレベーター設置、リフトバスの導入など、障がい者が街へ出かけやすい環境づくりがおこなわれてきました。また各地で条例もつくられ、誰もが住みやすい街になるよう整備がすすめられてきました。このように、障がい者の人たちが憲法第25条に書かれた『健康で文化的な生活』を送るための街づくりがすすんできています。でも、そのためには、差別され続けてきた当事者の人たちが声を上げる必要があった。先ほどの映像では、障がい者の人たちだけがたたかっていたかな？」（「違う。障がいのない人も手伝っていた」）

「そうだね。みんなが暮らしやすい社会を築くには、困っている人に気づいて、その痛みに共感し、ともに声を上げることがとても大事なんだ」

（3）差別解消のための法整備

● 「障がい者の人たちが街へ出かけ、さらに、一人でも生活できるためには何が必要？」（「仕事」）

「そうだね。憲法第27条には『勤労の権利』がある。そこで、企業が積極的に障がいのある人たちを雇用することを義務づける『障害者雇用促進法』という法律もつくられました」

「では他に、どんな差別を解消するための法整備がおこなわれてきたのかな。教科書などで調べてみよう」（「女性差別の解消のために男女雇用機会均等法、男女共同参画社会基本法などがつくられた」「部落差別解消のために同和対策審議会答申が出された」等）

「法整備の面ではこのように、さまざまに対策がおこなわれてきたけれど、具体的に生活が改善されたり、困ることがなくならなければならないよね。まだまだ困っている人はみんなのまわりにいないか調べてみよう」

**留意点**

● 自分たちの身のまわりに存在する"当たり前"が"当たり前"になるために、多くの苦しみを味わったり社会を変えたいと願った人びとがいたこと、その苦しみに共感し、ともに運動する人がいて国や行政を動かしてきたことを考えたい。

● バリアフリー化がすすんでも、バスの乗車拒否や経営の合理化による鉄道のワンマン化など、社会的弱者の安全・安心がおびやかされる事例が相次いでいる。なぜそのような事態が起こるのか、労働問題や経済分野とも関連させて考えたい。

（根本理平）

**資料3　川崎バス闘争にかかわった当事者の証言**

デジタル資料集

**資料4　神奈川県における障がい者運動と公共交通機関の整備の進展**

デジタル資料集

**参考資料**
厚生労働省『障害者雇用率制度　障害者の法定雇用率の引き上げについて』
www.mhlw.go.jp/stf/seisakunitsuite/bunya/koyou_roudou/koyou/shougaisha/04.html

# 16

人権保障を確かなものに

**ねらい** ......................................

● 憲法によって人権を守るために「不断の努力」が必要であることを考える。

● 社会を変える政治参加には、選挙権だけでなく、さまざまな手法があることを理解する。

**授業の展開** ......................................

(1) 人権が侵害されたときどうするか

● 「立憲主義の学習で、憲法の各条文には権力者に守らせることが書いてあると学んだね。でも、時に人権は侵害されることがある。そこで、憲法第12条にはどんなことが書いてあるかな？　教科書で見てみよう」
（「この憲法が国民に保障する自由及び権利は、国民の不断の努力によつて、これを保持しなければならない」）

「権利を守るには『不断の努力』が求められる。では、どんな手段があるか詳しく見てみよう」

● 「自分の人権が侵害されたら、みんなだったらどうする？」（「裁判を起こす」「政治家に訴える」）

「そうだね。裁判を受ける権利もひとつの大事な権利です。他に、政治家に訴えること、政治家を選ぶこと、それにデモをしたりして社会に訴えることも大事な権利だね。政治に参加する権利には、どんなものがある？」（「参政権」「選挙権」「被選挙権」「請願権」）

(2) 選挙公報を読んでみよう

● 直近の選挙の選挙公報を配る。「選挙のときには有権者の家や投票所に選挙公報が配られます。みんなが有権者ならどんな点に注目しますか？」
（「公約に何が書かれているか」「自分たちの権利を守ってくれるか」）

「では、この候補者たちの政策の中で、支持できる点、逆に支持できない点には、どんなものがあるかな。班で出しあってみよう」

なぜその政策を支持・不支持か、理由も含めて発表し、他の班と議論しあってもよい。生徒の多くにとっては初めて選挙にふれる機会となるので、選挙公報の読みやすさなども含めて、さまざまな意見を出しあいたい。

(3) 選挙以外に"声"を上げる方法

● 「みなさんの思いや願いを実現してくれそうな候補者はいましたか？
みんな自身も今、学校や社会に対して不満に思っていることがあるかもしれません。選挙以外に、未成年でも声を上げる方法はないかな」

1995年の阪神・淡路大震災の写真を見せる。「この地震で兵庫県、淡路島や神戸市に大きな被害が出ました。見たことがあるかな？」

資料1を読ませる。「この震災の前まで、被災者はどのように生活再建をしていましたか？」（「義援金にしか頼れない」）「そうだね。この震災より前は政府からの支援はありませんでした。しかし阪神・淡路大震災では、あまりの被害の大きさに義援金だけでは足りなかった。そこで神戸市民はどんな運動を起こしたのだろう？」（「署名運動を起こした」）

「コープ神戸が中心となって始めた署名活動は全国に広がった。2400万人分、当時の国民の5人に1人が署名したことになる。記事には、他にどんな手段をとったとあるかな？」（「人間の鎖」「国会を囲んだ」）「直接、国会に声を届けようとデモ活動をしたんだね。その結果、1998年に議員立法でつくられたのが『被災者生活再建支援法』です」

（4）私たちにできる政治参加

●「さて、被災者再建支援法を例に見てきたけど、選挙で投票する、自分が立候補する以外にも、さまざまな政治参加の方法があったね。署名活動だったりデモ活動だったり。みんなが最近見たり、参加したりしたものはある？」（「私学助成の署名」「保育・子どもの医療費無償化」「オリンピックへの看護師派遣反対のツイッターデモ」等）

「近年はネットを活用して社会に変化を求めることもより身近になってきた。署名サイトChange.orgで、どんな署名があるか見てみよう」

「選挙以外にもさまざまな方法で、社会を動かしたり、制度やしくみをつくることができる。みんなは今、身のまわりでどんなことを変えたい？その願いをどう国や社会に届けられるか、班で話しあってみよう」

資料1 「災間を生きる 震災人脈 生活再建支援法 被災者救済、市民力の結晶」

（神戸新聞 2019年12月28日）

▶▶インターネット署名サイト
Change.org
www.change.org/ja

---

**留意点**

●憲法上の権利が守られるためには、日頃からの「不断の努力」が大切になる。具体的に社会を動かしたり、変化させたりした例を生徒たちと考えたい。

●政治参加は参政権に限らない。さまざまなルーツを持ち、選挙権を持てない生徒も教室にいることを意識し、選挙だけに限らず、あらゆる政治参加の手法を提示したい（113ページ写真も参照）。近年ではSNSを駆使したデモや署名運動もある。子どもたちが身近に見たもの、参加しやすいものを出しあうのも学びになるだろう。　　　　（根本理平）

本時の内容は、本書旧版の平井敦子氏「社会をつくる権利—参政権」を参考にした。

<table>
<tr><td>**17**</td><td># 「象のオリ」から考える公共の福祉</td><td>1時間</td></tr>
</table>

## ねらい

● 国民の互いの権利が対立する場合に、どのような点に着目して調整するかを考える。

## 授業の展開

(1) 日米安保条約のためなら個人の財産権は制限される？

● 「突然、国の役人が来て『あなたの家や土地を米軍に提供してほしい』と言われたら、みんなだったらどう応える？」(「絶対に嫌」)

「でも法律上、これを断ることはできない。駐留軍用地特措法という法律がある (**資料1**)。米軍が必要と考えれば、日本中の誰もが土地や家を接収されてしまう。この法律は何のためにあるのだろう？」(「日米安保条約のため」)

(2) 沖縄にだけ適用されている駐留軍用地特措法

● 「この法律は事実上、沖縄県にしか適用されていない。なぜだろう？」
**資料2**のグラフを見せる。(「沖縄の米軍基地は民有地が多いから」)

「民有地は、個人の所有する土地です。この土地は戦後、米軍が強制的に接収したものです。国は形式上、日本国がこの土地を各個人から借りていることにして、所有者に借地料、いわゆる『軍用地料』を払っている。でも、お金がもらえたら、それで幸せになれるかな？」

**資料3**で契約に応じた地主たちの声をみる。「生活は安定しても、家族どうしのいさかいや、基地被害が残ることへの複雑な思いもあるんだね」

(3)「反戦地主」の人びとの思いを知る

● 「基地が存在する限り事故や犯罪の危険は残る。そこで契約に応じない人もいました。反戦地主と呼ばれる人たちです。そのひとり知花昌一さんは、『象のオリ』(**資料4**) とよばれた米軍施設の中に自分の土地をもっていました。これは楚辺通信施設という米軍施設です。知花さんがなぜ契約に応じなかったのか、**資料5**から読みとってみよう」

「1995年、日本政府はこの土地を継続使用するための契約更新をおこなおうとしていました。知花さんは当然、反対しました。当時の制度では、この契約に応じなければ市町村長、県知事が代理署名していましたが、この年、米兵3人によって女子小学生が性的暴行を受ける事件が発生しました」

「沖縄じゅうが大きな怒りに包まれ、読谷村長、沖縄県知事も代理署名を拒否するという大きな出来事になりました。国は代理署名の拒否は不当だとして、沖縄県知事を訴えました」

**資料1　駐留軍用地特別措置法**

デジタル資料集

**資料2　本土と沖縄の米軍施設・区域の軍用地の割合**

その他 12.6%
国有地 87.4%
**本土**

国有地 23.3%
民有地 39.6%
公有地 37.1%
**沖縄**

(『沖縄から伝えたい。米軍基地の話。Q&A Book』沖縄県)

(4)「公共の福祉」によって個人の権利を制限する際に求め
られる説明とは？

「人権と人権の衝突を調整することを、憲法は『公共の福
祉』と呼んでいます。日本政府は、日米安保条約によって
米軍基地は日本国民を守るために必要だと説明しています。
でも、憲法では『個人の尊重』をもっとも大事な原理として
います。知花さんは日本全体の安全保障のために、自分の
財産権を我慢する必要があるのかな。『公共の福祉』を考え
る上で、どんなことに気をつけたらいいのか、**資料6**を読
んでみよう」（「『社会全体の利益』がどれだけ具体的かを考えることが大事」）

「**資料7**を見てください。日本政府が駐留軍用地特措法を用いて知花さ
んの土地を強制的に使用することについて、国は『具体的な根拠をもって
証明』できている？　できていない？　意見を書いて、班で話しあってみ
よう」（「『極めて高度な公共性』って具体的？」「いつかどこかの国から攻撃
を受けるかもしれないというのは抽象的だけど、沖縄の人びとは実際に危
険な目にあわされているので、今現在の被害を重視するべき」「わざとかと
いっていうくらいわかりにくい、難しい文章だよ」）

(5) 裁判の結果とその後

● 「この資料を読んで、国が何を言っているか意味がわからないという人
はいる？」「でも国側は、裁判で具体性を問われても、この説明をくりか
えしているよ」（「えええ！」）

「この裁判の結果、どっちが勝っただろう？　実は国側が勝訴したんだ」

「その後、使用期限が切れても国が土地を使用できる特措法がつくられ、
機関委任事務の廃止で知事の代理署名もなくなりました。さて、この『象
のオリ』は今どうなっているのかな？」

「実は今、もうないんだ。国は裁判を起こして知花さんの土地が必要だ
と主張しましたが、2007年に沖縄県内の基地に移設されて、知花さんの
土地は返還されています」（「ええ！　裁判までやったのに」）

「『公共の福祉』のために誰かの人権が制限されるときには、対立する利
益がどれだけ具体的か、本当に必要なのか、よく調べる必要があるね」

⌢ **留意点** ⌣ ......................

●「公共の福祉」について、漠然と「自分たちの安全」や「みんなの利益」
を守ることは大事と考えると、不利益を被る当事者や少数者の人権は蔑
ろにされかねない。「個人の尊重」を中核に対立や調整を考えたい。

●「公共性」の具体的な説明は、長崎県の石木ダム建設問題の裁判などで
も行政に対して求められている。各地域での空港やダム、道路など公共
事業の問題があれば、その裁判記録などももとに考えたい。（根本理平）

**資料3　契約に応じた地主たちの声**

**宜野湾市に暮らす花城清善さん**
「複雑な気持ち。生活を守るために契約し
たが、全てが訳のわからない結果になっ
た。自分たちの契約によって、基地の被
害は今も相次ぎ、家族・親戚どうしで軍
用地の相続問題も起こった。どうして（沖
縄の）自分たちだけが苦労しなくてはな
らないのか」
（NHKスペシャル『日米安保50年　沖縄平和の
代償』2010年12月4日放送より）

**資料4　楚辺通信施設（通称『象
のオリ』）**

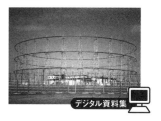
デジタル資料集

**資料5　知花昌一さんが軍用
地契約を拒否した理由**

デジタル資料集

**資料6　個人の人権が「公共
の福祉」のために制限されると
きに注意することは？**

デジタル資料集

**資料7　楚辺通信施設を設置
する目的についての日本政府
の見解**

デジタル資料集

## 18 BLM から考えるこれからの人権保障

1時間

### ねらい

● 私たち自身の中の隠れた差別について「BLM」から考える。

● 社会構造や、政策によって差別が生みだされていることを考える。

### 授業の展開

(1) 私たちの身近に存在する「差別」を考える

● 「ネットやテレビなどのメディアで『これって差別じゃない?』と思った場面はあるかな」(「中国や韓国・朝鮮出身者への誹謗中傷」「アフリカ系の人たちへの差別」「LGBTQ の人を笑いものにするような演出」等)

「2020 年アメリカで、無抵抗のジョージ・フロイドさんという黒人男性を警察官が暴力で制圧し、窒息死させた事件がありました。この現場を生々しくとらえた衝撃的な動画がオンラインで拡散されたのをきっかけに、全米を揺るがす抗議運動『ブラック・ライブス・マター (BLM)』が起こりました」

(2) 黒人の人たちが受けてきた差別について考える

● 「ダンスインストラクターをしているプリンスさんの体験(資料 1)から、アメリカでどんな差別が存在し、どんな生きづらさをかかえてきたか、読んでみよう」(「フードを被るだけで怪しいやつだと思われてしまう」「自分の努力が認められず、すべて肌の色に結びつけられる」)

資料1　アメリカ出身のプリンスさんの体験

デジタル資料集

(3) 無意識化された差別を考える

● 「このような例はアメリカだけかな?　日本で生まれ育ったタレントの副島淳さんを知ってる?　テレビでもよく見かけるよね。彼の体験(資料 2)も読んでみよう」

「黒人差別はアメリカだけの問題ではないんだね。今読んでもらった 2 人の体験の中で、自分も黒人の人に対して思っていたことはあった?　正直にでいいよ。みんなで出しあってみよう」(「運動神経いいのかな、英語話せるのかなって思うし、本人にも聞いてしまいそう」「外国ルーツの人は絶対に名前にカタカナが入っているはずと思ってる」)

資料2　タレントの副島淳さんの体験

デジタル資料集

● 「私たちも、悪意がなくても、褒め言葉のつもりでも、知らず知らずのうちに差別していることがあります。これを『マイクロアグレッション』と言います。この言葉の定義は右のようなものです」

> **マイクロアグレッションとは**
> 「マイノリティ(社会的少数者)に対して、意識的か無意識かを問わず、敵意や侮辱を伝える、ささいでありふれた日常的な言動」のこと。マイノリティの精神的健康を害する危険性があるという知見から生まれた言葉。(金明秀『レイシャルハラスメント Q&A』解放出版社より)

「私たちも気づかないうちに、誰かに対して外見的な特徴などで差別していることが、実はたくさんあるんだね」

（4）構造的な黒人差別

●資料3を提示する。「これらのグラフから、どんなことがわかるかな？」

「刑務所に収容されたり、警察に射殺される黒人の人たちの割合が高いのがよくわかるね。黒人に対する警察官の偏見に加え、こうしたことから『黒人は危ない』というイメージがつくられる。他に黒人の人びとはアメリカ社会でどんな状況に置かれているだろう？資料4を読んで考えてみよう」（「白人との間で賃金に大きな格差がある」「高等教育を受けられる人が白人に比べて少ない」「失業率にも差がある」）

「そうだね。『平等』と言葉で言っても、構造的な格差があり、白人との間に差が生じている。差別には、私たちの意識に加えて、政府の政策や役割も大きく関係している。アジア系住民に対しても同じような問題があります。資料5の記事を読んでみよう。なぜアジア系住民への暴力が相次いでいるのだろう」

（5）人権を守るために

●「ここまで黒人差別を中心に、人種差別の問題と構造を見てきた。他にどんな差別が私たちの身のまわりに存在しているだろう。どうしたら少しでも解決の道が見出せるだろう。みんなで調べて、意見を書いてみよう」

資料3　アメリカにおける人種差別を示す統計

**人種別の人口比率および警察に射殺される総数の人種別割合**

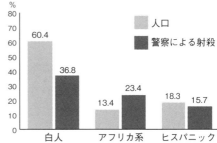

注：2019年に射殺された人数は1004人。「その他」の人種は39人、「人種不明」は202人　（米国政調査局などによる）

**違法薬物関連の人種別逮捕者**

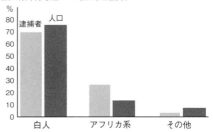

（ヒスパニック系の個別統計はない。「その他」にはアジア系、アメリカ先住民、ハワイ系などが含まれる。米連邦捜査局、国政調査局による）

**アメリカの人種別刑務所収容人数（10万人あたり）**

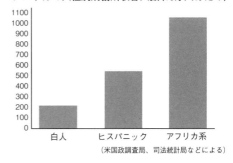

（米国政調査局、司法統計局などによる）

---

**留意点**

●差別問題を他人事として見るのではなく、誰にも無意識のうちに他者への偏見や攻撃が潜んでいることを考えさせたい。

●差別が私たちの意識に限らず、社会構造の中でシステム化されていることにも注目し、経済や政治単元とも関連させながら具体的解決を考えたい。

●教室の中にも当然さまざまなルーツを持つ子どもたちがいる。場合によっては他教科や学年、学級担任、保護者などとも連携し、配慮しながらともに考える時間としたい。

（根本理平）

資料4　「雇用危機、米の格差露呈　黒人・若者、高い失業率　『構造的な収奪』」
（朝日新聞デジタル2020年6月6日）
https://digital.asahi.com/articles/DA3S14503423.html

資料5　「米でアジア系標的のヘイト増加　歩行者に暴行、ウイルス呼ばわり」
（中日新聞2021年2月21日）
www.chunichi.co.jp/article/205814

# 19

子どもの権利条約

## ねらい

● 子どもはおとなとの関係や子どもどうしの関係の中で、自分の持つ権利に無自覚であることが多い。生徒たちのリアルな要求からスタートし、「児童の権利に関する条約」（子どもの権利条約）を参考に、自他の権利について考える。その権利が学校や家庭で大切にされているのか、またどのように大切にしていけるのかを考えていきたい。

## 授業の展開

(1)「＿＿＿＿＿＿＿＿＿と言える学校を」と板書し、空欄に入る言葉を考えさせる。学校に対する要望や願いを書くというイメージで、ひとつでも複数でもよい。早く書けた人は、その理由を他者も納得できるように具体的に書くよう促す。次に、3人ほどのグループになってそれぞれの要望を共有する。

(2) グループで出された個々の要望について、「わがまま」なのか、それとも「権利」なのかを話しあう。言葉の定義については、各グループで考えた後に、右記のような辞書の定義を紹介してもよい。

　時間があれば、それぞれのグループの意見をクラス全体で共有したい。さまざまな意見に対して、教師はジャッジするのではなく、生徒に問い戻すような対応を心掛けたい。

(3) 子どもの権利を具体化している外国の学校のようすを紹介する。

①決まった校区がなく、さまざまな教育スタイルを持つ学校から、自分に合う学校を選べる。徒歩または自転車で通える範囲にある10校程度が候補となり、公立も私立も授業料や教材費は無料である。

②1週間に学ぶ内容は決まっているが、どの科目をどの曜日に勉強するかは子どもたちが自分で決める。子どもが自ら望めば留年もできる。わからないまま進級するよりも、やり直して苦手をなくすことが大事と考えられ、まわりの子どもや親たちもそれを自然に受け入れている。

③毎年新学期になると、生徒が先生と相談して教室のレイアウトを決めている。自分たちの席の並べ方、読書用ソファや調べもののためのPCコーナーの設置なども話しあって決める。（①〜③オランダ）

④週に一度、全生徒と教員全員の会議があり、生徒の自主的な企画について話しあう。また学校の運営を決める理事会に生徒代表の参加を義務づけている。（デンマーク）

「わがまま」：自分の都合を中心にものごとを考え、行動するさま。他人の都合を顧みないさま。
「権利」：ものごとを自由におこなったり、他人に対して当然主張し要求できることのできる資格。

⑤選挙権のない中高生が実際の国政選挙に対して投票できる「学校選挙」を自主的におこなっている。生徒たちの運営によって、候補者による学校での討論会やSNSを活用したイベントが開かれる。こうした取り組みが8割を超える若者の投票率につながっている。（スウェーデン）

ユニセフによる「子どもの幸福度調査」で、オランダは3回連続1位になっている（2007〜2020年）。2020年調査で日本は38か国中20位だが、精神的幸福度の項目では37位だった。

(4)「子どもの権利条約」の条文（**資料1**）を生徒に紹介する。

（1）（2）で考えた自分たちの要望や（3）の外国の学校のスタイルは、子どもの権利条約のどの条文と近いかグループで探す。

(5) 権利と考えられる要望を、どう具体化していけるか、グループまたは全体で考える。この授業だけでなくHR・学年集会・生徒会等での議論の広がりをイメージしたい。ひとつの声が周囲の賛同やアドバイスを得て具体化されていく取り組みのなかで、自分の権利とともに、自分と異なる人の権利も尊重できる感性を磨いていきたい。

**資料1　子どもの権利条約の条文**

**資料2　権利条約が制定されるまでの経過**

デジタル資料集

## 留意点

●生徒たちのリアイティから子どもの権利について考えていきたい。おとなのみならず、子どもどうしでも権利は尊重されるべきもの。生徒どうしがお互いをさらに大事にしていくための、はじめの一歩としたい。

●子どもの権利の中には、失敗する権利・遊ぶ権利・ぼーっとする時間を持つ権利もあることも紹介したい。一人ひとり異なる個を大切にしながら、豊かな協同の場づくりについて考える。

●日本では大正13年にキリスト教徒で社会事業家の賀川豊彦が「子どもが持つ権利」を提唱している。食う・寝る・遊ぶ権利に加え、叱られる権利、夫婦げんかや親に酒をやめさせる権利などもあって興味深い。

●時間に余裕があれば、気に入った条文についてグループで自分語訳を考えさせてもよい。地域の方言も含めて、自分たちが納得できる言い回しを考えることも楽しい。

（例）第12条（原文）「締約国は、自己の意見を形成する能力のある児童がその児童に影響を及ぼすすべての事項について自由に自己の意見を表明する権利を確保する。」

（中学生による自分語訳）「子どもは自分の考えを言ったり、先生や親の言うことでも『アレ、これ違うな』と思ったら意見を言う権利がある。」

●授業では、「深夜の子連れ飲食の制限」（沖縄県浦添市）や「ゲーム規制条例」（香川県）について生徒たちが話しあった。子ども不在のまま、子どもにかかわる重要なことが決められていないか、身近なケースで考えたい。

（松田浩史）

**参考資料**

遠藤ゆかり訳『ビジュアル版子どもの権利宣言』（シェーヌ出版社）
子どもの権利条約の条文をわかりやすいイラストと文章で綴る。

トメク・ボガツキ著、柳田邦男訳『コルチャック先生　子どもの権利条約の父』（講談社）
権利条約が生まれた背景について、読み聞かせするとよい。

# 20

# 情報化社会と人権

## ねらい

●高度に情報化されたネット社会の中で、どんな人権が大切にされなければならないのかを考える。

## 授業の展開

（1）京都アニメーション放火殺人事件から考える

●「みんなは『京都アニメーション』の放火事件を知っているかな？」

　2019 年 7 月 18 日午前、アニメ制作会社「京都アニメーション」第一スタジオに侵入した男が放火し、建物内にいた社員 36 人が死亡、33 人が重軽傷を負った事件。アニメが好きな生徒もいるので、作品を紹介しながら導入として紹介する。

　「このとき、被害者の実名報道のあり方について大きな議論となりました。京都アニメーション側は遺族の意向をふまえ、次のような姿勢でした。資料 1 の声明を読んでみよう」

　「一方、新聞各社は、実名報道の理由について、論説でさまざまな意見を述べていました」（資料 2）

　「そして、京都府警は 8 月 27 日に犠牲者 35 人のうち 27 人の身元を公表しました。身元の公表をめぐって、京アニ側は実名公表を控えるよう要望

---

**資料1　京都アニメーションの声明**

　弊社（へいしゃ）は現在、傷ついた社員のご家族・ご親族、そして亡くなられた社員とご家族・ご親族に対し、出来る限りの取組みに努めております。つきましては、メディア等の対応は下記の弁護士に依頼することと致しました。当面の間、弊社、弊社社員及び弊社社員のご家族・ご親族、ご遺族及びご友人、弊社お取引先等に対する直接のご取材等はお控えいただきますよう、お願い申し上げます。

　なお、弊社は警察及び報道に対し、本件に関する実名報道をお控えいただくよう、書面で申入れをしておりました。遭難した弊社社員の氏名等につきましては、ご家族・ご親族、ご遺族のご意向を最優先とさせていただきつつ、少なくともお弔い（とむらい）が終えられるまでの間は、弊社より公表する予定はございません。

（京都アニメーション「7 月 18 日に発生した事件について（初出 7 月 21 日、改訂 11 月 28 日）」www.kyotoanimation.co.jp/information/?id=3072 一部抜粋）

---

**資料2　京アニ事件における報道各社の見解**

**朝日新聞**：朝日新聞は事件報道に際して実名で報じることを原則としています。犠牲者の方々のプライバシーに配慮しながらも、お一人お一人の尊い命が奪われた重い現実を共有するためには、実名による報道が必要だと考えています。

**毎日新聞**：毎日新聞は、事件や事故の犠牲者について実名での報道を原則としています。亡くなった方々の氏名を含め正確な事実を報じることが、事件の全貌を社会が共有するための出発点として必要だと考えます。遺族の皆様への取材に関しては、そのご意向に十分配慮し、節度を守ります。

（中村かさね「京アニ被害者の『実名報道』。テレビと新聞はどう報じたか」ハフポスト 2019 年 8 月 28 日 www.huffingtonpost.jp/entry/story_jp_5d65c5dde4b022fbceb2abfe）

していました。京アニの代理人は『度重なる要請や一部ご遺族の意向にかかわらず、実名が公表されたことは大変遺憾』とコメントしています。それでも実名報道にメディアがこだわるのには、どんな理由があるのかな？　資料3の記事を読んでみよう」

実名報道を望む遺族もいること、メディア側にも、遺族の思いを大事にしたいと考える人がいることを確認する。

● 「ここまでで、みんなは、事件を報道する新聞社として、実名報道をしたほうがいいと思うかな。自由に話してみよう」（「公表したくないという遺族の想いがあるなら、そこを一番大事にしたい」「報道があることで社会に訴える力にもなる」等）

（2）ネット社会の発展による問題を考える

● 実名報道の議論で出された意見をもとに、ネット社会にどんな問題点があるかを整理する。

ネット社会の進展は、個人のプライバシー権を侵害する恐れもある。個人情報保護法やプライバシーの権利を教科書で確認する。

（3）メディアの役割と情報公開

個人のプライバシーを守ることが求められる一方で、公権力が安全保障などに関する情報の公開や取り扱いを制限することも増えてきた。教科書や資料集に、2013年に強行採決によって成立した「特定秘密保護法」の記述もあるので紹介したい。

あわせて、資料4の奥平康弘さん（憲法学者）の意見を取り上げる。表現の自由は国家権力との関係で重要だという指摘について、特定秘密保護法とも関連させながら考えたい。

**資料3　京アニ事件犠牲者の父・石田基志さんの発言**

私の息子も石田敦志という名前を持っています。それが35分の1で果たして、本人たちはそれでいいのかなと。これは他の方々への批判ではない。私の偽らざる思いを言わせてもらっている。決して35分の1ではない。クリエーターにはちゃんと名前があり毎日頑張っていた。そういった人たちに、残った者ができることはやはり、そこで頑張っていたんだ、ということを多くの人に記憶していただく、覚えていただく、忘れないでくださいと言うしかできないと思う。そういった思いから、かなり自分としてはしんどい時期ですが、あえてこういう場に出させていただきました。

（「被害者報道を見つめ直す 京都アニメーション放火殺人事件1年」西日本新聞 2020年7月20日）

**資料4　憲法学者・奥平康弘さんの意見**

デジタル資料集

---

**留意点**

● 子どもたちは日頃からSNSなどを通じ情報のやりとりをおこなっている。その視点を大事にしながら人権問題への懸念を考えたい。

● SNSが発展する中でのマスメディアの役割を確認したい。特に報道の自由に関して、世界の中での日本の順位等も紹介しながら、公権力との緊張関係におけるマスメディアの課題や重要性を考えたい。（根本理平）

本時の内容は、本書旧版の中尾忍氏「情報化社会と人権」を参考にした。

# 沖縄の基地被害から考える 「軍隊の存在」と人権侵害

## ねらい

●沖縄における基地被害について、「女性への性的暴行」を中心に考える。

●軍隊の存在が市民の安全保障につながるのか、基地周辺に生活する住民への被害事実から考える。

## 授業の展開

(1) 2016年うるま市での女性暴行殺人事件

●「資料1を見てください。これは2016年に、沖縄の在日米軍司令部前でおこなわれたデモの写真です。写真からどんなことが伝わってきますか？ 気づいたことを出しあってみよう」（「みんな黒や暗い色の服装をしている。悲しさを感じる」「サイレントとあるので、静かにデモ行進しているのではないか」「Never forgive Marine's rape（海兵隊員のレイプを許さない）と書かれたプラカードを持っている」）

「2016年4月28日に、元米海兵隊員で米軍属の男が、うるま市在住の20歳の女性を遺体遺棄した疑いで逮捕されました。この事件の発覚後、沖縄全体が大きな悲しみと怒りに包まれました。のちに、ランニング中の女性に被疑者が性的暴行を加え殺害したことも明らかになりました。県内では『またか』という声が上がったそうです。今日はここから考えてみよう」

(2) 米軍による事件・事故

●資料2の米兵・米軍属による主な事件一覧を配布する。「これは2016年の事件後に『沖縄タイムス』に掲載された、沖縄での米兵・米軍属による事件・事故の一覧です。ここから気づいたこと、わかったことを班で出しあってみよう」（「強姦事件の数がすごく多い」「殺人や交通事故も相次いでいる」）

ここでは気づいたことを自由に出させる。時間があれば沖縄の白地図を用意し、事件別に発生地に印やシールでマーキングさせ、基地の所在地と比較する。一見すると、復帰以降が減っているようにも見える。

●「今みんなは、数に注目していると思う。では、ひとつひとつ、どんな事件があったのか見てみよう」

資料3を静かに読ませる。被害者は計り知れない傷を負い、いくら時間が経とうと心の傷は癒えないことに気づかせる。「今みんなが見ている一覧表に記された事件ひとつひとつに、身も心も壊された大勢の被害者た

資料1 沖縄の海兵隊司令部前でおこなわれたサイレントデモ

（筆者撮影）

資料2 米兵・米軍属による主な事件一覧（沖縄タイムス調べ）

（沖縄タイムス社提供）

授業では、発生の日付と地域、罪名だけを抜粋したものを配付した。

資料3 米兵による性暴力被害者からの手紙

（沖縄県議会あてに公開で送付されたもの。沖縄タイムス記事より）

ちや家族がいることを知ってほしい」

　次に、**資料４**を読ませる。性暴力にあった女性にとって、その後の警察での捜査、また家族や周囲の人びとに知られることの苦しみを考える。「先ほどの一覧表では、事件が減っているように見えたかもしれない。でも、このように被害を告白し告訴することの難しさもあります。この表に載っていない事件も数多く存在することを覚えておこう」

　一覧表のうち、子どもや中学生が犠牲となった事件に線を引かせながら説明する。「由美子ちゃん事件」（1955年9月）では、6歳の由美子ちゃんが路上から拉致され性的暴行の末に殺害された。犯人の米陸軍所属の軍曹は逮捕後、軍法廷で死刑判決を受けたが、のちに45年の収監に減刑、本国の刑務所に収監後、仮釈放されている。「国場くん事件」（1963年2月）では、那覇市で青信号の横断歩道を渡っていた中学生が、信号を無視した米軍トラックによって轢殺（れきさつ）されたが運転手は無罪となっている。

　これ以外にも、米軍機の墜落、部品の落下、騒音、有害物質による土壌・水道水汚染などの被害も相次いでいる。最新の新聞記事を用いながら紹介したい。

### （3）沖縄県議会の抗議決議を考える

●**資料５**を読ませる。「これは2016年の米軍属による事件に対し、沖縄県議会が議決した抗議決議です。この決議で、沖縄県議会は初めて『在沖米海兵隊の撤退及び米軍基地の大幅な整理・縮小を図ること』を要求しました。海兵隊は沖縄で基地面積、人数とももっとも多い軍隊です。みなさんは、今回のような米軍人・軍属による事件をなくしていくために、どのような解決策がいいと考えますか？　次の選択肢から、ひとつ選び、自分の意見を書いてみましょう」

①沖縄県議会が要求した抗議決議の内容すべて　②地位協定の改定のみ　③在沖縄海兵隊の撤退　④在沖縄米軍すべての撤退　⑤在日米軍すべての撤退　⑥その他

　それぞれが書いた意見を班やクラスで交流し、議論しあう。できれば「なぜ米兵はこのような事件を起こすのだろう」という疑問を残し、この授業以降では海兵隊の新兵訓練（ブートキャンプ）や沖縄での訓練のようすも見せながら、「安全保障」のあり方を考えていきたい。

### 留意点

●女性への性的暴行事件を取り上げたが、生徒によっては同じような被害を体験している場合もある。生徒の実態にあわせて教材を選びたい。
●米軍兵士の実体験は、元海兵隊員のアレン・ネルソン氏の著書や、退役軍人や元自衛官も参加する市民団体「ベテランズ・フォー・ピース・ジャパン」（VFPジャパン）のサイトでも紹介されている。　（根本理平）

**資料4　被害を告発することの難しさ**
「米兵に暴行された在日豪人女性『魂が殺されていくような感覚』」（『週刊女性』2016年6月14日号）
www.jprime.jp/articles/-/7660

沖縄の地元紙「沖縄タイムス」「琉球新報」のウェブサイトが参考になる。

**資料5　沖縄県議会「元海兵隊員の米軍属による女性死体遺棄事件に関する抗議決議」**

デジタル資料集

▶▶ベテランズ・フォー・ピース・ジャパン（VFPジャパン）
http://vfpjp.org

# 現代の民主政治と
# 社会

# 1 民主主義と政治

- 政治の目的は、人びとの願いを実現し、より良い社会をつくることであることを理解する。
- 民主主義とは何か、なぜ議会制民主主義が採用されるのか、独裁政治や専制政治との比較などを通して理解する。

**授業の展開** .........................

(1) 政治と民主主義

- 「私たちのまちの市長を選んでみよう！」と、架空の市長候補者の顔写真と氏名・年齢だけを提示する。「誰がいい？」(「女の人！」「そこそこベテランの人」「わかるわけないよ」「どんな公約なの？」等)

  「そう、実際に当選したら何をするかが大事。よくわかっているね。では、それぞれの政策・公約を見てみよう」と、架空の政策を示す。駅前の再開発、医療費の無償化など、典型的なものでよい。候補者ごとに挙手させて票数を確認する。最多を得た候補者に「当選！ これで決まりだね」

  学校の教室では、時間に追われ、十分な議論もなく簡単に多数決でものごとを決めることがよくある。落選した候補を支持した生徒も、唯々諾々と従いそうになるかもしれない。その表情やようすをとらえて、「先生は嫌だ。(少数だった) この人が絶対いい！ 同意見の人は？」と、落選した候補者を支持した理由を問う。その意見をいくつか出させながら、教室内に「対話」「議論」をつくり、自分の判断の揺らぎや変化を意識させる。

  「民主主義は多数決」とよく言われるが、「個人の尊重」という憲法の原則を学んだように、多数のために少数の人権が犠牲になっていいわけではない。少数意見もよく聞き、お互いの立場に立って、みんなにとって最良の結論は何かと考え、一人ひとりが判断することが大切だ。こうして、さまざまな意見の対立や争いを調整し、解決していくことを「政治」という。そのための方法として、話しあって決定していく「民主主義」がある。

(2) 歴史が教えてくれること

- 「さっきの誰を市長にするかの議論で、興味なさそうな人がいたけど…」と、消極的だったり無関心そうな生徒に、その理由を聞いてみる。(「○○さんと同じ意見」「誰かが言ってくれるし」「よくわからない」「自分の

意見はそんなに説得力ないし」「誰が市長になってもいいと思った」等)

「そんなあなたたちの前に、『私なら正しい判断ができるから、すべて任せてください』という人があらわれたらどうする？ 彼に任せれば、面倒な話しあいも対立もなくなるかもしれない。そんな人がいたら、政治決定を全部任せたい？」(「怪しいよ」「人によるな」)

「朕は国家なり」と言ったルイ14世を示す。(「絶対王政だ」)

「全権委任法」を成立させたヒトラーを示す。(「だめだめ！」)

「歴史の授業で勉強してきたのは、専制君主や独裁政治にどんな問題があったかということだったけれど、それは歴史の結果を知っているから言えることじゃないだろうか。これから(先の架空の人物像を示して)国民に『すべて任せろ』という人物があらわれたとき、誰かに政治判断を委ねる危険性をあなたは言えるだろうか。ノートに自分の意見をまとめてみよう」

書いた意見を発表しあう。(「多様な人がいるのに、その幸せが一人に判断できるものか」「強制や排除がすすむだろうからだめだ」)

「だからこそ、一人ひとりが意見をもち、お互いの考えを聞きながら問題を解決する民主主義を、人類は歴史の中で獲得してきたんだね」

(3) 直接民主制と間接民主制

●「では、私たちのまちでどんな政治をしていくか、みんなで決めてみよう」と、スイスのランツゲマインデ(青空議会)の写真(資料1)を示し、しくみを説明する。「法律改正の是非や、州議員の選出などを全員の挙手で決めていく。3000人くらいの有権者が集まるらしいよ」(「多すぎて話しあいにならないんじゃないかな」「この時間だけで？」)

「私たちのまちならどう？ 札幌市には約170万人の有権者がいるけど」(「無理、無理！」)「だから議会があるんだね。スイスの事例は、もっとも古くからある直接民主制という制度で、今も学級会や生徒総会などはそれにあたるけど、国全体や人口の多い自治体では困難なことはわかるね。だから間接民主制といって、選挙で代表者による議会をつくって政治をすすめる『議会制民主主義』をとっている」

「次時は、どうやって代表を選ぶのか、選挙について学習しよう」

資料1　ランツゲマインデ（青空議会）

デジタル資料集

(CC by Ludovic Péron - Eigenes Werk)

╭─ 留意点 ─╮ ........................................

●架空の候補者の政策についてであっても、支持する理由について交流する時間をもつことで、他者の考えにふれて考察する経験や、自分の中にある政治的な要求を言葉にする経験をさせる意味がある。

●候補者像については、芸能人やスポーツ選手など、生徒が好印象をもつ人物の写真を使うことで、近年目立つTVタレント出身の議員などについても考察するきっかけになる。 (平井敦子)

## 2 政治参加と選挙

### ねらい

●選挙は政治参加の重要な機会であることを理解し、具体的な作業を通して選挙制度のあらましを理解する。

### 授業の展開

(1) 選挙の基本原則

●日本国憲法前文の冒頭を示す。「『日本国民は、（　　　）に選挙された国会における代表者を通じて行動し…』さて、カッコに入る言葉は何？」（「正当！」）

「ところで、『正当』じゃない選挙ってどんな選挙のことだろう？」（「わいろ」「脅されて投票したり」等）

**資料1**の帝国議会開設当初の投票風景（ビゴー画）を示しながら、「昔はこんな投票風景が『合法』だったが、今は『正当』ではない。どうしてだろう？」（「誰に投票したかわかる」「男子しか投票していない」等）

現在の選挙制度は「公職選挙法」という国会で決めた法律で運用され、選挙には四つの基本原則がある（「普通選挙」「平等選挙」「秘密選挙」「直接選挙」）。昔の選挙のような問題を、多くの人びとの努力で改善し、男女や貧富に関係なく、主権者である国民一人ひとりを尊重して選挙がおこなわれるようになってきたことを、歴史学習を振り返りながら確認する。

資料1　第1回衆議院選挙の投票所の風景（ビゴー画）

(2) 日本の選挙制度

資料2　選挙ポスター掲示板

●国政選挙の候補者ポスター掲示板の写真を示す。

ポスターにどんな情報があるか、発言を交流しながら「政党」に着目する。（「自民党って今の与党だよね」「うちは〇〇党だって」）

家族の会話から印象を語る生徒もいる。

●「政党って何かな？」

・同じ主義や政策をもっている集団で、誰でもつくることができるし、所属できる。所属政党に注目することで、候補者の考えがわかることが多い。

「（掲示板全体を示し）この中に、当選した議員がいるよ。誰か知っているかな？」当選者を示して「〇〇さんと〇〇さんだ。全国各地からこうやって数人ずつ選び、日本全体では何人になるだろう」

教科書で議員数を確認し、衆議院と参議院の選挙制度の説明を読み、「選挙区」「比例代表制」などの用語を確認する。

「用語だけではわからないだろうから、実際にやってみようか」

(3) 私の意見を反映する代表者に一票を託そう

●「選挙は自分の願う政策を、自分に代わって実現するための『代理人』を選ぶことだから、まずは候補者や政党の政策を知ろう」

直近に実施された選挙から、各政党の政策を一覧できる資料を生徒に配付する。新聞社が公開している政党比較サイトや記事などを日頃から資料として保存しておくとよい。政党名はA〜Fなど記号にする。

●資料を読み、自分が実現したい政策をかかげている政党をひとつ選ぶ。

有権者それぞれの境遇や普段の生活によって関心事は異なる。「すべてを読んで比較する必要はないから、関心のある項目を比較検討すればいいよ」とアドバイスすることで、新聞記事や長文を読むことに慣れていない生徒でもとりかかることができる。

あらかじめ教師が教室を4〜6の小選挙区と2〜3の中選挙区に分けておき、全体で4〜6人の議員を選出する設定とする（右図参照）。小選挙区ごとの簡単な投票箱（袋でもよい）を用意し、「無記名秘密投票だね」と確認して投票させる。投票用紙に理由のコメントを書かせると、後の交流での学びにもつながる。

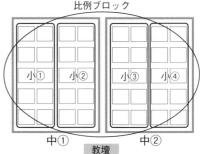

●当選者は誰？　私の「民意」は届いたか？

「では、開票しまーす！」と小選挙区の封筒を開け、票を読みあげ票数を板書していく。「小選挙区第1区は、A党の候補が当選！」（「やった」「え？」）「第2区は…」と開票しながら、小選挙区は僅差でも1位だけが当選者で、この教室では計4人の国会議員を出すという制度を確認する。

「中選挙区なら、この例だと小選挙区2区分の票で上位2名が当選する」（「だったら、次点のB党の人も当選するね」）

「比例代表は、得票数によって議席数を割り当てる制度だ。合計票から4議席を割り当ててみよう」と、実際にドント方式を黒板で計算してみる。

「このように、選挙区に分けたり、比例代表制によって"国民の代表者"である国会議員が決まります。制度によって当落が異なるので、選挙制度をどうするかも重要な問題ですね」

「自分が投票した候補者は当選したかな？」「残念ながら、当選しなかった人の票を"死票"と言います」（「えーっ！」）選挙区ごとの死票をみる。

留意点

●活動には時間がかかるが、ここでは政策の深読みではなく、気になる項目の比較程度でよいことにし、各自の一票を投じる。中選挙区の例は、同一政党で複数候補者の場合もあるが補足程度にとどめ、「選挙区制」と「比例代表制」の概要の理解をめざす。　　　　　　　　　（平井敦子）

# 3 政党のはたらきと民意

1 時間

- 政党が、さまざまな政治理念を実現するために自発的に組織された政治団体であることや、選挙を通して国民と議会を結びつけるはたらきをしていることを理解し、身近なところで活動していることに関心をもつ。
- 主権者である国民の判断が政権与党を決め、政治の方向を大きく左右することを理解し、政党のはたらきを通して日常的に国民が政治について考える大切さに気づく。

**授業の展開** .................................................

(1) 政党のはたらき

- 校区内で、街頭演説をしている議員や支援者の活動の写真を示す。なければ政党の広報誌やホームページ等の掲載写真でもいいが、できるだけ身近な活動のすがたを紹介したい。「どんな人たち？」「見かけたことある？　どんな演説をしていた？」

資料1　議員の街頭演説

「政党」という団体の活動であることを確認し、生徒の知っている政党名をあげさせる。議員だけではなく後援会や地元の党員の人たちも政治活動をしていることを紹介する。「見かけたら、演説を聞いたり、配布しているチラシなどをもらって、書いてあることを読んでみよう」

- 「政党」とは、どんな組織だろうか？

政治によって実現したい理念や達成したい政策について、同じ考えをもつ人びとがつくる政治団体。「あなたにもつくることができるし、すでにある政党に加入することもできる。自主的な団体だから、役所と違って、新しい政党もよくできているよ」（「そうなんだ」）

「そういう仲間が結束して、選挙で多くの議員を国会や地方議会に送り、理想とする政策を実現することをめざすんだ」（「選挙がない時期でも宣伝しているよ」）「選挙の時期だけじゃなく、街頭宣伝や、ネット上や新聞でも自分たちの主張を発信したりして、日常的に活動している」

国や地方の政治がどんな状況なのか、かかげる政策がなぜ必要なのか、そういう情報を私たち主権者に提供するはたらきがあることを説明する。

(2) 与党と野党

- 「今の内閣総理大臣は誰ですか？」「ほかに知っている大臣はいますか？」と問い、ニュースによく登場する大臣や、地元選出の大臣がいれば紹介したい。

新聞記事から、現在の内閣の顔ぶれを示す。「所属する政党名を見てみよう。いろいろな政党があるのに、どうして同じ政党の所属が多いんだろう？」（「選挙で勝ったからじゃない？」）

政権公約をかかげて選挙がおこなわれること、国民の多くが支持した政党または連立して多数派を形成した政党が内閣を組織すること、内閣を組織し政権を担当する政党を「与党」、それ以外の政党を「野党」ということを説明する。国会議員が内閣総理大臣を選出するしくみ、内閣総理大臣が各大臣を任命するしくみを簡単に説明する。

● 「国民がどんな判断を下すかで、政治は大きく変わる」

2009年の鳩山政権組閣時の顔ぶれ、2017年の第四次安倍政権組閣時の顔ぶれと、それぞれの直前の衆議院議員選挙の結果（**資料2**）を示し、選挙の結果によって政権が変わってきたことを紹介する。政権を担う与党は、国会で過半数を超えていることが多いので、提案する政策が実現しやすいことを確認する。

前時の学習で使用した、各党の公約一覧をここで再確認する。前時では政党名を伏せていたが、ここで実際の政党名を明らかにし、現在の政権与党および野党の公約として確認する。（「支持した政党が与党だ、よかった」「残念、野党か」）

● 選挙で多数議席を得られなかった「野党」には、約束した政策の実現も難しい。「いつか選挙で勝つまで、野党に活躍の場はないのだろうか？」（「そんなことはないんじゃないかな」「でも結局は多数決なんでしょ」）

多数の仲間がいて、数の力で次々に政策を実現していく「与党」。その一方で「野党」はどうするか。「自分が議場に参加している野党議員なら、どうする？」と考えさせる時間をとる。（「実現しづらいかもしれないけれど、一票を入れた人の思いがあるから、どんどん意見を言う」「与党だって間違いや、考えが足りないことがあるから、反対したり修正意見を出したりする」「与党が間違ってますよ、と有権者に宣伝する」等）

最後に、国会での論戦の映像や議事録など、時宜にかなう入手しやすい情報を使って、政党の役割についてイメージを豊かにする。具体的な政策についての考察や評価は、後の「国会」の学習でおこなう。

**資料2　2009年と2017年の衆議院議席数の比較**

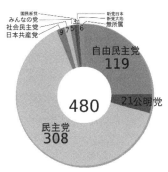

2009年第45回衆議院議員総選挙結果

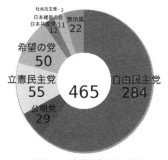

2017年第48回衆議院議員総選挙結果

▶▶衆議院ＴＶインターネット審議中継
www.shugiintv.go.jp/

▶▶参議院インターネット審議中継
www.webtv.sangiin.go.jp

┌─────────┐
│ **留意点** │ ．．．．．．．．．．．．．．．．
└─────────┘

● 与野党の立場は選挙で獲得した議席数で決するが、既習事項の「多様性の尊重」「少数意見の尊重」「効率と公正」等をふまえて、野党や少数派の意見を反映させることで、より良い政治を実現していく「熟議の場」をつくるという国会の役割について、生徒の中から気づきの声を上げさせたい。

（平井敦子）

# 4 マスメディアと世論

1時間

**ねらい** ·····················

● 世論形成におけるマスメディアの役割を理解し、公正な世論形成のために、マスメディアや国民一人ひとりはどうあるべきかを考察する。

● 新聞記事の読み取りや比較を通して、メディアリテラシーを身につける。

**授業の展開** ·····················

(1) 私の関心・私のニュース

● 「今日見たニュースを交流しよう」と、ペア活動でその日のニュースを伝えあう。ニュースと言われても思いつかなかったり、芸能やスポーツニュースに偏ることもあるだろう。

「その情報源（メディア）は何だった？」と、何人かの生徒を指名する。（「朝のテレビ番組」「新聞で見た」「ネット」等）

ネットニュースサイトのトップページ画像（**資料1**）を全体に示し、「今日もいろいろニュースがあるね。自分ならどのニュースをクリックするかな？」

自分の興味や関心によって情報も選んでいることに気づかせる。

普段の生活で情報へのアクセスがどうなっているかを交流する。近年はテレビや新聞にふれず、ネットやSNSだけに依存している生徒も多い。インターネットのサイトはユーザーの興味関心を分析し、適した広告や情報を続々と送り続けている。

● 「今朝の新聞を持ってきたよ」と、全国紙・地方紙の1面（**資料2**）を複数並べて黒板に掲示する。（「全然違うなあ」「1面なんて読まないよ」）

ネットニュースのトップページと比較し、新聞は見出しの大きさや紙面の配置でニュースの大きさや印象が変わることに気づかせる。読み手が選ぶ点では同じだが、さまざまな記事に興味をひきつけられ、読む記事の幅が広がるようになっていることに気づく。

● 「みんながそれぞれ好きなこと、興味のあることの情報しか読まない社会で、より良い社会をつくることはできるだろうか？」と、SDGs・多様性の尊重・効率と公正・憲法と人権といった既習事項を示す。

個人が好きなことを自由に考え生活すること、それが保障される社会は大切だが、民主主義の実現には一人ひとりが社会の一員とし

**資料1 ネットニュースサイトのトップページ**

**資料2 主要な新聞各紙の1面の比較**

デジタル資料集

て、ものごとを広く知ろうとすることが欠かせない。

（2）メディアリテラシー

技術科や社会科、総合的な学習の中でも情報リテラシーを学び、レポートを作成する際は引用資料の情報源をはっきりさせるなど指導されてきた。

● 「新聞報道を比較しよう」

新聞社による世論調査の結果（**資料3**）を比較させる。（「新聞社によって結果が違う」「誰を対象に調査したの？」「質問や選択肢も違う」等）

「自分が多数意見と同じ意見だと安心したり、少数だと不安になるなど、世論調査という情報にも、国民の世論を左右する影響がある」

先に示した各紙の1面をもう一度注目させる。「よく見ると、社によって1面トップ記事が異なるね。これも誰かが"判断した"結果だ」

取り上げる日によって、同じ記事でも見出しや論調で印象が異なることも多い。マスメディアを通して国民は情報を得、自分の考えを形成し、その結果として大多数の意見の傾向が「世論」となっていく。「どんなメディアでも、そこには発信している"人"の意志がある。ひとつの情報を鵜呑みにせず、さまざまな角度から批判的に読みとる力、メディアリテラシーを身につけよう」

● 「新聞社による社説の比較をしてみよう」

教科書の資料または、授業時に注目されているトピックについて新聞2社の社説をコピーし、資料を用意する。各自の読み取りによって、主張の違いや、主張を裏づける情報選択の違いという傾向に気づくことができる。

（3）報道の自由

● 最後に、憲法学習での「表現の自由」「報道の自由」「知る権利」を振り返り、スポンサーとメディア、政権とメディアの力関係など、メディアをめぐる状況に対しても、主権者として批判的に見る目をもつ必要を示唆してまとめる。

**資料3　マスメディア各社の世論調査の比較**

**集団的自衛権の行使容認に関する報道各社の世論調査**

| 社名・調査日 | 回答 | | |
|---|---|---|---|
| 産経新聞・FNN 6/28〜29 | 全面的に賛成(11.1) ／ 必要最小限度で賛成(52.6) | 反対(33.3) | その他(3.0) |
| 日経新聞・テレビ東京 6/27〜29 | 賛成(34) | 反対(50) | どちらともいえない・その他(16) |
| 毎日新聞 6/27〜28 | 賛成(32) | 反対(58) | その他(10) |
| 朝日新聞 6/21〜22 | 賛成(28) | 反対(56) | その他(16) |
| 共同通信 6/21〜22 | 賛成(34.5) | 反対(55.4) | その他(10.1) |
| NHK 6/6〜9 | 賛成(26) | 反対(26) | どちらともいえない(41) その他(7) |
| 読売新聞 5/30〜6/1 | 全面的に賛成(11) ／ 必要最小限の範囲で賛成(60) | 反対(24) | その他(4) |

※カッコ内は％。「わからない」「いえない」などは「その他」と分類。表現は意訳した

（産経新聞2014年7月1日）

---

**留意点**

● 政治的中立性や左翼・右翼などという言葉に敏感な生徒も増えているが、「偏っていない」「中立」という立場は現実にはありえず、当事者意識が薄い評論で終わりがちだ。特に、事実の理解と民主主義や人権尊重の視点を重視して考察するようにしたい。

● 公民の授業全体を通して「新聞を読もう」という課題や、「報道に異論・反論タイム」などの短いディスカッションタイムを入れて、本時の学習を実践的に深めるとよい。

（平井敦子）

# 5 選挙の課題とさまざまな政治活動

1 時間

## ねらい

● 選挙に関する課題について、主権者の立場から具体的な事例を通して考え、話しあう。

## 授業の展開

(1) 選挙の課題を考える①〜投票率

● 2017 年衆院選の政党別絶対得票率グラフを示す。ただし、最多を占める「棄権」は文字を隠しておく（**資料1**）。

「有権者1億人の比例代表選挙での投票先の内訳です。もっとも多い投票先は全体の 46.3%、これはどこの政党でしょう？」（「自民党じゃないの？」）

「実は、棄権した有権者の割合なんだ。みんなのまわりの大人たちは投票に行ったかい？」（「行かなかったかも」）「どうして棄権するのだろう？」（「誰に入れても変わらないって」「忙しいから」「よくわからないんだって」）

結果として今の政治は、有権者の4分の1程度しか支持していない党が、総議席数の3分の2を得て政策をすすめていることになる（**資料2**）。（「棄権の人が投票に行っていたら、全然違う結果になったかもしれない」）

● 「第2時（85 ページ）に配付した各党の政策一覧をもう一度見てみよう。本当に"どの党になっても同じ"なのだろうか？」主な与野党の政策を比較させる。（「こんなに違うのに、どっちでも同じってことはないね」「ニュースを見ていないからわからないんじゃない？」「忙しくて見る暇がないとか」「中学生だって少し読んだらわかるようなことだけど」）

近年の国政選挙での投票率の変遷や世代別投票率のデータを示し、若い世代に棄権が多いことや、次第に投票率が低下していることを読み取らせる。その原因や解決策についてグループ討論やミニレポートなどを課すことが望ましいが、根拠に乏しい道徳論的な内容になりがち。①他国の投票率や選挙制度の国際的比較、②政治への期待とあきらめ感などについて、家族との対話や調査など、今後考えていくための視点を示すことが必要だ。

(2) 選挙の課題を考える②〜一票の格差

● 「一票の格差」判決を報じた記事（**資料3**）を示す。「何を報じた記事

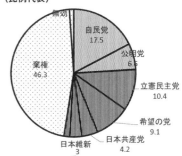

**資料1　2017 年衆院選の政党別絶対得票率（比例代表）**

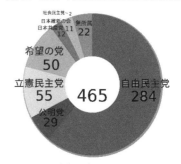

**資料2　2017 年衆院選の結果をうけた議席数**

投票率のデータは総務省ＨＰ
選挙関連資料より。
www.soumu.go.jp/senkyo/

かな？」「最高裁」「一票の格差」「参院選」「3倍」「合憲」などの用語に注目させる。

「最高裁で、選挙制度が憲法違反との判決が出たら、どうなる？」第2章で学習したように、憲法第98条に即して効力を有しない選挙になる。現在の選挙制度のどこが、憲法第何条に照らして違憲なのか、合憲なのか、記事から読み取らせる。ノートやワークシートに簡潔にまとめさせてから発言を促すとよい。（「選挙区の議員一人当たりの有権者数に格差があること」「一票の重みについてだから、第14条の平等権に反する」）

高得票でも落選した候補者と低得票でも当選した候補者の実例（資料4）を示し、「愛知7区では、山尾さんに9万2398人もの有権者が一票を託したが議員になれず、高知1区では4万4027人の支持で福井さんが議員になっている。愛知7区の人にとっては、自分の一票は高知の人の半分の重みしかないのか、ということだね。これを解決するには、選挙区割の調整に努力しなければいけない」

●「あなたが裁判官なら、一票の格差が2倍や3倍という状況に、どんな判断を下すだろう？」

2020年に判決を出した最高裁の15人の裁判官の判断（資料5）を示し、違憲とした宇賀克也氏の「実質一人が3票を持つという不平等について、国会から合理的な説明がされていない」という見解を紹介する。

（3）政治参加のさまざまな方法

日本国憲法の前文にある「正当に選挙された国会における代表者を通じて行動」するという大原則も、選挙制度から見れば多くの課題がある。また、数年おきにおこなわれる選挙だけが国民の政治参加の方法のすべてではない。

●「もしも政府や議員が期待したような政治をしていなかったら」「もしも自分の生活に大きな困難が生じたら」「自分の願いが死票となって埋もれていたら」どうするか、各自の考えをノートに整理して、まわりの人と交流する。

### 留意点

●できれば最後のまとめを交流し、集会や署名、パブリックコメントなど、選挙以外の政治要求行動について事例写真（113ページも参照）を示してイメージさせたい。

●憲法第16条「何人も…請願する権利を有し」、21条「集会、結社及び言論、出版その他一切の表現の自由」を示し、主権者としてできる政治活動が日常の中にあることを教師も自覚して指導したい。　（平井敦子）

資料3　「一票の格差」判決を報じた記事

（毎日新聞 2020年11月19日）

資料4　一票の格差の例

2012年12月 衆議院議員選挙（小選挙区）

| 高得票での落選候補 | （比は比例復活） |
|---|---|
| 松原仁　120,298 | （民前、東京3区）比 |
| 勝俣孝明　103,967 | （自新、静岡6区）比 |
| 大西健介　97,187 | （民前、愛知13区）比 |
| 山尾志桜里　92,398 | （民前、愛知7区）比 |
| 八木哲也　91,164 | （自新、愛知11区）比 |

| 低得票での当選候補 | |
|---|---|
| 福井　照　44,027 | （自前、高知1区） |
| 後藤　斎　50,362 | （民前、山梨3区） |
| 宮川典子　54,930 | （自新、山梨1区） |
| 西川公也　55,853 | （自元、栃木2区） |
| 階　猛　55,909 | （民前、岩手1区） |

資料5　一票の格差に対する最高裁裁判官の判断（2020年）

| 氏名 | 出身 | 16年参 | 17年衆 | 19年参 |
|---|---|---|---|---|
| 大谷直人 | 裁判官 | ○ | ○ | ○ |
| 池上政幸 | 検察官 | ○ | ○ | ○ |
| 小池裕 | 裁判官 | ○ | ○ | ○ |
| 木沢克之 | 弁護士 | ○ | ○ | ○ |
| 菅野博之 | 裁判官 | ○ | ○ | ○ |
| 山口厚 | 弁護士・学者 | ○ | ○ | ○ |
| 戸倉三郎 | 裁判官 | ○ | ○ | ○ |
| 林景一 | 行政官 | △ | △ | × |
| 宮崎裕子 | 弁護士 | — | △ | × |
| 深山卓也 | 裁判官 | — | ○ | ○ |
| 三浦守 | 検察官 | — | ○ | △ |
| 草野耕一 | 弁護士 | — | — | ○ |
| 宇賀克也 | 学者 | — | — | × |
| 林道晴 | 裁判官 | — | — | ○ |
| 岡村和美 | 行政官 | — | — | ○ |

○…合憲
△…違憲状態
×…違憲・有効
──…関与せず

私の代表を議会に送ろう　○○中学校模擬選挙

## ねらい

●選挙のしくみはわかった。主権者として投票することが大事だともわかった。でも、どうやって投票先を決めればいいの？　いろいろな政党があり、現代社会の課題もあり、膨大な情報が流れる中で、まじめに投票しようとすればするほど一票の決断は重くなる。世間知らずの私の判断で大丈夫かと不安になる。そんな不安を吹き飛ばす、それが模擬選挙体験。現実の国政選挙や地方選挙が近日中にある、というタイミングを利用しよう。

## 教師の準備

①生徒用のプリント：・公示プリント　　　　　・政策調査用紙
②環境づくり：　　　　・投票呼びかけポスター　・投票所
③学習サポート体制：・管理職にすすめ方を説明しておく

## 学習活動の流れ

(1) 公示（実際の選挙公示日直前の授業）

●「おとなたちの選挙がまもなくおこなわれるね。君たちも主権者だし、18歳からは投票のできる有権者だ。今回の選挙はどうなるだろう？」

●「みなさんはどのような政治を期待しますか？」

　ワークシート等に記入を促しながら、"政治"に生活から遠いイメージをもつ生徒たちの頭を柔らかくするような視点をアドバイスする。生徒は、政治によって改善してほしいことや実現してほしいこと＝自分自身の要求を考える。学校制度のこと、奨学金、自然環境、社会保障、日々の家族の暮らしに関する話題など、イメージを広げるように教師は助言する。

〈ポイント〉おとな社会やメディアが重視する選挙の争点に、無理に生徒を引き込まないことが大事。選挙は、住民投票のようにある方針への賛否を問うものではなく、主権者である自分の代表者を議会に送ることだから。

●「今度の選挙にはどんな人が立候補しているのかな。みんなの願いを実現してくれる候補者がいるだろうか。自分で調べて一票を投じてみよう。それが今回実施する模擬選挙だよ」

　選挙公示プリントを使って説明する。

　・投票日：　実際の選挙の投票日の直前の金曜日

　・投票時間：登校時〜朝学活前、昼休み、放課後

　・投票権：　本校生徒で「調査用紙」を完了し提出できた者

　・投票方法：無記名秘密投票だが、投票の理由は投票用紙に記載する

　・調査方法：新聞、選挙公報、インターネット、政見放送、街頭演説など

〈ポイント〉調査用紙を完成させることを投票権の条件とする。内容の多い少ないではなく、候補

者・政党すべてについて情報を集め、比較できたかどうか。そして投票用紙には理由を記す。政策などの裏付けをもって判断したかどうかを見るため。これが教科学習として意味をもつ。

(2) 選挙・調査期間中

期間中の授業は通常の社会科授業をすすめるだけでよい。選挙にかかわる政策テーマをみんなで考えよう、ということは不要。各自が自分の代表を選ぶ際に重視する政策は多様で個性的だ。「重要なのはこれ」とあえて言う必要はない。

これまで模擬選挙に取り組んできた中学生たちの残したコツや名言がある。「最初に、自分が重視したいことを1〜3つ決める。それで候補者ごとに何を主張しているかを比較して箇条書きにするといい」「候補者の主張をよく調べると、やる気やめざすことのアピールはあっても、だから何をするのかを言っていない人も多いよ」などなど。そんな情報を公示の授業で示しておくと、安心して自分の気になる政策についての情報を求めはじめる。

生徒は期間中、政策調査用紙を持ち歩き、休み時間に新聞や候補者のビラを広げて書き込んだり、友達と話題にしながら毎日を過ごす。わからないことがあれば教師に質問もする。こういう日常の情報収集や意見交流はどんどんすすんだほうがいい。教師はその間、投票呼びかけポスターを作成して貼ったり、投票所となる部屋の設営などの準備をしておく。投票日が近づいたら校内放送の係に依頼して、投票案内を流すなどして全校で雰囲気を盛り上げる。

(3) 投票日

①生徒は完成した調査用紙を持って投票所へ。

②教師は選管として、生徒の調査用紙をチェックし投票用紙を渡す。

③記載所で投票用紙に記載し、投票箱に入れる。

④動線上に選挙後レポート用紙を置いておき、各自で持ち帰らせる。

⑤開票は、現実の選挙の開票結果を待って教師がおこなう。

(4) 開票結果の発表と講評

現実の選挙の開票結果が出た後の月曜日にレポートを提出させる。

授業の中で、開票結果の発表と教師からの講評をおこなう。

〈ポイント〉誰が当選したか、現実の結果と一致したかは重要ではない。「自分の一票を誰に託すかを考えて選ぶことができた」実感を得ることが重要。そこを最大限評価する。

(5) 国民審査の模擬体験

衆議院議員総選挙の場合、最高裁裁判官の国民審査も同時におこなわれる。そのため、同様に国民審査の模擬選挙もおこなうとよい（111ページ参照）。

（平井敦子）

政策調査用紙（記入例）

# 6 国会で決まることと私たち

1 時間

## ねらい

● 国会のはたらきが、私たちの生活とどうかかわっているかを理解する。

● 私たちにとって必要な法律は何かを考え、国会に法律をつくらせるのは
主権者であることを理解し、国会とのかかわりについて考える。

## 授業の展開

(1) 国権の最高機関・唯一の立法機関

● 「内閣と国会では、どちらのほうが地位が高いんだろう？」

　こう問うと「内閣」と答える生徒が多い。

　「憲法第41条を読んでみよう。国会は『国権の最高機関』で『唯一の立法機関』と書いてある。憲法前文には『日本国民は…国会における代表者を通じて行動』するとある。主権者である国民を代表する機関だから、最高機関なんだ」

● 「次の法律も国会がつくったものだ。これらの法律がなかったら、私たちの生活はどうなるのか考えてみよう」

・ストーカー規制法　・自動車運転死傷行為処罰法（危険運転致死傷罪）

・ヘイトスピーチ解消法　・新型コロナ対策特別措置法

・高等学校等就学支援金制度　・環境アセスメント法

　（「ストーカー規制法ができるまで、ただ付きまとわれて気持ち悪いというだけでは警察も何もできなかった」「危険運転致死罪がなかったら、どんな罪になるの？」「ヘイトスピーチをしても規制できなかったのか」等）

● 「コロナ対策にどのようにお金を使うのか、高校生の授業料負担をどうするかなど、国民生活に影響のあることは、主権者である国民が選挙で選んだ国会における代表者に決める権限がある。内閣総理大臣が誰であろうと、個人の判断で決めてはいけないんだ。日本は法治国家だからね」

(2) 国会の種類と議員の活動

● 「4169億円。これは高等学校等就学支援金交付金として、2021年度に政府が使ったお金だよ。法律をつくっただけでは政策は実行できない。国会には国の予算を決めるという大きな仕事がある」

　「この予算を決める国会が常会（通常国会）だ。1月から3月末までの大仕事が国家予算を決めること。こうして法律をつくり、政治のすすむ道筋をつけ、国民の財産である税の使い道を決め、行政府に託す仕事をしているのが、衆議院465人、参議院245人で構成される国会なんだ」（「国民

資料1　新年度予算成立を報じた記事

（北海道新聞 2021年3月27日）

の財産か」「無駄にしてほしくないな」）

　臨時会、特別会、参議院の緊急集会のはたらきを解説し、最近１年間の国会の会期について教科書の図で確認する。（「国会ってずっと開いているわけじゃないんだ」「この時期だけ会議に出ればいいの？」）

●「国会の審議がない期間も、実は仕事は山のようにある。どんな仕事だろう？」（「法律案を考える」「調査も必要」）

　教科書にある議員の活動をみる。地元の議員の活動も調べて紹介できるとよい。（「勉強会をしている」「街頭演説を見たことがある」）

資料２　国会議員のツイート

　「国民に対して、今の政治の課題や、実現しようとしている法律の大切さを訴えて世論を高めたり、いろいろな人に生活のようすを聞いて新たな政策課題を見つけたり。国会の議場にいる姿は、国会議員の活動のほんの一部だよ」と、政党の学習もふまえて説明する。

　「議員には歳費などが支払われ、特権も多い。だが、国民の代表者とは、それだけの権威と重責を負い、国民のために活動しているということなんだ」（「選ぶほうの責任も重大だね」「選んだ人が熱心な人だといいな」）

(3)　二院制と衆議院の優越

●「衆議院と参議院には、どんな違いがあるのだろう。扱う法律の分野の違いかな？　それとも同じ法律案を同じように審議するのかな？」

　二院制では、両方の議会で可決することで法律が制定される。両議院の議員定数、任期、被選挙権、選挙方法の違いを説明し、「どういうねらいがあって選び方を変えているんだろう」と問う。（「ベテランの経験を重視する」「衆議院は入れ替わりが激しい」「選挙の時期が違うことに意味がある」等）性格の異なる両院で慎重に審議することで、人権を守るしくみであることを理解させる。

　「もしも両院の可否が異なったらどうなる？」（「衆議院の優越」）「どうして衆議院なんだろう？　じっくり考えるベテラン型の参議院のほうがいいのでは？」教科書の説明にある「国民の意見と強く結びついているから」「任期が短く解散もあるから」という説明の意味を確認し、今現在の国民の声を、幅広く、よりきめ細かく反映して集う衆議院の役割を理解する。

　「次時では、法律ができるまでの流れを学習しよう」

**留意点**　………………………………

●選挙を通じて、主権者である国民の代理を国会に送っているという主権者意識がなければ、知る権利の行使も、政治に対する健全な批判精神も育まれない。自分たちと密接なつながりを感じられる存在として、議員像をイメージさせたい。

（平井敦子）

# 私たちが国民の代表だ
## 1時間でできるかんたん模擬国会

## ねらい

●国会の授業は、制度の説明に終始したり、ワークシートの穴埋めで済ませて「覚えよう」となってしまう学習が中学校現場では多い。これでは、自分たちの代表が議論しているんだという興味や、国会という制度を主権者としてどう活かすかという意識の醸成にはなりづらい。少しでも実感をもって考えることができるよう、国会の流れを模擬国会で体験させてみたい。

## 教師の準備

①審議する法案（創作でよい）

②審議の流れを生徒が記録するワークシート

③学級を衆参に分け、委員会を抽出する方法

模擬国会ワークシート（例）

デジタル資料集

## 学習活動の流れ

（1）法律が制定されるまでの流れを教科書の図で確認する（5分）

・法案提案者は誰か

・先議、後議の二院制

・委員会、本会議、採決

（2）法案提出・趣旨説明（2分）

●「では、模擬国会をはじめます。今日審議する法案は『GoToトラベル再開法案』です。提案者は私（教師）が内閣として務めます。では法案趣旨を述べます」

〈ポイント〉実際にそのときの国会で審議している法案でもよいが、詳細な説明を必要としないものがよい。また、審議の体験だけをめざすので、可否が分かれそうな法案を教師が創作して提示してもよい。

（3）審議

●「みなさんが国会議員です。（座席などで分けて）こちらの列が衆議院議員、こちらの列は参議院議員です。まず、自分が議員なら、この法案にどのような賛否を示すか考えて、その理由もワークシートに書いてください」（5分）

●「まず予算委員会で審議をおこないます。（各院5人程度の委員と議長を指名し）別室で法案審議をおこなって、10分後に採決できるようにしてください」（10分）

〈ポイント〉委員会の種別は、用意した法案の内容に応じて法務や厚労など教師判断で決めておく。本来は先議・後議があるが、この場合は同時開催でよい。できれば教室近くの別室を用意したいが、難しければ教室前方と後方などに集めて会議をおこなう。待機しているその他の議員には、自身の意見整理をさせる。

●「時間です。委員会の採決をおこなってください」と指示。

正誤表

本文中に下記の誤りがありましたので、お詫びして訂正いたします。

156頁　資料5　実習生の多い業種

正　資料名を追加
　　注釈を追加

「日本人以外」を外国人とし、20〜30代の産業別全就業者に占める割合。2015年国勢調査「就業状態等基本集計」より NHK 作成
www3.nhk.or.jp/news/special/izon/2018105prologue.html

●採決後、別室に議員を集め、委員会の議長から可否とその理由を説明させる。可決なら続いて本会議に入り、賛成意見・反対意見を出しあって話しあう。否決なら、委員以外の議員の意見を交流する。（10分）

(4)　結果報告（10分）

　教室に戻り、各議長から採決の結果を報告する。両院で可決なら成立。可否がねじれた場合は「さて、どうすればいいんだろう？」と問い、衆議院の優越ルールを確認し、衆院本会議に戻る。5分程度をとり、再可決するかどうかで成否が決まる。

（10分）

　　　　……つくられます。でも、実際は議員だけで考えるには難しいことが多い。議……て、専門家の見解や当事者の声を聞きたいということもあるでしょう。それ……なら、この法案のために、どんな人の意見を聞きたい？」（「旅行業者かな」……る人」「学者」）

　　　　……況も知りたいんじゃないかな？」（「前回の GoTo トラベル実施のときの感染の……赤字の額とか」）「それらは各省庁が情報を持っていることが多い。大臣の見解……ら国会議員は、関係省庁に資料を出させたり、大臣の出席を求めたりして、委……こなって議論を深めるんだ」と説明。

　　　　……は資料請求や大臣質問までは再現できないが、具体的な法案について話しあ……情報が必要では」「これはどうなんだ」と、自分たちの考えを深めるために必……なる。

　　　　……議されている主な法案、その提案者、各政党の賛否などを新聞記事などから……ら引き寄せて終わる。

【……会の構想に含める】

　国会が主権者国民の願う社会の実現のための大切なツールであることを理解し、その活用に前向きになるためには、最終的には、現実の社会で起こっている問題を生徒が自分ごととして関心をもち、解決したいと思える仕掛けが重要だ。

　1時間でできるこの実践では、政策の検討の深まりは生み出せないが、社会科の授業全体を通して、現代社会のできごとを常に教材として提示し、考える機会を積み重ねていれば、短時間でも生徒には確実に残る議論と経験になる。

　日常の授業を通して、各授業の教材となる話題について、政党や議員の発信を調べてミニレポートを課したり、地元議員の街頭宣伝を聞いたらミニ報告をするなど、意識づけを続ける。生徒の調べてきたことに対し、恒常的な廊下掲示を活用して学年全体に還元するのもよい。そして、生徒の見解に対する講評を、日本国憲法の理念や基本的人権、効率と公正といった視点で整理する役割を、教師が担うことが大切になるだろう。

（平井敦子）

# 行政を監視する国会

## ねらい

● 行政を監視する国会の役割を、実際に国会でおこなわれる質疑等の例か
ら理解し、国会で話しあわれていることや政治ニュースに関心をもつ。

● 国会のさまざまな仕事について、国権の最高機関としての役割という視
点から理解する。

## 授業の展開

（1）行政を監視する国会

　直近の内閣総理大臣の指名選挙の票数（**資料1**）を示し、
国会が内閣総理大臣を指名することを説明する。既習事項か
ら、内閣がどのように組織されるか確認する。国会が法律を
つくり、予算を立て、その実行を「行政権」をもつ内閣に委
ねることを解説。

● 「国会での議論のようすを見てみよう」

　国会議員が、内閣がすすめている行政について問題を指摘
し、改善をはたらきかける場面を国会中継などから紹介する。

資料1　首相指名選挙の結果（2021年）

| 衆院 | | 参院 | |
|---|---|---|---|
| 岸田文雄 | 297票 | 岸田文雄 | 141票 |
| 枝野幸男 | 108票 | 枝野幸男 | 60票 |
| 片山虎之助 | 41票 | 片山虎之助 | 15票 |
| 玉木雄一郎 | 11票 | 玉木雄一郎 | 15票 |
| 吉良州司 | 5票 | 山本太郎 | 3票 |
| 山本太郎 | 3票 | 嘉田由紀子 | 2票 |
| | | 渡辺喜美 | 2票 |
| | | 伊藤孝恵 | 1票 |
| | | 伊波洋一 | 1票 |
| | | 白票 | 2票 |
| 総投票数 | 465票 | 総投票数 | 242票 |

（2021年11月10日実施）

▶▶ 衆議院ＴＶインターネット
審議中継（ビデオライブラリ）
www.shugiintv.go.jp/

▶▶ 参議院インターネット審
議中継
www.webtv.sangiin.go.jp

【新型コロナ感染症による生活困難】
2021年1月29日衆議院本会議（立憲民主党・長妻昭議員）
・コロナ禍による時短や休業要請による解雇や収入減で、生活に困難を抱える国民への
　支援対応を質問。
・総理大臣の考え方の問題点を追及。
【病床再編について】
2021年3月25日参議院予算委員会（共産党・田村智子議員）
・公立公的病院の再編、高度急性期病床を20万床減らす計画について。
・新型コロナ流行時にこの法案を出す国の方針転換を求める。

● 「こうした国会のようすをTV中継などで見たことはあるかな？　どん
な印象をもっている？」（「あまり興味がなかった」「ヤジがうるさい」）

　「確かに、よくわからないテーマについて与野党がいがみあっているだ
けに見えると、興味がわかないかもしれないが、国会の役割がわかると見
方が変わるかもしれないよ」

・事例でとりあげた国会議論について、争点を整理して示す。

・提案について議員が質問することで、問題点の指摘や多様な立場の意見
　を反映させていることを確認する。

● 国会が「予算」を決定し、「法律」を制定して内閣に行政を委ねる、と
いう基本的なしくみを黒板に図示し、あらためて生徒に示す。

内閣に任せて終わりではない。しっかり運用しているのか、問題のある行政をしていないか、事例のように、国会は常に“内閣の行政を監視し過ちを正す”はたらきをし、内閣は国会に対して責任を負っていることを説明する。

　「あらためて、最初に見た国会の議論を見てみよう。国会議員として、内閣の仕事に厳しい質問や意見を突きつけるのは正常なはたらきだ」「さらに、一人ひとりの議員は国民の代表者だから、もしも内閣に無責任な答弁や態度があれば、それは国民に対して不誠実だということになる」
・内閣に対する国会のはたらきの大きさを確認する。

(2) 国会の大きな権限と国民

●「国権の最高機関として、国会は大きな権限をもっている」
・黒板に示した図（右）に次の単語カードを貼っていく。
　「かかわりを考えてみよう」

〈国政調査権〉（「国政って？」「行政のこと？」）「そう。議員は国会で質問したり、日常的に内閣や省庁から資料や記録を出させたりしている。重大な問題では証人喚問をおこなう権限がある。証人が嘘を言えば偽証罪に問えるほど大きな権限だ」

〈条約の承認〉（「これも内閣かな？」）「外交権は内閣にあり、条約の締結は内閣がおこなうが、それを認めるかどうかの最終権限は国会にある」

〈裁判官弾劾裁判〉（「弾劾って何？」）「裁判官を辞めさせる権限も国会にあるんだ」国会のホームページに弾劾裁判所の紹介があるので紹介する（資料2）。

〈憲法改正の発議〉（「これは国民だ」）「そうだね。権力を制限している憲法を変えていいですか？ と国民に問う権限も国会にある」

●「こうした大きな権限をもつ国会や国会議員が、十分な活動をしなかったら？」（「怖い」「悪い政治になる」）

　その議員を選ぶのは国民だ。有権者も「選んで終わり」ではなく、国会のはたらきをいつも監視しなければならない。だから国会中継や新聞報道にも関心をもち、もし国会が十分なはたらきをしていないと思ったら声を上げる必要がある。最後に、国会前のさまざまな行動や署名運動のようすなどを紹介し、国民の日常的な行動の意味も考えさせて授業を終える。

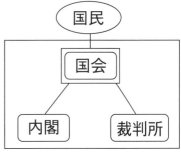

資料2　弾劾裁判所ウェブサイトより

▶▶裁判官弾劾裁判所
http://dangai.go.jp

**留意点**

●国会での議論について関心をもたせる事例を、情勢にあわせて用意する。
●この項では、国会の権限の大きさとその役割を知ることで、主権者としての国民が政治に関心をもち続けることの大切さにつながる学習をする。

（平井敦子）

**8** # 内閣の仕事と私たち

1 時間

## ねらい

● 内閣総理大臣の仕事を中心に、内閣の仕事と役割に関心をもつ。
● 議院内閣制について、主権者国民とのかかわりを中心に理解する。

## 授業の展開

（1）内閣の役割

● 現在の内閣の写真を示して、総理大臣の名前や、大臣の印象などを問う。

　国会から、行政を担う内閣を率いるよう信頼して任された総理大臣。その総理大臣が任命した国務大臣によって内閣は成り立つ。行政とは、国会で決めた法律や予算を執行すること。

● 永田町から霞ヶ関の建物群の写真（**資料 1**）を示し、省庁と内閣の密接な関係を視覚的にとらえ、ここが政治の中枢であることをイメージさせる。

● 「国務大臣の任命は、総理が独断で決めていいのかな？」（「それはないんじゃない？」「好きな人でいいの？」）「憲法第 68 条を読んでごらん」

・憲法第 68 条の国務大臣の規定は「文民」「過半数は国会議員」ということだけ。総理大臣は任命の段階から大きな責任がある。

● 「それぞれの大臣と省庁の担う役割、内閣の主な仕事を確認しよう」

・教科書掲載の業務例を示しながら、国の行政機関をおおまかに確認。

・外交関係や条約の締結など、憲法の規定にある主な職務を確認する。

（2）私たちと内閣～「信頼」と「責任」で成り立つ

　国民の代表者である国会が法律と予算を決定し、その実行＝行政を任せたのが内閣。主権者である国民から託された責任だ。

● 「この学級が国会だとしたら、誰になら信頼して政治を任せられる？」

・信頼、任せる、というキーワードで考えるだけでもよい。この人に任せたいという人を推薦させる。過半数の支持で総理大臣に任命される。

・任命された総理大臣に、今度は法務、外務、文部科学、厚生労働、経済産業、国土交通大臣を任命させる。指名するたびに歓声や拍手で反応。「ジェンダーバランスはどうかな？　任命された人は重責ですが大丈夫？　総理はこれらの大臣の資質に責任をもてますね？」と念押しする。

● 「さて、2020 〜 2021 年はコロナ感染症が拡大して大変でした。この重

**資料 1　永田町と霞ヶ関**

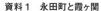

デジタル資料集

**資料 2　新日米安保条約に署名する岸信介総理**

**資料 3　安保条約に反対するデモ**

大な事態にどう対応すべきか、内閣の力が試される。非常事態なので、国会での議論とともに、内閣も率先して策を立ててほしい」

・教室内に、内閣が「閣議」をする班席と、他の生徒を国会議員としていくつかの班席に分け、それぞれ対策を考える時間を10〜15分とる。

・閣議は総理大臣を中心に、各大臣が自分の役割を考えながら対策を出す。

・コロナ禍での対策を思い出し、その評価も交えて対策や自分の省庁がすべきことを出しあい、閣議で合意したものをホワイトボードに記載する。

・他の生徒たちも議員として話しあい、ワークシートに自分たちの提案をメモする。

●「では総理大臣、国民へのメッセージのつもりで発表してください！」

短時間であり、十分ではないが、国民の信託を受けている立場であること、また、自分たちが期待する政策が出されるか興味をもつという体験に意味がある。強大な行政の権力は国民のために使うものだという感覚をもって、内閣の仕事に注目する国民を育てたい。

・国会ですでに成立した法律や予算を執行するだけではなく、新たな課題に対応した施策のために、新しい法律や予算を国会に提案し承認を得る必要がある。説得力のある提案やメッセージがなければ実現できないことも示唆する。

「議員から質問は？」(「PCR検査って有料ですか？」「お店に対する休業補償はどれくらいの期間ですか」等)

「総理大臣が有能な大臣をそろえて、有効な政策を国会に提案すれば、スムーズに可決され対策がすすむ。しかしそうでなければ…どうする？」

(3) 議院内閣制

●「もしも国会が信頼して任せた内閣がその責任を果たしていなければ、衆議院は国民の代表として、内閣不信任の決議ができる」

決議後の手続きを確認する。内閣の総辞職から、国会への連帯責任という意味を理解し、対抗手段としての衆議院の解散から、最終的な判断は主権者たる国民に委ねられることを理解する。「普段から政治に関心をもっていないと、国民も判断できないということだね」

最後に、各国の行政府の代表者を写真等で示す。世界には、議院内閣制のほかに大統領制の国もあること。その違いを教科書の図などで確認する。

┌─────────────┐
│ 留意点 │
└─────────────┘ ·····················

●内閣不信任決議案について、実際は与党の数の力により否決されることが多いが、本来の主旨をしっかりつかむようにする。現在は、報道機関さえも野党の不信任決議案提出をパフォーマンスのように報じるが、本来は多数を占める与党こそが、自分たちの信頼に足る内閣であるべきだという意思を示す責任がある。

(平井敦子)

<table>
<tr><td>**9**</td><td colspan="2"># 行政の役割と行政改革</td><td>1 時間</td></tr>
</table>

## ねらい

● 行政がかかえる課題と行政改革の取り組みについて調べ、関心をもつ。

● 行政改革が国民生活に及ぼす影響について、効率と公正の視点で考察し、
主権者として行政改革の方向性をどう考えるか判断する視点をもつ。

## 授業の展開

(1) 行政改革とは何か

● 「NTT、JR、JT、JP……この名前は何かわかるかな？」（「NTT
は電話でしょ」「JRはJRじゃない？」）

「JRやNTTは略称のほうが定着しているね。それぞれ日本電信
電話株式会社、日本旅客鉄道、日本たばこ産業株式会社、日本郵政
グループのことだ。これらの会社に共通することはなんだろう？」
→国営や国の管轄事業だったものを「民営化」したもの。

「民間ということは、他の企業との競争もあるし、利益を追求す
る事業もできる。サービスや商品の質が向上することも期待して民
営化されることになった」（「いいんじゃない」「便利になるし」）

「行政は、国民や住民から集めた税金によっておこなわれる。で
きれば効率的で、有効に活用してほしいよね。だから、さまざまな
視点から『行政改革』がおこなわれている」

・「**資料1**で公務員の数の変化を見てみよう。（「減っている」「このが
くっと減った部分は？」）

2000年代には「平成の大合併」や郵政民営化（2007年）があった。

● 「"大きな政府"と"小さな政府"という表現がある。**資料2**の図を
見てみよう。"効率と公正"の考え方もふまえて、どちらがいい？」
（「税金が安くなるなら小さい政府がいい」「民営化すれば政府の仕
事は少なくてすむけど」「わからない」）

民営化をすすめた結果として税金は安くなっているのか、国民生
活に支障はないのか、事実をもとに検討する必要がある。「この授業
では国民生活について、事例を見てみよう」

(2) 行政の役割と私たちの暮らし

これまでに民営化された事業はどうなったのか。地域の事例をも
とに、鉄道や郵便の民営化をもう一度考える。

「**資料3**で北海道の鉄道路線を見てみよう。上が1960年代にあっ

資料1 公務員の数の変化

（「日本統計年鑑」平成27年ほか）

資料2 小さな政府と大きな政府

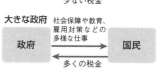

資料3 北海道の鉄道路線

1960年代

存続予定の路線

た鉄路、下が JR 北海道が発表した今後残される鉄路だ」(「すごく減ってる」「利用者が少ない路線はもうからないから、なくすってこと？」「確かに過疎地域だし、高速道路もあるし」「でも鉄道がないと困る地域もある」「人口がさらに減るかも」)

地理で学習した過疎地の課題を想起し、行政の役割を考えさせる。国営や公営の事業であっても、効率性を考えて維持できない場合もある。しかし、赤字ならすぐなくすというわけではない。国民や住民の生活の必要を考える、これが「公共」の基本にある考え方だ。

● 「2019 年に厚生労働省が発表した数字がある。1455 か所中 440 か所。これは何の数字だろう？」「全国の国公立病院で統廃合の対象になる病院の数なんだ」(「病院を減らすの？」)

**資料 4** を示し、反対の世論を紹介する。国公立以外の民間病院は地方には少ない。農業や水産業など、地方から日本を支えている人も多い。「小さい政府が効率的」と簡単には言えない。

(3) 行政の役割と公務員

● 「あらためて、日本国憲法の第 15 条を見てほしい」

第 15 条②　すべて公務員は、全体の奉仕者であって、一部の奉仕者ではない。
第 99 条　天皇又は摂政及び国務大臣、国会議員、裁判官その他の公務員は、この憲法を尊重し擁護する義務を負う。

「公務員は、憲法に基づいてすべての国民に奉仕する。だから、国民が行政に何をしてほしいのか考える権利と責任がある。それが民主主義だ。行政改革は無駄や不自由な規制をなくす点では必要だが、どの事業が無駄で、どの事業が予算をかけてでも必要なのか、内閣まかせではいけないね」

● 「最後に、他の国との公務員数の比較 (**資料 5**) を見てみよう」

「公務員を減らせば行政がうまくいくというわけではなさそうだ。憲法の理念に基づく国民や住民へのサービスという視点で、さまざまな行政改革のニュースについて関心をもち、考えていこう」

**資料 4　国公立病院の統廃合方針撤回要請の署名提出**

コロナ感染症の拡大をうけて、全国から集まった統廃合方針撤回要請の署名を代表者が厚労省に渡しているところ (2020 年 4 月 22 日)。

**資料 5　公務員数の国際比較**

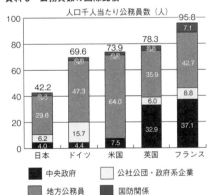

人口千人当たり公務員数 (人)

| | 日本 | ドイツ | 米国 | 英国 | フランス |
|---|---|---|---|---|---|
| 合計 | 42.2 | 69.6 | 73.9 | 78.3 | 95.8 |
| 公社公団・政府系企業 | 2.4 | 2.3 | 2.3 | 3.5 | 7.1 |
| 地方公務員 | 29.6 | 47.3 | 64.0 | 35.9 | 42.7 |
| 国防関係 | 6.2 | 15.7 | | 6.0 | 8.8 |
| 中央政府 | 4.0 | 4.4 | 7.5 | 32.9 | 37.1 |

■ 中央政府　□ 公社公団・政府系企業
■ 地方公務員　■ 国防関係

(注) 2004～05 年データ。英国はフルタイム換算職員数。国公立学校・病院、郵政公社職員を含む。地方公務員には地方自治体出資の公社・公営企業職員を含む。
(資料) 野村総合研究所「公務員数の国際比較に関する調査報告書」(2005 年 11 月)

╭─ 留意点 ─────────╮ ..........................

● 行政改革は規制緩和とともに語られることが多いが、行政サービスの「効率化」は、時に国民の生活や命の切り捨てにもなることを事例から学ばせたい。

● 主権者として常に政治に対して声を上げていくことの意味を、この教材でも考えるようにしたい。
　　　　　　　　　　　　　　　　　　　　　　　　　(平井敦子)

## 10 裁判を受ける権利と裁判所

1時間

### ねらい

- 身近な事例を通して、裁判を受ける権利があり、権利や人権を守るために法や裁判所が重要な役割を果たしていることに気づく。
- 三審制と司法権の独立の意義について考え、理解する。

### 授業の展開

(1)「訴えてやる！」は誰のもの？

- 「国会で『子どもはインターネットやゲームを平日2時間、休日5時間までしかしてはいけません。保護者はそれを厳密に守らせなければなりません』という法が成立しました」(「え──っ」「冗談やめてよ先生」)「もしも、これが本当だったら？」(「無視！」「隠れてやる」等)

- 「訴えてやる！ という人はいませんか？」と誘い、生徒の反応を試す。

・「子どもでも裁判は起こせるの？」→もちろん。憲法第32条「何人も、裁判所において裁判を受ける権利を奪はれない。」満20歳未満は保護者や後見人がいれば大丈夫。

・「どこに行けば裁判を起こせるの？」→各地の地方裁判所の1階に窓口があります。手続きは弁護士に相談したり、右のようにまずは「法テラス」に相談もできます。

資料1 「法テラス」ホームページ

▶▶法テラス
www.houterasu.or.jp

・「お金がかかるんでしょ」→かかります。しかし、裁判所や弁護士による無料相談の場も多いので相談できます。また実際に訴えるときに、「勝訴したら訴訟費用は相手が払う」として裁判を起こすことができます。

　この裁判は実際に起こされています。「ネット・ゲーム依存症対策条例」を制定した香川県を、18歳の高校3年生が保護者とともに、憲法違反だとして訴えています(2020年12月地裁公判開始)。

(2) 裁判は権利だ

- 「こんなことぐらいで裁判を起こさないよという人はいる？　どうして？」(「時間の無駄」「なんだか怖い」等) では、ゲームはあきらめるのか、隠れて続けるのか、もしもばれたら？ と「声を上げなければどうなるか」という思考を促す。(「黙っていたらこれでいいっていうことになる」「隠れて続けたら犯罪者扱いの世の中って怖くない？」等)

　「裁判を起こすことは、確かに大変で、多くの人はそんな経験はないかもしれない。しかし、誰かが起こした裁判の結果によって社会が変わってきた事例はたくさんあるんだよ」と、公害訴訟、就職差別訴訟等の事例を

紹介する。選挙を通じて、私たちのための政治や法律をつくる権利と同様に、すでにある法律の問題点や見逃されている社会問題を、裁判に訴えて改善することも国民の権利だ。それは個人に人権として保障されている。「そんなことぐらいで騒ぐな」という世論や、SNSの否定的なつぶやきが、安心して裁判を起こせない息苦しい社会を生むことを示唆する（津市隣人訴訟の事例を紹介）。

**津市隣人訴訟（1983年）**
隣人に預けた子どもが事故死した件で、訴訟を起こした夫婦に対して世間の非難が集中し、訴訟を取り下げざるを得なくなった事件。

（3）人権を守るために

● 「裁判所は意外に身近にある。札幌市なら西11丁目駅を降りてすぐ目の前だよ」等、近くの裁判所について画像や住所などで提示しイメージさせる。

**資料2　札幌地方裁判所**

・全国の裁判所の数や種類を確認する。簡易、地方、家庭、高等、最高裁判所は、それぞれどんな違いがあるのか。生徒の反応を拾いながら、第一審を担当する裁判所と、控訴審、上告審を担当する裁判所を説明する。慎重な判断を通じて、人権を尊重する制度として三審制をとっていることを説明する。

● 「私たちに裁判を受ける権利があることはわかったね。でも、判断を下すのは裁判官だ。時には個人の自由を剥奪する権限さえ持っている。裁判官への信頼はどうやって保障されるんだろう？」

学級の中でいえば誰がふさわしいかなどと問い、対話をする中で「差別やひいきをしない人」「両者の言い分を聞いてくれる人」「法律をよくわかっている人」等、信頼に値する裁判官の適性は何かと考えさせる。憲法で定められた裁判官の資質として第76条を示す。

**憲法第76条3項**
すべて裁判官は、その良心に従い独立してその職権を行い、この憲法及び法律にのみ拘束される。

「独立して、とはどういうことだろう」（「強い意志」「人に左右されない」）

「何から」独立しているのか、誰に左右されないことが必要なのかを話しあう中で、他の権力からの独立という意味を理解する。憲法第78条「司法権の独立」の条文で、裁判官の身分が保障されていることを確認。

「それでも、裁判官も人間だ。裁判官にふさわしくない行為をすることもある。そういう場合は国会が？」（「弾劾裁判をする」）

「国民にも、裁判が公正におこなわれているか、報道などに関心を寄せてチェックしていく責任がある」と説明し、憲法の番人であり裁判官の人事権を持つ最高裁判事に対する国民審査制度があることを説明して終える。

**憲法第78条**
裁判官は、裁判により、心身の故障のために職務を執ることができないと決定された場合を除いては、公の弾劾によらなければ罷免されない。裁判官の懲戒処分は、行政機関がこれを行うことはできない。

**留意点**

● 中学生にとって裁判とはドラマなどで注目される「刑事裁判」の印象が強く、「裁判を受ける権利」に身近な印象はない。子どもも含め、何人(なんびと)にも保障されている権利であり、自らの人権を保障する手段となる重要な権利だと意識させたい。そのために、身近な生活に引き寄せて考えることができる裁判例を扱う。

（平井敦子）

# 11 裁判の種類と人権

1 時間

## ねらい

● 裁判の種類や手続きと、裁判における法曹三者の役割について理解する。

● 新聞記事の読み取りを通して、裁判のしくみを深く理解するとともに、
  憲法で保障されている「裁判を受ける権利」の意義について考察する。

## 授業の展開

（1）民事裁判と刑事裁判

● 「これから裁判をはじめます」と宣言して授業開始。民事裁判の法廷図
  （教科書）に従い、教室前方に作った模擬の席（表示札を用意）にそれ
  ぞれの役の生徒を指名し座らせる。

　「裁判は、このように二者の争いを、法に基づいて解決します。今回の
ような私人間の争いを裁く裁判を『民事裁判』と言います」

　個人と個人に限らず、会社、国・自治体も主体となることを説明する。

　「判決は…」と、「原告の訴えを認める」または「原告の訴えを棄却す
る」の紙を裁判官役の生徒に提示させる。勝訴・敗訴の説明をする。

● 「実際の法廷には、他にどんな人がいるだろうか」

・傍聴人：「裁判は公開が原則。傍聴する資格は誰にもある。傍聴には、
　裁判が公正にすすんでいるか監視する意味もある」

・代理人：「原告も被告も、ふつう法律の専門家ではない。訴えたいことを、
　その人に寄り添って専門的に述べてくれる人がいると安心だね。これも
　個人の権利を守る仕掛けだ。ふつう代理人は弁護士に頼むことが多い」
　と、弁護士役も双方につけて着席させる。

● 「でも、ドラマでよく見る法廷とは少し違うんじゃないかな？」と、検
  察官について話題にし、「刑事裁判の法廷図」（教科書）を示す。

・警察が犯罪の「被疑者」を捜査して「逮捕」する（検察官、労働基準監
　督官、厚生労働省の麻薬取締官にも逮捕権がある）。そうして「送検」
　された被疑者を「被告人」として訴えるのが検察（検察官）だ。

　「民事裁判では私人が原告として訴えるが、刑事裁判では…」と言って、
原告役の生徒に検察官の札を、被告役の生徒に被告人の札を持たせる。
「つまり、法律違反をした者を検察官が裁判に訴える、という形をとる。そ
して被告人には弁護士がつくことで、法の専門家として弁護にあたり、被
告人の人権を守る。原告側の検察は法律のプロだから代理人は不要だね」

　「では、判決は…」と、有罪または無罪の紙を裁判官役に示させる。

資料1　原発事故をめぐる民事訴訟

## 国の責任認定7件目

### 避難者訴訟 東電にも賠償命令

札幌地裁

東京電力福島第一原発事故で福島県などから北海道に避難を強いられたとして、285人が国と東電に計4億4050万円の賠償を求めた集団訴訟で、札幌地裁（武藤貴明裁判長）は10日、国と東電の責任を認定、国を相手取った89世帯・141人のうち、11件について7件を認める今回7で7件目、原告側は「避難の支払いを今回で7件目、原告側は「避難考…」

いずれも東電の責任は認定。国を相手取ったものは、「06年末に大津波を予見できた」と指摘し、国の権限不行使が「著しく合理性を欠く」と断じた。

円。原告の9割は自主避難者。【山下智恵】

として控訴する意向。民事裁判所長は、政府の地震調査研究推進本部が2002年に公表した地震予測「長期評価」に基づいて大津波を予見できたとし、防潮堤の設置などで津波対策を命じていれば事故は防げたとして、国の違法性を認めた。原告側は居住地や収入に関係なく一人110万～550万円の支払いを求め、認められたのは89人で1100万～550万円。

● 「このように、犯罪の有無を裁くのが『刑事裁判』だ」

対立する両者が法に基づき議論し、裁判官が判断をするという形で裁判の場ができている。ここに携わる裁判官、検察官、弁護士（法曹三者とよばれる）は、みな司法試験に合格した憲法や法、人権の専門家である。国民にとって切実な権利を扱う仕事だ。

(2) 裁判報道を見て考えよう——福島原発事故訴訟を事例に

● 新聞記事（資料1）のコピーとワークシートを配付し、「今日の学習を活かして読み取ってみよう」

・原告は誰で、被告は誰？／民事裁判？　刑事裁判？／訴えの内容は？どんな法に照らして訴えている？／地方裁？　高裁？／判決は？

ここでは東日本大震災時の原発事故を事例に、裁判報道を読ませ、何が起こっているのかを考える基礎的な力を身につけてほしい。

● 「原発事故については、次の裁判もおこなわれている」と、当時の東電の経営陣の刑事責任を問う裁判の記事（資料2）を示し、リード部分を読み上げる。「この裁判は民事？　刑事？」（「業務上過失致死傷罪だから刑事」）「そう、原発事故は単なる事故ではなく"犯罪"ではないか、と被害者が訴えた（告訴）。被疑者とされたのは誰かな？　これは犯罪だと思う？」（「震災によるものだからしょうがない」「事故じゃないの」「過失致死傷罪ということは、何か問題があったんじゃないか」等）

資料2　原発事故をめぐる刑事訴訟

**東電旧経営陣3人無罪　原発事故　強制起訴で**

東京地裁判決

（北海道新聞 2019年9月19日夕刊）

「この裁判は、検察（東京地検）では不起訴とされたが、その後検察審査会に申し立てられ、検察審査会の判断による強制起訴という形で裁判になった」と、教科書にある検察審査会の制度の説明を示し、市民が検察審査会に申し立てをして起訴させる制度があることを説明。

資料3　原発事故刑事裁判の判決

（レイバーネット日本提供）

「あまりにも大きな犠牲を強いた放射能汚染が、もしも電力会社による過失によるものだとしたら？」（「許せない！」）「法の専門家である検察官が不起訴相当としても、被害を受けた一般市民は不服申し立てができる。民事裁判だけではなく刑事裁判を起こすことも、すべての人に保障された権利ということだ」

**告訴と告発**
被害者本人が訴え出る「告訴」に対し、第三者が訴えることを「告発」という。

「今日帰宅したら、ぜひ新聞を広げてみてほしい。このように世間に注目される裁判だけではなく、小さくてもいろいろな裁判の記事がある。どんなことが争点なのか、読み取りにチャレンジしてみよう」と終える。

▶▶福島原発生業原告団・弁護団
www.nariwaisoshou.jp/

▶▶福島原発刑事訴訟支援団
https://shien-dan.org/

▶▶原発避難者北海道訴訟（レイバーネットより）
www.labornetjp.org/news/2020/1584007641791zad25714

## 留意点

● 詳しい裁判のしくみを理解するには、模擬裁判を経験させるとよい。

● 原発事故に関する民事・刑事裁判に関しては深く読むことはできないが、ここではひとつの出来事に焦点を絞って「裁判を受ける権利」の行使のあり方の理解を促したい。
（平井敦子）

## 12 司法制度改革
### 裁判員制度と司法の課題

### ねらい

●国民の司法参加の意義や裁判員制度について理解する。

●えん罪と死刑制度をめぐる諸問題から、現在の司法制度の課題について
考察する。

### 授業の展開

（1）裁判員制度

●裁判員制度の CM「あの頃の気持ちのままで」（1分）を視聴させる。

「2009 年から、重大事件の刑事裁判に裁判員制度が適用されるようにな
った。裁判員は 20 歳以上の成人から、くじ引きで選ばれます。みんなも
将来選ばれるかもしれないよ」（「えー !?」「法律なんてわからないよ」）

「さあ、くじ引きしよう」と、くじを引いて 6 名を選抜。「質問します。
あなたは義務教育を終えていますね」「国会議員…じゃないですね」と、
裁判員の選任手続きを確認。裁判員は、義務教育を終えていれば、ほぼす
べての国民が対象だと確認する。国民の視点や感覚を反映させて、司法へ
の信頼と理解を深めるねらいを説明し、「日々いろいろな暮らしをしてい
る市民の感性が大事なのです」

「裁判員は裁判官とともに評議し、次のように判決を出します」

事例として新聞記事（**資料 1**）を示し、「みなさんはこのように判決を
下せますか？」（保護責任者遺棄致死罪、母親に懲役 9 年）（「大丈夫！」「ひ
どい事件が多いから処罰すべき」「お前には裁かれたくない」「私が刑の重
さを判断？ 責任重すぎじゃないかな」等）

「この裁判では、被告人は無罪を主張しています」

評決は、有罪か無罪かの決定と、有罪の場合の量刑判断も
含む。裁判官 1 名以上を含む多数決であることを説明。（「無
罪と思った人もいたかも」）「十分に話しあって合意をめざすけ
ど、最後は多数決になる」

（2）司法制度の課題①～えん罪

●富山県で起きたえん罪事件（**資料 2**）を提示する。

「無実なのに、警察や検察から犯罪者として扱われ、罪に問
われることを『えん罪』という」

袴田事件や他の事例も紹介しながら、「どうしてこのような
事件が起こるのだろう」（「証拠があいまい」「自白の強要」等）

**裁判員制度 CM「あの頃の気
持ちのままで」（法務省）**
www.saibanin.courts.go.jp/
shiryo/movie/detail/flash3.
html

**資料1　札幌市で起きた虐待事件（報道から要約）**

当時 2 歳の娘に対する保護責任者遺棄致
死の罪を母親に問うた裁判員裁判。札幌
地裁は争点となった死因について、必要
な食事を与えられず低栄養状態に陥った
ことによる衰弱死と認定し、懲役 9 年
（求刑懲役 14 年）を言い渡した。起訴状
によると被告は交際相手と共謀し、必要
な食事を与えず、交際相手の暴行による
けがの治療も受けさせず放置し衰弱死さ
せたとされる。被告は「ごはんを食べさ
せていた」などと起訴内容を否認し無罪
を主張。弁護側は別の医師 2 人を証人に
立て、吐いた食べ物をのどに詰まらせて
窒息死したと訴えた。

「えん罪事件の原因は、警察が描いた筋書き通りに犯人をつくりあげる取り調べのあり方にある、という指摘がある。柳原さんの場合も、簡単にアリバイが証明できたにもかかわらず、それを黙殺した警察の姿勢が問題視されている。えん罪を防止するために、取り調べのようすを録画する『取り調べの可視化』が 2019 年度から義務化された。ただ義務化されたのは裁判員裁判対象の事件など一部で、まだ改善しなければならないという声もある」

(3) 司法制度の課題②～死刑制度

● 資料3 を読ませる。「裁判員には守秘義務があり、悩みを周囲に相談できないことも精神的に厳しいという。裁判員は量刑も決めるが、日本には死刑があり、その判断を下す心理的な負担は大きい。この青木さんの訴えを聞いてどう思うだろう」

● 「死刑は必要で、やむを得ない刑罰なのだろうか?」と生徒に問い、世論調査の結果（資料4）を示す。（「やはり賛成だよ」「反対の人もいるんだ」）

「世界ではどうだろう」と資料5を提示する。（「死刑を廃止する国が増えている」）

人権の学習をふまえ、世界人権宣言と国際人権規約を根拠に、「死刑廃止のすべての措置が、生命に対する権利の享受における進歩とみなされるべき」と、国連で死刑廃止条約が採択されたことを紹介。

最後に資料6を見る。死刑制度を存置しながら、市民が量刑まで評決するというのが日本の裁判員制度。「先に紹介した青木さんの苦悩は、人権の観点から世界的に廃止がすすむ死刑という重大な刑罰を、一般市民が多数決で下すという現行制度によるところが大きい」

司法制度の改革について、よい方向にすすんでいる点、問題があると考える点についてノートに整理し、最後に自分の意見を文章にまとめさせる。

### 資料2　えん罪事件の例（報道から要約）

2002 年、富山県氷見市で発生した、女性に対する暴行と同未遂の２つの事件について、警察は当時 40 歳だった柳原浩さんを逮捕。柳原さんは、当初容疑を否認したものの、３日目の事情聴取で嘘の自白を強要させられてしまい、懲役３年の実刑判決を受けた。

2 年 1 カ月服役した 2005 年 1 月、柳原さんは刑務所を仮出所したが、その後事件は急展開する。翌 2006 年、別の事件で逮捕された人物が、氷見市での２つの事件についても自供し、柳原さんに対する誤認逮捕が発覚したのだ。服役後に無実が判明したえん罪事件として、大きく報道された。

### 資料3　裁判員の苦悩（報道から要約）

裁判員裁判で証拠の遺体写真などを見たことが原因で急性ストレス障害になった福島県の青木日富美さん（63）は「よくわからないまま死刑判決に関与してしまった。罪の意識にさいなまれている」と涙ながらに訴えた。「この苦しみはやった人でないとわからない。何も関わりのない人の量刑を決めるのは本当につらい」と語る。

### 資料4　死刑制度をめぐる世論調査

わからない　廃止

2019年　容認80.8　10.2　9.0

（内閣府調査による）

### 資料5　各国の死刑制度の存廃状況

|  | 死刑存置国 | 死刑廃止国 |
|---|---|---|
| 1980 年 | 128 カ国 | 37 カ国 |
| 1990 年 | 96 カ国 | 80 カ国 |
| 2005 年 | 75 カ国 | 121 カ国 |
| 2017 年 | 56 カ国 | 142 カ国 |

（アムネスティ・インターナショナル調査による）

### 資料6　各国の司法参加制度

|  | 陪審制 | 参審制 | 裁判員制 |
|---|---|---|---|
| 代表的な国 | アメリカ | 英／独／仏 | 日本 |
| 市民の選出方法 | 無作為抽出 | 一般に推薦 | 無作為抽出 |
| 選任者の任期 | 1事件のみ | 任期制 | 1事件のみ |
| 評決の方法 | 全員一致 | 多数決 | 多数決 |
| 評決の範囲 | 事実認定まで | 量刑まで | 量刑まで |
| 死刑制度 | あり／廃止 | 廃止 | あり |

（最高裁ホームページより）

### 留意点

● 1時間の授業で完結する内容ではないが、現行制度について批判的に考察する視点や、自ら主体的に調査しようとする関心を引き出す学習ができればよい。

（平井敦子）

# 司法を市民のものに　模擬裁判と国民審査

## ねらい

● 立憲主義、法治主義による社会形成の主権者を育成する上で、法教育の大切さは言うまでもない。法に基づいた論理的な思考力や多面的・多角的なものの見方、自分の意見を根拠を挙げて表現する力を身につけるには、その大切さを語るだけではなく、模擬的な場を通して実践することで、困難さも含めて体験的に学ぶことが必要だ。特に、裁判員制度の導入によって「市民が裁く」ことの積極的な意義が「人権尊重」の社会づくりであるならば、なおのことである。

## （1）模擬裁判をやってみよう

### 教師の準備

①模擬裁判の台本、宣誓書、証拠物、ワークシート等の印刷

②裁判での役割分担、班分けの準備

　法務省の配布している模擬裁判の資料（下記）を活用しよう。

　この教材では、生徒は自らを裁判員の立場におき、与えられた事案からの事実の抽出、証拠評価の検討などをおこなうが、その際、意見の異なる他者と議論を交わすことで多面的なものの見方を知り、また、他者を説得するため自らの意見を論理的に表現していく力が求められる。20歳以上の国民すべてに裁判員として参加する可能性がある以上、グループでの討議においても、自らの責任を軽んじてはならないという緊張感をもって実践させたい。

　この教材は3時間構成で示されているが、現場の実際に応じて変更して活用できる。裁判員裁判ではないが、各役割の詳細な台本がある別の模擬裁判の指導案も教材になっているので参照してほしい。

**（参考）法務省ウェブサイト「よろしく裁判員」**
　www.moj.go.jp/keiji1/saibanin_info_saibanin_kyozai.html　教材をダウンロードできる。

　**法務省ウェブサイト「模擬裁判をやってみよう」**　www.moj.go.jp/content/001209314.pdf

### 学習活動の流れとポイント

・教室を法廷に見立て、着席した状態で、役割の確認をする。被告人席の生徒に「傍聴席に人がたくさんいるけれど、見られる気持ちはどうですか」と問うと、「見られたくない」とたいていは答える。ほかの生徒にも同様に尋ね、「それはこう思っているからでは？」と、小道具として白と黒の画用紙で作った三角帽を取り出し、裁判官、検察官、弁護士に「白」、被告人に「黒」をかぶせる。司法官は法律のプロであり、正義という印象が強い。「しかし」と白を黒に、黒を白にする。「この場合だってあるんじゃないかな？」。戦前の裁判なども想起させ、傍聴者がいる＝公開であることが人権保障につながるのだということを示しておきたい。

・裁判員裁判であれば、殺人、放火、強盗傷害事件など重大事案について評決することになるが、教室でふつう実践する模擬裁判では、窃盗や過失傷害が事例として準備されることが多い。その分、被害者感情や加害者感情への思い入れはなく、「立証」に意識を集中させることができる。しかし、

学習用台本であるため、証拠はどちらともとれるあいまいなものに作られている。

・「推定無罪の原則」という考え方を先に示すと、「指紋も DNA も示されていないから」と無罪評決になりやすい。一度、生徒に判決を出させてから、「本当に有罪と判決していいですか？」と問い直して、この原則の意味について説明するほうがいいだろう。

## (2) 模擬国民審査をやってみよう

ある生徒のつぶやきが忘れられない。「最高裁判所の裁判官って、みんな頭いいんでしょ。東大や早稲田とか。私は頭が悪いから、この人たちに×なんて付けられない」。これでは、選挙の意味も、国民審査の意味も、何よりも「主権者」であることの意味も感じられないままだ。だから、衆議院議員総選挙にあわせて模擬選挙をおこなう場合は、国民審査もあたりまえに実践させたい。それができなくても、公報をもとに判断するトレーニングは必要だ。選挙公報とともに各家庭に届く公報は、文字も細かく難しそうで、判断を避けがちだ。そうならないための大切な経験だろう。

### 学習活動の流れとポイント

・国民審査公報は、各自治体の選挙管理委員会のウェブサイトに掲載されている。

・難しそうに見える公報だが、「関与した主要な裁判」の項を見ると、憲法や政治の授業で扱った内容から「この裁判、なんとなくわかる」と生徒が思える項目がある。「自分のわかる裁判に線を引き、この裁判官の意見や下された判決から、続けてほしい裁判官かどうかと考えてみよう」と促す。裁判は、私たちの人権が保障されるかどうかが問われる場であり、裁判官の多数意見が判決になる、という学習をふまえると、生徒なりに判断する。

・衆院選と同時に取り組む場合は、調査用紙を与え、書き込みながら考えさせることもできる。

・模擬審査用紙を渡すとき、「判断できますか？」と問う。判断ができないまま用紙を受け取り、白票で提出すると「やめさせない」という意思表示になることも教える。審査用紙には、自分なりに考えて判断したという自覚をもつためにも、理由欄を設けるとよい。

**国民審査の調査用紙（例）**

## (3) 裁判傍聴をはたらきかけよう

裁判の傍聴は誰でも、いつでもできる。普段はできないが、長期休業前などに「傍聴に行こう」と呼びかけたい。近隣の裁判所に問い合わせると、翌日開かれる裁判の時刻と概要がわかる。ただし、一人ひとりの人生や人権にかかわる厳粛な場なので、裁判所のウェブサイト等に示されている注意事項を事前に指導しよう。団体（10 人以上 40 人以下）で行く場合は 3 週間前までに団体傍聴の届け出を出す必要がある。9 人以下の場合は届け出の必要はない。

(平井敦子)

# 13 三権の抑制と均衡

1 時間

## ねらい

●日本の三権相互の関係について振り返り、三権分立がその機能を十分に発揮しているか、多面的・多角的に考察する。

●「憲法の番人」の語に着目し、違憲審査制の意義について理解する。

●国民主権の原理と立憲主義の理念を振り返り、主権者国民の政治への参画と責任について、多面的・多角的に考察し表現する。

## 授業の展開

（1）三権分立とその理念

黒板に、立法権、行政権、司法権が相互にかかわる項目（内閣総理大臣の指名、弾劾裁判、世論等）をカードにしたものをまとめて貼り、「これまで学習してきた国会、内閣、裁判所のはたらきを、三権分立の視点で考えてみよう」

黒板に描いた大きな三角に、各カードがどこにあてはまるか問いながら貼っていき、関係を整理する。

●「国政の権力を三つの組織に分けて持たせたのはなぜだろうか。昔は王様が一人で全部持っていた時代もあるけれど」（「専制政治はダメだから」「法律を勝手につくって押しつけたから」など）

既習事項の整理をしながら、三権分立の考え方を確認する。

〔三権分立〕立法、行政、司法の三権が互いに行き過ぎを抑制しあい、均衡を保つことで、国家権力がひとつの機関に集中することを防ぎ、国民の人権を守る。

「立憲主義について、あらためて確認しよう」

〔立憲主義〕主権者である国民が、憲法によって政治権力を制限し、人権を保障させること。

・立憲主義のもとに三権分立のしくみができあがっていることを確認。

「国家の政治権力を持つ立場の人や組織は、国民の幸福のためにたくさんできることがある。コロナ対策とか、防災とか。でも人権を奪うことも簡単にできる。だから歴史から学んで、三権分立の考え方が確立したんだね」

（2）三権分立は国民の期待通りにはたらいているのか？

●「三権分立のしくみがあることはわかった。しかし今、本当にバランス

のよい権力の抑制と均衡になっているのだろうか？」と、ホワイトボードをグループ（4人程度）に渡し、三権分立の実態を描くように課題を示す。

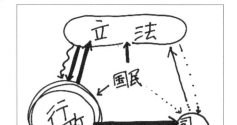

①三権それぞれの国民生活への影響力の大きさ

②国民の関心の高さや権力への影響力の大きさ

③権力間の影響力の強固さ、または弱さ

文字の囲みの大きさや矢印の太さ、権力間の距離などで表現させる。既習事項である、各権力の実態、データなどを教科書資料やノートで振り返りながら話しあいをすすめる。教師は机間巡視しながらアドバイスをおこなう。

・15分程度で、完成したホワイトボードを黒板に提示し、グループごとに図の意味や判断の理由を発表する。

「国民が声を上げても、内閣が無視してどんどん進んでいるから」「裁判官の国民審査への国民の関心が薄いと思う」「選挙も棄権が多くて、国民がしっかり考えて国会の代表者を選んでいない」「国会で多数をとった与党が政府と強く結びついて、野党が批判しても効き目がない」

共通して問題意識をもっている点を黒板に整理する。最後に、学習を通して考察した内容をワークシート等にまとめる時間をとる。

①現在の三権分立を図にすると（自分のイメージを描く）

②表現した図の意味を説明する

③これからの日本の政治で重要なことは何か、意見を書く

（3）政治の主権者は国民

最後に、政治単元の授業の時々で扱ってきた事例から、国民の政治参加のようす、署名運動や集会、デモなどの写真をいくつか紹介する（**資料1**）。

「多くの票を得て与党を形成し、その信任に基づいて成立した政府であっても、国民のための政治をするとは限らない。国民が常に政治に関心をもち、声を上げていくことが大切なんだ」とまとめる。

**資料1　さまざまな政治参加の方法**

国会前でのデモ

座り込み

署名活動

**留意点**

● 「世論」の作用については、教科書の図では行政権に対するはたらきに限定されるように見えるが、実際は三権すべてに影響が及ぶものであり、また、もっとも「国民主権」を具現するものでもある。生徒に多様な政治参画の意義を実感させたい。

（平井敦子）

# 私たちの生活と地方自治

## ねらい

● 自治体の役所・役場への疑似訪問体験を通じ、地方自治体の仕事や、国と地方自治体の役割分担について考える。

● 憲法の条文にある「地方自治の本旨」について考える。

## 授業の展開

(1) 地方自治体とは

●「みなさんの住む都道府県には、どんな役所がありますか?」(県庁、市役所、町役場など)

「そうですね。それぞれの役所が担当する都道府県や市町村の範囲で、地域の住民のために働く団体を地方自治体と呼びます」

(2) 地方自治体の主な仕事と国と地方自治体の役割

●「では、私たちの町(市、村)の役場を探検してみましょう。次のような用件で役場を訪れるとき、どこの窓口に行きますか?」と、生徒に役所のフロアマップを配付する。

用件①「みなさんの一家が町に引っ越してきました。家族は夫婦と中学生と小学生の子ども2人です。さて、新生活を始めるにあたって、どこの窓口に行きますか」

用件②「スズメバチが巣をつくっています。駆除をお願いするには?」

どの窓口に行けばいいかわからない人をサポートするユニークな部署の取り組み(**資料1**)を紹介する。

用件③「道路の街灯が壊れています。どこに連絡して直してもらいますか」

資料1　自治体のユニークな部署の例

| |
|---|
| 千葉県松戸市「すぐやる課」 |
| 東京都葛飾区「すぐやる課」 |
| 広島県安芸高田市「すぐやる課」 |
| 沖縄県石垣市施設管理課「すぐやる係」 |
| 千葉県習志野市「広報すぐきく課」 |
| 北海道札幌市「市民の声を聞く課」 |
| 千葉県船橋市「市民の声を聞く課」 |
| 芦屋市「お困りです課」 |

(2021年11月現在、各自治体ホームページで確認)

校区の市町村道、都道府県道、国道沿いの街灯の写真を用意して示す。まず市町村道の街灯が壊れている場合を考えさせる。役場のフロアマップの情報から、道路維持課に連絡することを発見させる。

答えがわかったところで、今度は国道の街灯の写真を提示する(国道とは言わない)。「この道路の街灯も壊れていました。どこに連絡しますか。さっき提示した道路とは違いがありますが、何でしょうか」(「この道路は国道だ」)

「国の道路政策は国土交通省が担当していますが、実際の管理は都道府県が担っています」道路の種類に着目させ、市町村道と都道府県道、国道

では所轄が違うため担当する役所が違うことに気づかせる。

● 「このほかにも、私たちの身のまわりで、地方自治体がおこなっている
　仕事にはどのようなものがあるか、フロアマップから探してみよう」
　（「公園などの管理」「戸籍の発行」「ゴミの処理」「上下水道」等）
　「これらの仕事は『自治事務』と『法定受託事務』の2つに分けること
ができます。自治事務とは、法律の範囲内で、自治体が地域の実情に合わ
せて自主的におこなう仕事です。法定受託事務とは、本来は国の仕事だが、
自治体がしたほうが効率的なものを国の代わりにおこなう仕事です」

(3) 憲法から地方自治について考える

● 「では、この『地方自治』という言葉を、日本国憲法と大日本帝国憲法
　の条文から探してみよう。そして、気づいたことを発表しよう」
　「日本国憲法では第8章に『地方自治』について書かれています」

> 第92条（地方自治の原則）地方公共団体の組織及び運営に関する事項は、地
> 　方自治の本旨に基いて、法律でこれを定める。

　大日本帝国憲法には地方自治の規定はなかった。戦前の中央集権的な政
治から民主的な政治に変わるにあたり、新しい憲法とともに、その規定を
受けて地方自治法が施行された。新たに「地方自治」という章立てをした
ということは、戦後の日本をどのような国にしていくかと考えたとき、地
方自治の制度が重要であると考えられたからにほかならない。「地方自治
は、日本国憲法になって初めて認められた国民の権利なんだね」

(4)「地方自治」とはどういうことか考える

　「19世紀イギリスの法学者で政治家でもあったジェームズ・プライスは
『地方自治は民主主義の最良の学校である』と述べています。地方自治の
本旨に着目して、『民主主義の学校』と言われるのはどうしてか考えよう」
　地方自治は住民の暮らしに直接つながる身近な問題を扱うので、住民も
関心をもちやすい。その地方自治に参加することで、住民が自分たちで自
分たちのことを決める方法、つまり民主主義を学ぶ場となる。この積み重
ねによって主権者意識が高まることが、国政に参加する基礎となる。

> ### 留意点
>
> ● 役場にはどのような窓口があるのか、フロアマップ等を利用して具体的
> 　にイメージさせ、地方自治体が住民の身近な問題に関する多くの仕事を
> 　していることを実感させる。
> ● 憲法に規定された「地方自治の本旨」とは、すなわち、国の行政が地方
> 　自治に介入したり、地方自治を踏みにじる法律が中央で制定されたりし
> 　ないように憲法が守っていることであることに気づかせる。（片岡鉄也）

参考文献
村林守『地方自治のしくみが
わかる本』（岩波ジュニア新
書）

# 15　地方自治のしくみ

## ねらい

● 地方自治体のしくみについて、国政と比較しながらその特色（二元代表制）を理解する。

● 住民投票の意義について考え、地方自治に住民が参加することによって住民本位の自治体になっていくことを実感させる。

## 授業の展開

(1) 地方自治のしくみを考える

● 「地方自治体では、どのような人が仕事をしていますか」

教科書の「地方自治のしくみ」や「地方議員や首長の選挙」の図を活用し、地方議員や首長の被選挙権や任期を確認する。

● 「地方自治と国政のしくみの共通点や違いは何ですか」と、教科書の「議院内閣制」の図と先の図を比較させる。

(2) 住民の意見と首長・議会の意見が対立した場合を考える

● 「この写真（資料1）は、1996年の新潟県巻町のようすを撮影したものです。住民が何をしているところでしょうか」（「『賛成に○』『原発反対』と書いてある」「何か地域の大事なことを選挙で決めようとしている」）

1971年に東北電力が巻町に原発建設計画を発表。その後20年間も建設は凍結。しかし、1994年に新しい町長が建設再開を推進。議会も建設推進派が多数を占めていた。1995年、住民は「原発建設という町の将来を決める問題は自分たちの意思で決めたい」と、自主管理による住民投票を実施。

「結果はこのようになりました」

資料1　巻町の住民投票

（毎日新聞社）

**自主管理**
条例に基づいた住民投票ではなく、住民の有志が自ら運営する形で住民投票をおこなうこと。

| | |
|---|---|
| 投票総数　10,378票（全有権者の45.5%） | |
| 建設反対　9,854票（投票総数の95%） | 建設賛成　534票（同5%） |

しかし、町長は自主管理による住民投票の結果を認めず、原発建設をすすめようとする。「住民は、住民投票の結果を認めない町長に対して、どのような行動をとったでしょうか」と問い、教科書掲載の「住民の直接請求権」を参考にして、住民が自分たちの意思を町政に反映させるために、どのような行動ができるか考える。（「町長選挙や町議会選挙で建設に反対する人を当選させる」「建設の是非を問う住民投票条例制定を求める」）

（3）実際の住民投票（直接請求権）の行使について考える

「建設に反対する巻町の住民は、町長の解職請求（リコール）を求める直接請求に訴えた。どのようにしておこなわれたのだろうか」

巻町では町長の解職請求に必要な署名数（全有権者の3分の1）を大きく上回る1万231票が集まった。町長はリコールに関する住民投票の前に辞職。続く町長選挙で原発反対派の町長が当選し、原発建設の賛否を問う住民投票を96年に実施した。「住民投票の結果はどうだったでしょうか」

```
投票総数  20,503票（全有権者の88.29%）
建設反対  12,478票（61%）    建設賛成  7,904票（39%）
```

住民投票の結果を受けて町長が建設に不同意を表明。しかし、議会側には原発賛成派が多いために混乱はさらに続いた。町長は一貫して原発反対を貫き、原発建設予定地の町有地を反対派に売却。その後の町長選挙でも再選され、2003年、東北電力は巻町原発計画を断念した（**資料2**）。

資料2　巻原発をめぐる住民投票の経緯

デジタル資料集

（4）住民投票の意義と限界とは何か、住民投票に否定的な意見から考える

〈住民投票に否定的な意見の代表例〉

・住民投票で示された民意と議会の意思の間で「ねじれ」が生じるのは、選挙で住民が自分の考えと一致した議員を選んでいないからである。

・住民には政治について判断する力量はないから、選挙で選ばれた代表者に任せるべきである（衆愚政治論）。

選挙では個別の論点ではなく地方政治全般についての議員の見解や公約に基づいて有権者は投票する。住民投票で示された個別の論点に対する有権者の意思と議会の総意が異なったとしても、結果を議員が尊重すれば「ねじれ」は解消する。民意がより反映されるよう議会政治を修正する役割が住民投票にはある。

「衆愚政治論」には、巻町住民が原発問題について学習会を重ね、自分たちの意思で政治を変えていけるという意識が芽生えてきたことを紹介し、この積み重ねが主権者意識の確立につながることに気づかせたい。

**留意点**・・・・・・・・・・・・・・・・・・・・・・・・

● 巻町は、住民投票による住民の意思と議会の意思のねじれを解消することはできなかったが、住民が原発建設について学び、地方自治に影響を与える「直接請求権」を行使することを通して、責任をもって自分の地域のあり方と向きあった。その民主主義の息吹を実感させたい。

● 今の日本は、国会や地方議会で民意が軽視され、住民も主権者意識が薄れ「傍観的」民主主義になっている。議会政治の形骸化に抗うことこそが「民主主義の学校」である地方自治の意義であると気づかせせたい。

（片岡鉄也）

**参考文献**
今井一『住民投票——観客民主主義を越えて』（岩波新書）

# 16 地方財政のしくみと課題

1 時間

## ねらい

● 地方財政の課題について、地方分権と関連づけて理解する。

● 自分たちの住んでいる自治体の現状を知り、より良くする方法を考える。

## 授業の展開

（1）学級の人数から地方分権を考える

● 「中学1年生のとき、1学級の定数は何人だったでしょうか？」

公立小中学校の学級人数の上限を定めた義務教育標準法が改正され、2021年度から段階的に35人学級化をすすめていくことが決まった。

「学級人数の上限は国が法律で定めている。来年度から小学校の学級人数は35人と決まった。中学校は40人で変更なし。でも自治体によってはすでに35人学級が実現していたところもあった。それはどうしてだろう」

学校所在地の自治体が、独自の少人数学級を導入していればその事例を活用。「1クラスの人数が少ないほうがきめ細かく教育が行き届くから、各自治体で独自の定員を決めたんだ」

「国がおこなってきた仕事を地方自治体に移す『地方分権』がかかげられ、1999年に成立した地方分権一括法によって加速されました」

（2）地方財政のしくみ

● 「少人数学級が実現すると、学級の数が増えるぶん先生の数も必要になる。先生の給料は誰が負担するのだろう？」

教職員の給与の財源から、地方財政のしくみを説明する。

・地方税 …住民税など地方に入ってくる税金
・地方交付税交付金 …国から地方に配分されるお金
・国庫支出金 …国の仕事をするためのお金
・地方債 …財政不足を補うための地方自治体の借金

市町村公務員である公立義務学校の教職員の給与は2分の1が国庫負担（1953年義務教育費国庫負担法施行により現行の義務教育費国庫負担制度が開始）。1学級40人の学級人数（学級編成標準40人）はあくまで教職員数の算定のためで、自治体は、学級編成基準を何人にするかを自由に決定できる。それを下回る学級編成基準にする場合（たとえば35人）、増えた教職員の給与は都道府県が負担する。

地方分権一括法の制定により、地方自治体が1学級の人数や教職員の数

を弾力的に運用できるようになった（地方分権改革による教育行政の改革→自治体の裁量権限拡大）。

「三位一体の税財政改革」（2002年6月閣議決定）で、①自治体への税源の移譲、②地方交付税交付金制度の縮小、③国庫補助負担金の廃止・縮小（教職員給与の2分の1が交付されていたが3分の1に減額）。①での税源移譲はあったが、②③の交付金の削減、さらに法令と財政によって国が決めた仕事をおこなうという地方自治のあり方（「集権的分散システム」）は変わらず、財政的にも「3割自治」を改善し、地方分権を推進していくという進展はみられなかった。

(3) 地方財政の課題について考える

● 「35人学級が中学校ですぐにすすまない理由を、教科書のグラフ『地方自治体の歳入』の中の『地方税』に着目して考えよう」（「地方税の税収が歳入全体の半分もない」「国からの補助金が多い」「借金をしている」）

・地方自治体の歳入のうち、自主財源である地方税を増やしていくために「ふるさと納税」制度が2008年に始まった。この制度は、自分が選んだ自治体に寄付すると、2000円を超えた金額が所得税や住民税から差し引かれ、さらに金額に応じた返礼品を受け取ることができる。課題として、寄付金を集めるために高額な返礼品を贈る自治体が増えたり、税収が減る自治体が発生したりした。

・ふるさと納税以外に、各自治体を統合して財政を大きくし、仕事を効率的におこなうという趣旨で、市町村合併もすすめられた。

(4) 地方財政の健全化について考える

● 「自分たちの住んでいる地方自治体の予算を広報紙などで調べて、財政が健全かどうか考えよう」

自治体の歳出の割合はどのように変化しているか。また、なぜそのように変化したのか考えさせる。次に、私たちの自治体では、歳出のどの項目を重視した歳出をすべきか、どの項目を増やしどの項目を削るか。また、住民の生活にどのような影響が起こるのか。地方債や国からの補助金への依存度を減らすためにはどうしたらいいのか等、地方財政について自ら考えることで主権者意識を高めたい。

<br>

> **留意点** ....................................................

● 自分の住む自治体の財政状況を知ることにより、住民自身が自治への関心を高め、主体的に参画できることがないかと考えさせ、「地方自治は民主主義の学校」ということを実感させる。

● 地理的分野で学習した「町おこし」「伝統産業」「地場産業」、公民分野の「現代社会の特色」など、他の分野と関連づけさせながら地域の課題について考える。　　　　　　　　　　　　　　　　　　　　　（片岡鉄也）

# 地方自治への参加　防災ハザードマップを利用した
フィールドワークを生かした災害図上訓練（DIG 学習）

## ねらい

●全国各地で頻発する自然災害における地域の課題について、地域で生活するすべての住民が自分自身の身を自分で守る（自助）力を高めたり、同じ地域に暮らす人びとがすすんで助けあったり（共助）しながら、地域の防災にあり方に主権者として参画する力を育む。

●地域に暮らす住民の一人として、すすんで地域の人びとと助けあう「共助」の意識を高め、地域の主権者としての自覚を芽生えさせる。

## 授業の展開

（1）課題把握～身近な地域の課題を探す

●「学校周辺では、どのような自然災害が心配されますか」（「海のそばなので津波が心配」「昨年の豪雨のとき近くの川が増水したので氾濫の恐れがある」）

「2年の地理で学習したハザードマップ学習を復習して、このまちではどのような自然災害が発生するか予想しよう」

---

ハザードマップ学習～フィールドワークで地域を歩く（中学2年・地理的分野で学習：2時間）

●「ハザードマップで示されている災害時の被害発生が予想される場所を実際に歩いてみよう」

　　地理情報システム（GIS）の専門家を外部講師として大学から招き、学校周辺のハザードマップを手に実際に校区を歩きフィールドワークをおこなう。そのとき可能ならば地域の住民と一緒に歩くと、生徒の減災意識の中で自分以外の人びとが視野に入り、より「共助」の意識が高まる。

　　ハザードマップの浸水予測地点で、ワークシート（資料1）の予測地点の建物写真に津波の浸水深と浸水開始時間を書き、浸水状況から周辺の津波の危険性や避難時の課題を記入。

　　「津波が来ると6メートルの浸水があるとハザードマップに書いてあったけど、こんなに高いんだ」「北海道胆振東部地震で使用した避難所は、川からこんなに近いんだ」「北海道胆振東部地震が発生したとき、この道路は避難する車で大渋滞していたから、避難するとき歩行者が道路を渡れない」

〈ハザードマップを活用したフィールドワークのポイント〉

被害のイメージをつかむ

・ハザードマップを野外で見ることで、想定される被害がイメージしやすくなり、防災意識が高まる。記載された6メートルの浸水という表示は、6メートル水位が上昇することを意味し、実際の津波の高さは6メートルを超えたものとなる。現地で実際にスケールで測ると生徒はイメージができ、実際の津波の高さはハザードマップの表示よりもっと高いことに驚く。

・津波はどの方向から来るか。逃げる場所がどちらの方向かわからない。特に都市部では津波は道路を流れ込んでくるので、地図だけではどちらから流れ込んでくるかわからない。

記載例）中央通交差点の周辺

① 想定される津波の浸水深　　　①3.5　m

② 想定される津波の浸水開始時間　②46　分　　　　　　地盤高　海抜＿＿＿＿＿m

③ 下の建物写真に、津波の浸水深（地盤からの高さ）を書きこもう。校舎の1階の高さや自分の身長と比較してみよう。

③地面から3.5mに津波を描く

3.5m

④ この場所の周辺で、地震や津波で危険となるもの、避難の問題点などをメモしよう

④・家の1階まで津波がくる。
　・この周辺では津波の流れによって家が倒壊するかもしれない。とても危険。
　・避難するときは、家の2階ではなく、安全な場所まで逃げることが必要。

デジタル資料集

(2) 課題探究〜避難経路のリスクを確認

「どこに」「どのような方法」で逃げるか。過去の災害で液状化現象があった地域は自動車が使えない。避難経路のリスクを確認し、他のルートも検討しておく。ハザードマップを読むとは「土地を知ること」であり、自然環境がどういう環境かを知ることである。現地に行って実際の避難方法を想定した上で、対応できることを考えていく。

(3) 意思決定〜自分たちにできることを考える

● 「ハザードマップを使って実際に見てきた地域の災害時のイメージをもとに、どのような避難行動をとればいいか考えよう」

生徒のほか地域住民や自治体の防災担当者にも参加を要請して、災害図上訓練のひとつであるDIGを実施。フィールドワークによる情報（「地域の自然条件」「災害発生時の危険」等）に「校区の世帯数」や参加住民に聞いた「世帯の年齢構成」等の情報を重ねあわせ、以下のことについて考える。

①避難時に注意すべきことは（危険な場所や二次被害）
②避難場所や避難経路
③避難場所までの所要時間の計算（GPSを活用した避難訓練）
④避難場所と避難経路が適切であったか全体で検証
⑤避難途上での高齢者、障がい者、外国人など災害弱者の救助

**DIG（ディグ）**
参加者が地図を使って議論しながら、災害が発生した場合の適切な避難行動等を考えるアクティビティのひとつ。Disaster（災害）Imagination（想像力）Game（ゲーム）の頭文字に由来。

**GPS活用避難訓練**
勤務校では、北海道立総合研究機構北方建築総合研究所の協力で、津波からの集団避難における避難速度を知るために、生徒や高齢者装具を装着した生徒、車いす役生徒、リヤカー牽引生徒に分け、それぞれに計測器（GPS）を身につけて避難訓練を実施。避難速度を明らかにするとともに、今後の津波対策に反映させた。

（4）提案・参画〜地域の住民としてまちの防災に参画する

●「自分たちの考えたまちの防災について、実際に自治体に提案していこう」

・「津波から避難するための高台がない」「津波避難タワーを造る必要はないか」「どこに造る？」「高齢世帯が多い地区にまず造ろう」「予算はいくらかかる？」

・「今の避難所は大きな川の近くなので河川津波が心配。町に避難所の再検討を要望しよう」

・「外国から働きに来ている人たちへの避難情報の提供が必要だから、防災無線は外国語でも放送しよう」

　災害に強いまちをつくるにはどうすればいいか考える際に、生徒一人ひとりに住民役、災害弱者、政府関係者、自治体職員などの役割を与えて合意形成を疑似体験（ロールプレイ）させるのもよい。

> **留意点**

●災害における被害には、そこでどのような人間活動がおこなわれているかが影響してくる。そこで、災害に強いまちづくりを考えるときには、地理的分野で扱った「自然環境」の面（山間部なのか平野部なのか等）と「人間生活」の面（人口、年齢構成、農業地域か市街地か等）の両面から考える。

●フェーズフリーの視点を取り入れた日常からの防災教育（2年次）と、地方自治における主権者教育（3年次）を関連させた2年間のプログラムを考える。

●SDGsの目標11である「住み続けられるまちづくり」には、安全で災害に強い都市をつくること、災害があっても早く回復できる持続可能なまちづくりという視点があるので、SDGs学習とも関連させて学習をすすめられる。　　　　　　　　　　　　　　　　　　　　　　　　　　　（片岡鉄也）

**フェーズフリー**
"備える防災"から発想を変え、「日常時」と「非常時」という2つの時間（フェーズ）を分けて考えずに防災教育をすすめる考え方。毎日の授業に取り入れることができ、別の授業を設定するなどの余分な授業時数を必要としない。
（実践例）地理的分野「日本の地域的特色と地域区分」の「さまざまな自然災害」「防災から減災へ」等

**ハザードマップ以外の地域防災地図の活用例**
北海道では「北海道土砂災害警戒情報システム」で、校区の土砂災害警戒区域等を示した地図が作成できる。土砂災害等が予想される地域では、同様のシステムがないか各自治体に問い合わせてほしい。

**参考資料**
NHK 大分放送局「おおいた減災スクラム　ハザードマップ徹底解剖　佐伯市編」　www.nhk.or.jp/oita/scrum/saiki.html
大学と連携したハザードマップ活用の防災フィールドワークの参考番組。

**北海道土砂災害警戒情報システム**　www.njwa.jp/hokkaido-sabou/others/displayDesignatedMap.do?area=0

**『いつもともしもがつながる学校のフェーズフリー』** 鳴門市教育委員会発行
www.ccn.yamanashi.ac.jp/~yhada/_userdata/PFforSchool.pdf

**DIG 学習の指導者手引**
岐阜県防災課　www.pref.gifu.lg.jp/uploaded/attachment/19217.pdf
静岡県地震防災センター　www.pref.shizuoka.jp/bousai/e-quakes/manabu/dig/

**IV**

# 私たちの暮らしと
# 経済

# 1 私たちの暮らしと経済

1 時間

## ねらい

● 「経済」という言葉がどのような意味をもつかを言葉の由来から考え、経済の概念を知る。

● 生徒が抱いている経済に対するイメージを視覚化し全体で共有する。

● 分野として最初の授業でもあるため、経済の概念や歴史をしっかりと知る機会とする。

## 授業の展開

(1) 「経済」とは何か？

　3年生で公民分野を学ぶようになり、生徒にとっては新たな発見とチャレンジが始まる。そこで出会うのが「経済」という分野である。まずはじめに、生徒に「英語」とはどのような教科かを問い、「英語」という言葉を用いて教科の概要を説明させる。おそらく「英国（イギリス）の言葉を習う教科」「英国で使われている言葉」といったように、教科名から学ぶ内容をおおよそ説明できるだろう。同様に、他教科においても多かれ少なかれ教科名からその概要を推測できる（国語→「国の言葉、国の言語を学ぶ」数学→「数について学ぶ」音楽→「音を楽しむこと」体育→「体を育むこと」など）。では、「経済」とはいったい何を学ぶ分野なのだろうか。「経済」という言葉を用いて説明するよう促したとき、どれくらいの生徒が答えられるだろうか。もしかすると、こちらが予期しない回答が出てくるかもしれない。

(2) イメージを視覚化しよう

　ICTで「メンチメーター」や「ロイロノート」を活用し、他の生徒と考えを共有すると同時にイメージを視覚化する。そうすることによって、自分と他者との考えを容易に比較することができる。

　この問いかけでは、「お金」「株」「難しい」「大人が決めるもの」などが出された。多くの生徒にとって経済のイメージは「難しく、お金にかかわっており、子どもには関係のないもの」といったイメージが先行していることがわかる。

　まずは、他者がどのような認識でいるのかを共有することで、生徒が抱く「経済」のイメージを一般化してみる。メンチメーターでは記入されたキーワードの数によって、大きさが変わるためイメージが視覚化しやすい。

メンチメーターによるキーワードの視覚化（例）

▶▶ Mentimeter
www.mentimeter.com/

▶▶ ロイロノート SCHOOL
https://n.loilo.tv/ja/

下の例の場合、「お金」と回答した生徒が一番多いことがわかる。生徒も楽しみつつ自分の意見が述べられるため、使いやすいアプリである（ウェブからも活用できる）。

(3)「経済」の由来を知る〜「エコノミー」と「経世済民」

　「経済」は英語で「Economy」である。では、エコノミーとはどういった意味をもつのだろうか。エコノミーの語源は古代ギリシア語の「オイコノミア」に由来する。これは「オイコス（家）」と「ノモス（秩序・管理）」からできた言葉である。ここから、「経済（Economy）」が家族や家畜、食料や衣服など生活にかかわるものを秩序立てて運営するという意味から来ていることがわかる。

　一方、「経済」の直接的な語源になっているのは中国の古典に登場する「経世済民」である。この言葉は「世を経め、民を済う」を意味し、為政者の政治や統治を表す言葉である。そのため、「金融政策」や「財政政策」といった生徒にとってなじみの薄いイメージになっていると考えられる。

(4) この1週間、どのようなことにお金を使っただろうか？

●「あなた（の家）は、最近どのようなことにお金を使っただろうか？
　ノートに10個書き出してみよう」

　自分自身が何にお金を使ったか（消費）をまわりの生徒とも共有させる。個人的なことを共有しにくい場合はメンチメーターやロイロノートを使いクラスで共有させる。また、お金を使って「財」や「サービス」を得ることを意味する「消費」という言葉も押さえておきたい。このように、私たちの身のまわりに経済があるということを認識させて本時を終える。

---

**留意点** ........................................

● 経済には大きく分けて二つの見方がある。ひとつは「家計」という意味での経済である。これは、生徒一人ひとりにとって身近な経済である。もうひとつは、「経世済民」の言葉にも表されている政治としての経済であり、消費者（家計）や生産者（企業）が利益を追求するものである。私たちがよく使う「経済」には後者の意味合いが強く反映されており、生徒にとっては「難しい」「大人がすること」といった印象を与えがちである。

● 本時では、身近なところに経済があることを理解してもらうために、「経済」という言葉の概念を詳細に伝えるところから始めたい。（青木潤一）

# 2 私たちの消費生活

## ねらい

- 前時で取り上げたように「エコノミー」には家計の意味がある。そこに着目し、日々どのようなモノやサービスにお金が必要かを考える。そのために自分自身のオリジナルな家計を創り出すワークに取り組む。
- ICTを活用して、実際の仕事探し（第14・15時に関連づけてもよい）や部屋探し、消費行動（3〜5時に関連づけてもよい）を体験する。
- 生徒にとって、「一人暮らし」は憧れと同時に不安をともなう。どのようなモノやサービスが必要になるのか、考え想像することから経済への興味・関心を引き出す。

## 授業の展開

（1）一人暮らしを体感してみよう

　まずは、お金を得るために必要なことは何かと生徒に投げかけてみる。多くの生徒は「働く」ことの対価としてお金が得られることを認識している。もしかすると、資産運用や株式投資といった回答があるかもしれないが、これらも大切な事柄であるため今後の時間で取り扱うことを伝えると、より興味関心が広がる。

　今回は「働く」ことに焦点を当て、どのような仕事についてみたいかを生徒に考えさせる。仕事を探す際には、「やりたいこと優先」でも「収入優先」でも構わない。今回はいかに収入を得るかがポイントのため、「労働」や「職業」の詳細は今後の時間で取り扱うこととする（今後の授業に生かすための伏線としてもよい）。

①仕事を探そう：求人サイトに掲載された仕事の例を紹介する。実際にどんな仕事があるかを検索させ、時給を調べさせる。ネットが使用できなければ、新聞広告やフリーペーパーを事前に用意して選ばせる。

②収入はいくら？：1日の労働時間を8時間として、月に21日（週休2日）勤務として時給換算をさせる。労働基準法に関する内容も今後の授業で扱うことだけ伝える。

③収入に見合った部屋を探そう：収入額が確定したところで、その収入に見合った部屋探しをする。こちらもネットが使用可能なら部屋探しサイトから検索。または賃貸物件のチラシなどをコピーして使う。家賃の相場は収入の3割程度といった一般的な情報を伝えることで、生徒はリアリティをもって取り組める。

④収入と家を発表してみよう：収入と住む家が決まった
時点で、それぞれをプリント（**資料1**）にまとめさせる
（ロイロノートが使える場合は、そちらのほうが視覚的
にも、他の生徒と共有する上でも効果的）。

（2）自分たちの消費活動を知る

　一人暮らしを想像することで、自分たちの消費活動を知り、
どのようなモノやサービスが売り買いされているかを認識さ
せる。ここでは、普段は意識しない家や光熱費といった、身
のまわりのさまざまなものに値段があることを認識させる。

（3）収支を考える

　自分たちで設定した収入の範囲内で、どのようなモノ
に支出するのかを考えさせる。（2）を参考にしながら、1
日の食費、交際費など思いつくかぎり支出項目を出させる。
あくまで仮想の設定のため、細かな設定は省く（日用品は
一定ある状態を想定）。ここでグループワー
クなどをおこなえば、「携帯代はいくら？」「ど
んな部屋に住むの？」といった一人暮らしの
想像で生徒たちは盛り上がるだろう。

（4）資料を活用し、どのような消費行動が必
　　要かを知る

　家計調査の収支項目分類一覧（**資料2**）を
確認し、自分たちで作った収支と見比べさせ
る。自分で作成した収支には何が足りていな
いのかを生徒に認識させる。ここで、あらた
めて自分たちの生活にはさまざまなサービス
や財が不可欠であることを知らせたい。

**資料1　一人暮らしの家計を考える（例）**

**資料2　「家計調査」収支項目分類一覧の一部**

| | | |
|---|---|---|
| 教養娯楽 | 教養娯楽用耐久財 | テレビ　パソコン　ビデオレコーダー・プレイヤー　カメラ・ビデオカメラ　楽器　学習机・いす |
| | 教養娯楽用品 | 文房具　運動用具類　音楽・映像用メディア　ゲーム機　ゲームソフト　がん具　ペットフード　園芸用品 |
| | 書籍・他の印刷物 | 新聞　雑誌　書籍 |
| | 教養娯楽サービス | 旅行費　月謝（習い事） |
| | 他の教養娯楽サービス | NHK受信料　映画・演劇入場料　スポーツ観覧料　文化施設入場料　写真代　ゲーム代　インターネット接続料 |
| 交通・通信 | | 通勤通学定期代　鉄道運賃　バス代　タクシー代　自動車関係費（ガソリン代　自動車購入費　駐車場借料）　通信費（郵便料　固定電話・携帯電話通信料　運送料） |
| 教育 | | 授業料　教科書・参考書教材　補習教育（塾） |
| その他 | | 理美容サービス　温泉・銭湯入浴料　シャンプー　歯磨き　化粧品　傘　かばん　腕時計　装身具　たばこ　祭具・墓石　介護サービス |

（総務省資料 http://www.stat.go.jp/data/kakei/koumoku/pdf/bunrui22.pdf より）

---

**留意点**

● 本時は「価格のはたらき」「労働と労働者の権利」「市場経済と企業」な
　どさまざまな要素が入っているが、あくまで消費生活に焦点を当てたい。
　仕事選びや部屋探しは楽しみながらも、時間をかけずに選ばせたい。

● 本時のプリントは今後の単元でも利用できるため、ポートフォリオとし
　て活用したい。たとえば、「みなさんが選んだ仕事の時給は最低賃金法
　に違反していないだろうか？」「その働き方は、労働基準法ではどうだ
　ろうか？」「その部屋の家賃は高すぎる（安すぎる）のか？　需要と供
　給は？」といったように、何気ない選択にも「経済」が隠れていること
　に気づけるようにしたい。単元ごとを細切れに教えるのではなく、連続
　性と必然性を意識させたい。
　　　　　　　　　　　　　　　　　　　　　　　　　　　　（青木潤一）

# 消費者の権利

## ねらい

●消費者問題が誰にでも起こりうる問題だということを実感する。

●消費者を守るための制度についての正しい知識を得る。

●生徒たちが 18 歳になる 3 年後には、自分で契約を結ぶことのできる立場になることを理解し、自立した消費者となる意識をもつ。

## 授業の展開

(1) 契約とは何か？　身近な契約行動を理解しよう

〈目標〉日々の生活の中で、中学生でも契約をしていることを実感させる。

●「契約って何だろう？」右の①〜⑥のどれが契約にあたるかを考えさせる。
　答えは、①〜⑥すべてが契約！　原則として、いったん締結した契約は守らなければいけない。

(2) 人は無意識で選ばされている？〜「買わせる」テクニックと悪徳商法

〈目標〉広告やキャッチコピーに使われる心理テクニックを体験し、知らず知らずのうちに「買わされている」「選ばされている」可能性を知り、買い手の弱みにつけ込んだ悪徳商法があることを理解させる。

●「広告や話術による『買わせる』テクニックの例を体験してみよう」

①カリギュラ効果：禁止されるとかえって興味をかきたてられ、逆の行動に走るという心理現象。(例)「ここから先は絶対に読まないでください」と言われると逆に興味が出てきませんか？

②フレーミング効果：ものごとを表現する枠組み（フレーム）を変えることで与える印象が変わる。(例)「健康成分 1000mg 配合‼」と「健康成分 1g 配合‼」どっちを買いたくなりますか？

　インターネット広告で、こういった表示を見たことがないかを生徒にも聞いてみる。こういった手法を巧みに使われれば、自分も不当な契約を交わし、消費者問題の被害者になる可能性があることを理解する。

〈悪質商法の例〉

①キャッチセールス：アンケートを装って、話し込んでいるうちに商品や会員権などを買わせる。

②デート商法：出会い系サイトなどを利用して、好意を抱かせて最終的に商品を買わせる。

③マルチ商法：「友達を誘って会員を増やすとその分もうかる」などと言って商品を買わせる。

①コンビニでノートを買った

②美容院でヘアセットをしてもらった

③電話で宅配ピザを注文した

④スマートフォンのゲームで課金アイテムを買った

⑤アルバイトに採用されて働くことになった

⑥友達に頼まれて教科書を貸した

●「なぜ、こうした消費者問題が起こってしまうのだろうか？」

〈情報の非対称性〉売り手のみが専門知識と情報を有し、買い手はそれを
　知らないというように、情報と知識の共有ができていない状態。

(3) 消費者を守るシステムを知っておこう！

〈目標〉誰にでも起こりうる消費者問題から、消費者を守るしくみとして
　のクーリングオフ制度や法律・相談機関などを理解させる。

〈消費者を守る制度・法〉

①クーリングオフ制度：いったん契約を結んだ場合でも一定期間内であれば
　解消できる制度。「頭を冷やして（Cooling）考えてみたら、やっぱやめた」

〈クーリングオフを利用する際の注意点〉

・かならず書面で（記録が残るように）

・クーリングオフの意思を発信した時点で有効（期間内に発信すれば成立）

・クーリングオフできないものもある（例：店舗に出向いて購入したも
　の・飲食店やカラオケの利用・使用した化粧品や健康食品等）

②製造物責任法（PL法）：商品の欠陥によって消費者が損害を受けたとき
　に、製造業者の過失の有無にかかわらず製造業者に責任が課される。

③消費者契約法：クーリングオフ期間を過ぎてしまったり、クーリングオ
　フの権利がない場合でも、悪徳業者に関しては一定期間内であれば消費
　者の主張で契約の取り消しができる場合がある。業者や店側に一方的に
　有利な契約条項については、それに関する部分が無効となる。

④消費者庁・消費生活センター：消費者庁は消費者行政の司令塔として消
　費者事故情報を一元化し、消費者への注意喚起をおこなう行政機関。消
　費者教育の教材も提供している。地方公共団体の消費生活センターは、
　消費者からの相談や苦情を受けて助言や斡旋をおこなう相談機関。

生徒の住んでいる場所の近く
の消費生活センターを調べる
のもよい。

(4) 最後に「賢い消費者」について考えさせる

〈目標〉「理解できないならお金を出してはいけない」ことを理解させ、「賢
　い消費者」の心得を考えさせる。

　「18歳で成人になると、みなさんも契約の当事者として保護者の同意な
しにローンやクレジットカードの契約ができます。賢い消費者になるため
に大切なのは何だと思いますか？　今日の授業をふまえて考えてみよう」

---

[　留意点　]・・・・・・・・・・・・・・・・・・・・・・・・・・・・

●最後の問いに対する意見を共有し、18歳で契約当事者になる意識をも
　たせたい。若者のする契約のすべてが悪いわけではなく、知識をつける
　ことの重要性を理解させたい。

●「売る側」と「買う側」それぞれの視点で考えるために、実際起こり得
　る契約現場を再現したストーリーを作り、それぞれの立場で演じてみる
　のもよい。　　　　　　　　　　　　　　　　　　　　　　　（藤川　瞭）

参考資料
中学生向け消費者教育教材
「消費者センスを身につけよう」
（消費者庁）
www.caa.go.jp/policies/
policy/consumer_education/
public_awareness/teaching_
material/material_004/

「社会への扉── 12のクイズ
で学ぶ自立した消費者」（消費
者庁）
www.caa.go.jp/policies/
policy/consumer_education/
public_awareness/teaching_
material/material_010/
student.html

中村和正『買わせるの心理学』
（エムディエヌコーポレーシ
ョン）

# 消費生活を支える流通

## ねらい

● 生産者から消費者の手に商品がどのように届くかを考え、説明することを通して、商品の流通の大まかなしくみを理解させる。

● 流通の過程で、売り上げを伸ばすために生産者や販売者がどんな工夫をしているかを、身近な事象から理解させる。

## 授業の展開

(1)「モノを買う」を考える

●「最近、何をどこで買ったか」を生徒に質問し、答えを交流する。

　生徒の経験だけでは広がりがないので、できれば事前に家の人に聞いてこさせる。多くがスーパーやコンビニなど「小売店」と分類される店で購入していることを確認し、小売店がモノの流通と私たち消費者の生活を結びつけていることを知らせる。

(2) 消費者はどんな店を利用しているのだろうか

●「日本の小売業の売り上げベスト15(**資料1**)を見てみよう。私たちがよく利用する小売店はあるだろうか。利用したことのある小売店に〇を付けてみよう」

　1位のイオンはスーパーだけでなく、ホームセンターの「マックスバリュ」、コンビニの「ミニストップ」などを傘下に置き、2位のセブン & アイ・ホールディングスはコンビニの「セブン - イレブン」、スーパーの「イトーヨーカ堂」、百貨店の「そごう」「西武」、レストラン「デニーズ」などのグループ企業を含む。3位のファーストリテイリングは言わずと知れた「ユニクロ」である。身近な小売店を挙げて確認したい。

(3) 生産者からどのように商品が届くのかを説明する

　「キャベツは農家で作られ、トラックで運ばれてスーパーに届く」「スニーカーは工場で作られ、お店に届き、ネットで購入して、宅配業者が届けてくれた」などの声が挙がったら、一般的な流通のしくみについて**資料2**を見ながら確認する。最近は、大型スーパーなどの大規模小売業者が生産者から直接仕入れたり、消費者が生産者から直接購入したりするパターンも増えている。

(4) モノが流通する過程にかかわる仕事を考える

●「生産者から私たちにモノが届くまで、流通という観点からどんな仕事

資料1　小売業売上高ベスト15（2020 年）

| 順位 | 小売店名 | 売上高 |
|---|---|---|
| 1 | イオン | 8.6 兆円 |
| 2 | セブン & アイ・ホールディングス | 6.6 兆円 |
| 3 | ファーストリテイリング | 2.0 兆円 |
| 4 | パン・パシフィック・インターナショナルホールディングス | 1.6 兆円 |
| 5 | ヤマダホールディングス | 1.6 兆円 |
| 6 | 三越伊勢丹ホールディングス | 1.1 兆円 |
| 7 | 髙島屋 | 9190 億円 |
| 8 | エイチ・ツー・オーリテイリング | 8972 億円 |
| 9 | ウエルシアホールディングス | 8682 億円 |
| 10 | ビックカメラ | 8479 億円 |
| 11 | ツルハホールディングス | 8410 億円 |
| 12 | イズミ | 7443 億円 |
| 13 | エディオン | 7335 億円 |
| 14 | ローソン | 7302 億円 |
| 15 | ライフコーポレーション | 7146 億円 |

(「Ullet」ホームページより　www.ullet.com/search/group/27.html)

があるか考えてみよう」

物流をイメージさせ、運送業、倉庫業、保険業、広告業なども商品の流通にかかわることに気づかせる。

イオンは「トップバリュ」、セブン＆アイ・ホールディングスは「セブンプレミアム」といったPB（プライベートブランド）商品をもち、経営の合理化を図っている。

(5) 小売業の変化を考える

●「資料3は、販売形態による販売額の推移を表したグラフです。百貨店、大型スーパー、コンビニ、オンラインショッピングのうち、どれに当てはまるか考え、その理由を含めてまわりの人と意見交換してみよう」

急激に増えているのはオンラインショッピングによるもの。百貨店は売り上げが減少している。そのため、三越伊勢丹ホールディングスが誕生するなど合併の動きもある（資料1参照）。大型スーパーとコンビニは上昇傾向だが、利用者、客単価の違いが額の差にあらわれている。

●「オンラインショッピングが売り上げを伸ばしている理由を考えよう」（「価格や仕様を比較しやすい」「商品の情報が集めやすい」「自分の好きなタイミングで買える」「店に行くことができない人でも買える」など）

(6) 小売店は、売り上げを伸ばすためどんな工夫をしているのだろうか？

どんな状況だったら、より「買いたい」と思うかを考えさせる。「安ければ買う」「お得感があれば買う」などの意見が出たら、「コストコ」のように大量仕入れや倉庫型店舗で費用を削減する「流通の合理化」の例や、フランチャイズ店の拡大による経費削減の例、POS（販売時点情報管理）システムによる経費削減の例などを挙げる。「品質が良ければ買う」「安全なら買う」などの意見には、自分の目で確認し、信頼できる業者から購入する直接取引の例を挙げる。生協や「大地を守る会」など品質の良い食材の宅配業者の利用も増えている。

資料2　流通のしくみ

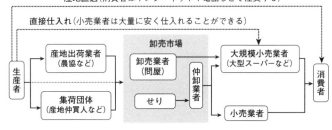

PB（プライベートブランド）

小売店側が主体となってメーカーに生産を依頼し、自らのブランド名で販売する商品のこと。直接取引することでコストを削減できる。大手スーパーは、メーカー品（ナショナルブランド）はもとより並行してPB商品も販売する。

資料3　小売店の販売額の推移

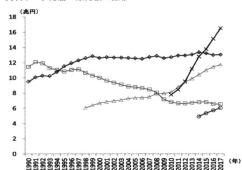

（資料）経済産業省「商業動態統計」、Eコマースは「平成29年度我が国におけるデータ駆動型社会に係る基盤整備（電子商取引に関する市場調査）」より作成

<hr>

**留意点**

●大型スーパーの増加は個人商店を減らし、シャッター街を生む面もある。
●利益追求のための企業努力で消費者は価格低下の恩恵を受けているが、フランチャイズ経営者や働く人の労働問題も指摘される。　　（池本恭代）

# 6 市場経済のしくみ

1 時間

**ねらい**

● モノやサービスの価格が変動することに気づき、どんなときに上がり、どんなときに下がるのかを、需要量・供給量との関係から説明できるようになる。

● 普段の生活と重ねあわせて、市場経済とはどのような経済かを理解する。

**授業の展開**

(1) 同じモノなのに買う時間や時期によって価格が違うのはなぜ？

● 「同じモノなのに、買う時間や時期によって価格が違うものを挙げてみよう」と投げかけ、小グループで意見交換をさせる。

「スーパーの閉店間際に生鮮食品や総菜が安くなる」「服が毎年決まった時期にセールで安くなる」「映画の前売り券と当日券の価格が違う」「休日は航空券やホテルの宿泊費が高くなる」などが挙がった後、なぜそのような変化が生じるのかを生徒に説明させる。生徒が感覚としてわかっているものを言語化させ、それらの共通点を考えさせる。

つまり、「その商品やサービスに対して、買いたい人が多ければ価格は上がり、少なければ価格は下がる」という原則を導く。

(2) 価格が変化するのはなぜ？

需要・供給と価格の関係を考える（右図）。

価格が上がると需要量・供給量はどうなり、それが価格にどう影響するのか考えながら、選択肢に〇をつけてみる。需要量が減るのは買いに

資料1　旅行代金の変動

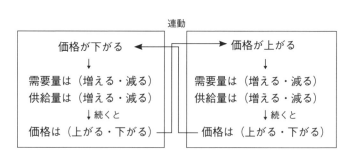

くくなるため、供給量が増えるのは、より多くのもうけが見込めるためである。供給量が増えることで、供給過剰（モノ余り）になり価格が下がっていく。そして逆の現象が起こる。これは生活感覚でわかるが、なぜそうなるかを説明することで、しくみの理解を定着させる。生徒の実情に合わせてグラフ化もおこなうと、数学的に理解することもできる。

(3) ノートやペンの価格が変わらないのはなぜ？（均衡価格）

価格が変わりやすいものもある一方で、文房具や日用品など価格があまり変わらないものもある。それは長いスパンで見て、需要と供給と価格のバランスが取れているためである。その価格を均衡価格という。

（4）価格・需要量・供給量のバランスが変化するのはなぜ？

　価格・需要量・供給量のバランスが変化するのは、自由に商品やサービスを売り買いできる場がたくさんあるからだ。「市場」を何と読むか？「いちば」なら、売り手と買い手により実際に商品とお金がやりとりされる場所のことで、「しじょう」なら原油市場、株式市場など、その商品が売買される空間全体のことを指す。こうした「しじょう」が隅々まで張りめぐらされた経済のしくみを「市場経済」という。

（5）市場経済って当たり前じゃないの？

　市場経済というのは、現代の私たちにとっては当たり前のシステムである。それをわざわざ「市場経済」と呼ぶのはなぜかを考えさせることで、世界には別の経済システムがあることに気づかせる。

●「自由に商品やサービスを売り買いできない経済とは？」

　「国が値段を決めている」「国が生産量をコントロールしている」などの答えから、そのような経済のシステムを「計画経済」と呼び、主に社会主義国が計画経済を採用している（または過去に採用していた）ことを知る。

（6）消防を市場経済に任せたらどうなる？

●「もしも消防署や警察署が地方公共団体ではなくて、民間企業によって運営されていたらどうなるだろう？」

　消防や警察を利用するときに、事前に料金を払わないと使えない、通報した人が料金を払わなければならないとなったら、どんな社会になるか想像させる。また、ある地域の鉄道が私鉄一社の独占だからといって、その料金が突然高くなったり、水道が民営化され、とてつもなく高い料金に設定されたりすることを想像させてみる。公共サービスや公共料金の規制の必要性を理解できるだろう。

（7）まとめ

　海外では水道を民営化して失敗した例が相次ぎ、日本でも今後の水道行政に注目が集まっている。市場経済は万能ではなく、何を市場に任せ、何を任せないかは社会全体の問題として、よく考えなければならない。

---

**留意点**

●この授業の前に「価格に関する疑問」を集めておき、それを生かして授業を組み立てるのもよい。

●需要と供給のバランスで価格が大きく変化する例として、オークションやオランダのチューリップバブルを挙げることもできる。　（池本恭代）

## ねらい

● モノやサービスの価格が何によって構成されているのかと、それに関連する仕事を理解する。

● 価格が社会にどんな影響を与えるのかを考え、説明できるようになる。

## 授業の展開

(1) 購入基準としての価格

● 「商品を買うか買わないか決めるとき、何を基準に決める？」と尋ねる。（「見た目」「質」「値段」など）

　普段の買い物では、デザインや質が値段に見合うかを判断して購入していることに気づく。

　「2016 年 4 月から、ガリガリ君（アイスクリーム）が税別 60 円から 70 円に値上がりしました。70 円でも買う？　買わない？」と質問。「買おうと思う人は、70 円という値段に納得している人だね。値段に納得しているということは、どういうことだろう？」

(2) ガリガリ君が 1 本 70 円の理由を考える

● 「ガリガリ君の価格には、どんな費用が含まれているか考えてみよう」と投げかけ、小グループで意見を出させる。

　生産価格には、製造原価（材料費、人件費、機械の費用や燃料費など）と営業費（広告宣伝費など）、利潤が含まれる。「パッケージの費用」「働く人の賃金」「CM にかかる費用」などを生徒がひととおり挙げたら、「商品の流通における価格」（**資料 1**）の図を見せて確認する。そして、メーカーの値上げのお知らせ（**資料 2**）から値上げの背景を理解する。ここで「この値上げに納得できる？」ともう一度聞いてもよい。

(3) 市場経済における価格のはたらき

　次頁の図を提示し、価格の変化が需要量と供給量にどんな変化をもたらすか考え、○をつけてみる。価格の変化は、労働力、土地、資金などの生産資源の流れを調節し、それぞれの商品の生産に適量だけ使われるようにする機能がある。

(4) 価格のはたらきがうまく機能しなくなる例

**資料 1　商品の流通ににおける価格**

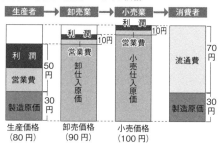

**資料 2　「ガリガリ君」の値上げのお知らせ**

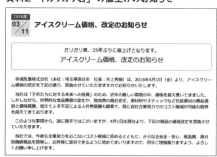

（赤城乳業 HP より）

● 「みんなの家にあるゲーム機を作っている会社は？」「乗用車を作っている会社は？」「ビールの会社は？」と尋ねる。

ゲーム機なら任天堂、ソニー、マイクロソフト

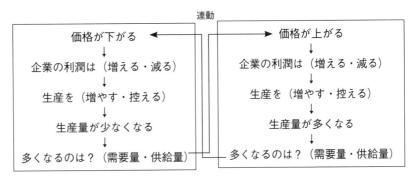

に、乗用車ならトヨタ、ホンダ、日産、マツダ、スバルに、ビールならアサヒ、キリン、サッポロ、サントリーに集中している。特定の企業からしか購入できないとなると、価格競争がなくなり、消費者にとっては不利益になる。そこで、競争を促すために独占禁止法が制定され、公正取引委員会がそれを運用していることを知らせる。

(5) 値下げ競争がもたらすもの

● 「マクドナルドのハンバーガーは今は100円だけど1995年までは210円でした。その後マクドナルドは130円に値下げした。他のハンバーガーチェーン店はどうする？」(「値下げする」「他のサービスを考える」など)

過去にはハンバーガーや牛丼の値下げ競争で、どの企業も疲弊するということがあった。企業努力や円高などの経済状況によるコスト削減もあるが、それによる弊害（デフレスパイラル）を考えさせたい。

(6) 売り上げを伸ばす工夫（非価格競争）

● 大手飲料メーカーが出しているペットボトルの緑茶を5〜6本見せて「同じ値段ならどれを買う？」と尋ね、同じ値段なら何を基準に買うかを考えさせる。

おまけ付き、懸賞に参加できる、エコなパッケージ、デザインが好き、CMに出ているタレントが好き、企業イメージ…などが挙がる。企業は値下げ競争による共倒れを防ぐために、おおよそ同じ価格を設定している（協定を結ぶことは独占禁止法により禁止されている）。それぞれの企業の工夫でマーケティングがおこなわれ、消費者は経済活動に組み込まれる。

---

留意点

● 身近なモノで寡占化の例を挙げた。即席めんやビールなどは「スーパーやコンビニで確かめてみよう」と勧めると、今までと違う視点で商品の棚を見ることができるし、授業で学んだことが家庭で話題になることが期待できる。

● 自分の行動が経済活動と深くつながっていることを体感し、生活体験の中でなんとなくわかっている「価格の変化」についても、どうしてそうなるのかを論理的に説明できるようになってほしい。　　　　(池本恭代)

# 資本主義経済と企業

1時間

- **資本主義とはどんな経済のしくみなのかを、身近な企業を例に学習する。**
- **商品はどこで作られるのか？　その生産の現場をイメージしながら、会社や工場のしくみについて具体的に学習する。**
- **会社の利潤（もうけ）は会社を持っている社長のものか、それとも商品を作った労働者のものかと考えさせ、資本主義経済の矛盾に気づかせる。**

## 授業の展開

(1) 身近になった通信販売

- 「みなさんの家族はどこで商品を購入していますか？」と尋ねる。（「スーパー」「インターネット通販」など）「購入先の会社名は？」（「楽天」「アマゾン」あるいはスーパー名など）

  「アマゾンはどんな会社？」と尋ねる。アメリカに本社を置く大手インターネット関連企業（情報通信技術産業）という点を押さえる。アメリカのIT大手「ビッグファイブ」について尋ねてもいい。ビッグファイブとはGoogle（アルファベット）、アップル、マイクロソフト、Facebook（現メタ）、アマゾンである。

(2) 労働者が商品を作っている

- 「では、実際に商品を作っている工場の現場に行ってみよう」と、VTRや文書資料（資料1）で製造現場のようすを見てみる。

  「どうでしたか？　何がわかったかな？」（「ベルトコンベアを使っている」「働く人がいっぱいいる」「夜も働く」）「その働く人を何というの？」（「会社員」「従業員」）「そうだね。労働者とも言うんだ」

  「働く人が商品を作っている。では、商品が作られるしくみを図（資料2）で見てみよう」

  「日本には、どんな工場や会社（企業）があるかな？」（「トヨタ自動車」「マクドナルド」「任天堂」等）身近な工場や会社、テレビやネットで宣伝している会社名をどんどん出させる。

資料1　工場で働くHさんの話

デジタル資料集

資料2　生産のしくみ

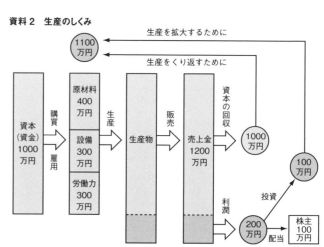

●「では、何のために会社や工場はこんなに商品を作っているのだろうか？」（「もうけるため」）「漢字2字で何という？」（「利潤」「利益」）

「では、会社はどれくらいもうかっているのかな？」と問い、**資料3**で価格の内訳を示す。

教科書を開いて、「利潤」という経済用語の意味を確認する。教科書を読ませたり、該当部分にアンダーラインを引かせてもいい。「資本（資金）を使って、利潤を得る目的で工場や設備を私有し、労働者を雇って商品を生産する経済を資本主義経済と言う」とまとめる。

（3）「もうけ」（利潤）は誰のもの？

●「では、このもうけ（利潤）は誰のものになるべきか？」（「経営者（社長）」「労働者」）「なぜ？」（「社長は会社を所有しているから」「労働者は働いて商品を作っているから」）

二つの意見を聞いて、討論させてもいい。「では、実際にはどうなっているのだろうか。働く人（従業員）の給与と会社（企業）の利益（経常利益）との大きな差を**資料4**で確認してみよう」（「給与は下がっているのに、利益は右肩上がりだ」）

「君たちの親の給料（給与）と、大会社の社長（経営者）の給料（**資料5**）を比べてみよう」外国人が上位4人を占めるなど、日本経済のグローバル化がすすんでいることもわかるだろう。

資本主義は弱肉強食の自由競争であり、貧富の格差が拡大していくことを指摘し、「これをどう解決していくかが、政治と経済の大きな課題」とまとめる。

**留意点**

●多くの教科書では、資本主義のしくみを抽象的な用語によって説明している。授業ではできるだけ具体的に身近な話題を使いつつ、資本主義生産のしくみと問題点（格差拡大）などを理解させたい。　　（本庄 豊）

**資料3　価格のうちわけ**

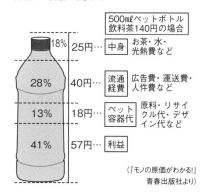

| | | |
|---|---|---|
| 18% | 25円… | 中身 お茶・水・光熱費など |
| 28% | 40円… | 流通経費 広告費・運送費・人件費など |
| 13% | 18円… | ペット容器代 原料・リサイクル代・デザイン代など |
| 41% | 57円… | 利益 |

500mlペットボトル飲料茶140円の場合

（『モノの原価がわかる！』青春出版社より）

**資料4　企業の経常利益と従業員給与（1人当たり）**

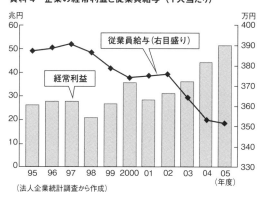

（法人企業統計調査から作成）

**資料5　役員報酬ランキング（2021年3月期）**　　（百万円）

| 順位 (前年) | 氏名 | 商号 | 役職 | 報酬総額 (前年) |
|---|---|---|---|---|
| 1 - | サイモン・シガース | ソフトバンクグループ（株） | 取締役 | 1,882 - |
| 2 3 | クリストフウェバー | 武田薬品工業（株） | 取締役 | 1,874 ↘ (2,073) |
| 3 2 | マルセロ・クラウレ | ソフトバンクグループ（株） | 副社長執行役員COO | 1,795 ↘ (2,113) |
| 4 5 | Didier Leroy | トヨタ自動車（株） | 取締役 | 1,451 ↗ (1,239) |
| 5 8 | 吉田憲一郎 | ソニーグループ（株） | 代表執行役会長兼社長CEO | 1,253 ↗ (1,023) |
| 6 4 | ラジーブ・ミスラ | ソフトバンクグループ（株） | 副社長執行役員 | 931 ↘ (1,606) |
| 7 12 | ロナルド・フィッシャー | ソフトバンクグループ（株） | 取締役 | 917 ↗ (680) |
| 8 7 | アンドリュープシプ | 武田薬品工業（株） | 取締役 | 911 ↘ (1,046) |
| 9 14 | 河合利樹 | 東京エレクトロン（株） | 取締役 | 902 ↗ (661) |
| 10 10 | 金川千尋 | 信越化学工業（株） | 取締役 | 731 ↘ (746) |
| 11 15 | 岡藤正広 | 伊藤忠商事（株） | 取締役 | 649 ↗ (632) |
| 12 11 | 宮内謙 | ソフトバンクグループ（株） | 取締役 | 635 ↘ (699) |
| 12 17 | 宮内謙 | ソフトバンク（株） | 取締役 | 635 ↗ (608) |
| 14 13 | コンスタンティンサルウコス | 武田薬品工業（株） | 取締役 | 626 ↘ (664) |
| 15 85 | ビジョイ モハン | （株）LIXIL | 執行役 | 599 ↗ (258) |
| 16 107 | 瀬戸欣哉 | （株）LIXIL | 執行役 | 598 ↗ (235) |
| 17 71 | 松浦勝人 | エイベックス（株） | 取締役 | 593 ↗ (275) |
| 18 23 | 峰岸真澄 | （株）リクルートホールディングス | 取締役 | 538 ↘ (509) |
| 19 116 | 松田洋祐 | （株）スクウェア・エニックス・ホールディングス | 取締役 | 517 ↗ (229) |
| 20 27 | 賀賢漢 | （株）フェローテックホールディングス | 代表取締役 | 497 ↗ (478) |
| 21 19 | 安川健司 | アステラス製薬（株） | 監査等委員でない社内取締役 | 488 ↘ (537) |
| 22 - | 後藤芳光 | ソフトバンクグループ（株） | 取締役 | 480 |
| 23 69 | 佐々木貞夫 | 東京エレクトロン（株） | 取締役 | 478 ↗ (278) |
| 24 26 | 東原敏昭 | （株）日立製作所 | 執行役 | 474 ↘ (495) |
| 25 29 | 古森重隆 | 富士フイルムホールディングス（株） | 取締役 | 465 ↗ (463) |
| 26 30 | 鈴木善久 | 伊藤忠商事（株） | 取締役 | 462 ↗ (452) |
| 27 36 | アリステア・ドーマー | （株）日立製作所 | 執行役 | 455 ↗ (389) |
| 28 149 | 佐藤英志 | 太陽ホールディングス（株） | 取締役 | 445 ↗ (197) |
| 29 31 | 豊田章男 | トヨタ自動車（株） | 取締役 | 441 ↘ (449) |
| 30 28 | 畑中好彦 | アステラス製薬（株） | 監査等委員でない社内取締役 | 436 ↘ (477) |

（東京商工リサーチより）

# 9 株式会社のしくみ

1 時間

## ねらい

● 現在の社会は「会社（企業）」なしには成り立たない。会社のなかでも
　資金の集めやすい株式会社について、生徒がよく知っている会社を例に
　学習する。

● 株式会社のしくみの理解とともに、そのリスクについても理解する。

## 授業の展開

（1）みんなが欲しいものは？

●「君たちが一番欲しいものは何ですか？」（「お金」
「時間」など）

「お金はたしかに何をするにも必要だよね。お金持
ちになりたい？」（「なりたい」「それほどでも」）

「では、どんな人がお金持ちになっているのかを見
てみよう。日本の資産家たち（**資料1**）です。どんな
人たちですか？」（「社長」「取締役」）

「お金持ちになるにはどうしたらいいの？」（「会社
をつくる」）

●「会社をつくるにはお金（資本）が必要になる。ど
　うしたらいい？」（「働いて貯める」「借金する」）

「こんな方法もあるよ。大きな会社の名前を見てみ
よう」と、「トヨタ自動車○○会社」「ソフトバンク○
○会社」など生徒の知っている会社名を挙げ、大き
な会社の多くは株式会社だということを発見させる。

（2）株式会社って？

●「株式会社ってどんな会社？」と問い、株券（**資
　料2**）を見せる。実際には現在は電子取
　引になり、株券はもう使っていないが、
　わかりやすいので、そのことを説明した
　上で提示する。

「教科書の『株式会社のしくみ』の図（**資
料3**）を見てみよう。株を発行すると？」
（「お金が集まる」）と、株式会社のしくみ
を理解する。

### 資料1　日本の主な資産家（2021年）

| 1 | 4兆8920億円 | 孫 正義 | ソフトバンク代表取締役社長 |
| 2 | 4兆6270億円 | 柳井 正 | ファーストリテイリング代表取締役会長兼社長 |
| 3 | 2兆8420億円 | 滝崎武光 | キーエンス代表取締役会長 |
| 4 | 1兆690億円 | 佐治信忠 | サントリーホールディングス |
| 5 | 9920億円 | 永守重信 | 日本電産代表取締役社長 |
| 6 | 8810億円 | 高原豪久 | ユニ・チャーム代表取締役社長 |
| 7 | 8260億円 | 三木谷浩史 | 楽天代表取締役会長兼社長 |
| 8 | 5730億円 | 似鳥昭雄 | ニトリホールディングス代表取締役社長 |
| 9 | 5620億円 | 重田康光 | 光通信代表取締役会長兼CEO |
| 10 | 4850億円 | 毒島秀行 | SANKYO代表取締役会長兼CEO |

（フォーブス・ジャパン調べ　https://forbesjapan.com/feat/japanrich/）

### 資料2　株券の見本

（金子証券印刷株式会社 www.kaneko-secp.co.jp より）

### 資料3　株式会社のしくみ

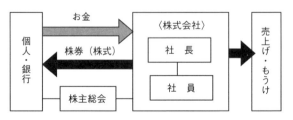

「新聞の『株式市況』欄（**資料4**）を見てみよう」

株価の変動によって利益を得る人たちがいることがわかる。「株を持っている人が身近にいる？」などと聞いてもいい。「株式」「株主」「配当」「有限責任」「株主総会」「取締役」などの用語についてふれる。

教科書などに載っている株式会社ゲームなどをおこなう場合は、リスクがあることや、商品やサービスを生み出している労働の重要性についてもふれ、マネーゲーム感覚にならないよう注意する。

●「会社の社長はもうかるのかな？　毎日安心して働いているのだろうか？」

同業の複数の会社の新聞広告やインターネット広告を比べてみる。「困ったことはない？」（「すごい競争になっている」「値下げで戦っている」）「競争に負けたらどうなる？」（「倒産する」「撤退する」）

飲食店の倒産数の推移（**資料5**）などを見せ、多くの会社が倒産のリスクを抱えながら存在していることを知る。

教科書や資料集にある「企業の競争と独占」のグラフから、独占化の現状と、独占禁止法、公正取引委員会の役割を知る。携帯電話など、身近な商品の独占状況についてもふれる。

「こうして勝ち残った大企業は大きなお金を手にします。数社が独占しているということは、数えきれないほどの会社が倒産・撤退した結果なのです。資本主義が格差社会というのは、そうした意味でもあります」とまとめる。

**資料4　株式市況（例）**

| 銘柄 | 始値 | 高値 | 安値 | 終値 | 前日比 | 売買高 |
|---|---|---|---|---|---|---|
| A社 | 209 | 210 | 203 | 204 | ▲5 | 407 |
| B社 | 154 | 156 | 152 | 153 | ▲2 | 1606 |

**資料5　飲食店倒産の件数推移**

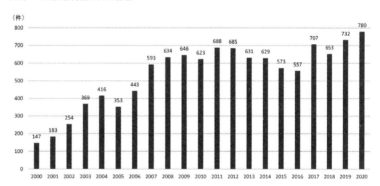

（帝国データバンク調べ）

---

（留意点）································

●経済学習は抽象的になりやすいので、具体的な会社名やニュースなどを教材としてすすめたい。

●資本主義社会がバラ色ではないことを、身近なできごとから理解させる。格差社会の現実については、世界にも目を向けるようにする。（本庄 豊）

# 10 企業の社会的責任 (CSR)

## ねらい

● 企業の社会的責任を理解するとともに、これからの企業がどうあるべきかを考える。

● 知識として知るだけではなく、実際にどのような企業が活動しているかを調べる。

● 当事者として、どのような企業がこれからの社会に貢献していくのかを考える。

## 授業の展開

（1）ブラック企業とは何か？

　現在の企業は、モノやサービスを消費者に売ったり買ったりするだけではなく、さまざまな場面で企業としての責任が問われている。そのひとつが従業員の雇用や福利厚生である。この間、問題となってきた「ブラック企業」と呼ばれる企業とは何か。また、どのようなことが問題なのかを確認させる（**資料1、2**）。同時にブラック企業を生み出している日本の労働環境にも目も向けさせる（男性の育休の取得率、労働環境におけるジェンダーギャップ等）。

（2）「過労死」と遺族の取り組み

　2016年に、広告代理店の電通で働いていた高橋まつりさんが過酷な労働環境下で亡くなった事件もあり、「ブラック企業」というキーワードがより知られるようになった。同時に、あまりにもひどい労働環境に声を上げる人びとも出てきている。ここでは、高橋まつりさんの母親である高橋幸美さんの手記（**資料3**）などを通して過酷な労働実態を学ばせたい。

　出資者（株主）、消費者だけではなく、従業員や取引先、地域など、多くの関係者を満足させる企業になることは、企業が長期的に存続していくために大切なことでもある（清水書院『中学公民』115ページ）。

（3）社会的な課題への取り組みを通じた企業責任

　企業が従業員や消費者に対して責任をもつことは当然のことではあるが、社会的な課題に対して積極的に取り組む姿勢も求められている。現在、企業にとってもSDGsの取り組み（**資料4**）は欠かすことができない情勢となっている。

① SDGsについての理解を深め、企業のHPやインターネットを活用して、取り組んでいる企業を探してみる。

**資料1　「『ブラック企業』ってどんな会社なの？」（厚生労働省）**
www.check-roudou.mhlw.go.jp/qa/roudousya/zenpan/q4.html

**資料2　ブラック企業大賞（NPOなどが選定）**
http://blackcorpaward.blogspot.com/p/blog-page.html

**資料3　高橋幸美さんの手記**
「【全文公開】高橋まつりさん母の手記。電通過労自殺から6年『娘のようにぎりぎりまで頑張らないで』」（弁護士JP）
www.ben54.jp/news/43

**資料4　SDGsとは（外務省）**
www.mofa.go.jp/mofaj/gaiko/oda/sdgs/about/

●「どのような企業がどのような取り組みを
　しているのかを調べ、発表しよう」
〈ポイント〉理念だけではなく、いかに実践
　しているかが大事。「こんな社会をめざし
　ます！」だけではなく「こんな取り組みを
　通して、こんな社会を実現させます」とい
　った具体的な視点を大事にさせたい。
② ESG 投資（資料5、6）の概念を知り、こ
　れからの企業に求められる役割を考える。
　　企業のSDGs などへの取り組みを後押しす
るために、銀行や保険会社などの金
融機関が、人権や環境などの分野に
積極的に投資する動きが広がってい
る。この点を紹介した後に、生徒自
身がもし投資者ならどのような企業
を応援したいかを考えさせ、生徒自
身がどのような企業にがんばってもっ
らいたいのかを考える機会にする。
安心して働ける職場から、社会への
貢献度など、幅広い議論を促したい。
（4）社会的起業にチャレンジしよう
　　これまで学んできた内容を生かし
て、身近な問題や社会の課題を解決
するために起業するならば、どのよ
うなことができるのかを考えさせる。

資料5　ESG 投資とは

ESG 投資は、従来の財務情報だけでなく、環境
（Environment）・社会（Social）・ガバナンス（Gover-
nance）要素も考慮した投資のことを指します。特に、
年金基金など大きな資産を超長期で運用する機関投
資家を中心に、企業経営のサステナビリティを評価す
るという概念が普及し、気候変動などを念頭においた
長期的なリスクマネジメントや、企業の新たな収益創
出の機会（オポチュニティ）を評価するベンチマーク
として、国連持続可能な開発目標（SDGs）と合わせ
て注目されています。　　　　　（経済産業省 HP より）

資料6　生命保険会社による核兵器関連企業への投資自粛の報道

（京都新聞 2020 年 12 月 13 日付記事／共同通信配信）

## 留意点

●本時では、今日の社会情勢や労働環境を扱うため、「こんな社会なら働
　きたくない」といったネガティブな印象を生徒に抱かせやすい。そのた
　め、これからの前向きな展望を抱かせられるような工夫が必要である。
　たとえば環境活動家のグレタ・トゥーンベリさんのような若い世代の取
　り組みや、ムハマド・ユヌスさんのような社会起業家も同時に紹介した
　い。　　　　　　　　　　　　　　　　　　　　　　　　（青木潤一）

# 株式会社・企業・起業

## ねらい

●テクノロジーの発展によって、近い将来訪れる世界の姿を想像する。

●企業の本質と会社についての知識を得るとともに、起業の際の資金調達方法を理解する。

●これからの時代と現状の社会問題を考えた上で、持続可能な社会の発展を考え、中学生なりに社会をより豊かにするビジネスモデルを考えることで、起業のきっかけをつくる（企業の社会的責任と関連づけながら）。

## 授業の展開

（1）これからの社会がどうなるかを想像しよう

　動画「Connect future ～ 5 Gでつながる世界～」（資料1）を視聴する。5 G通信で、自動運転やドローン、オンライン診療、無人コンビニ、自動翻訳、VR等の技術により便利になった生活が紹介される。

　5 Gをはじめとしたこれからの新技術、Society5.0 によって到来する社会のイメージをもたせ、これらの技術から、どのようなビジネスが新たに生まれ、どのような社会問題の改善がされるのかを考えさせる。

（2）企業の本質と起業のための資金を得るしくみを知る

　企業の本質は利潤を得ることである。「企業は、商品を生産・販売（製品製造やサービス提供）することで、できるだけ多くの利潤（もうけ）を得ることを目的とする組織」であり、工場や事務所をつくり、必要なものを買い、労働者を雇って活動する。企業の中でも会社法の定めによって登記設立されたものを「会社」といい、「株式会社」が経済の大半を動かしていることを確認する。株式会社は、株式を発行し運営資金を得る会社の形態である。株式を購入する投資家たちに、会社の将来性や利益が上がるビジョンをうまく伝えられれば多くの資金が手に入る。また、株式を持っている投資家たちは、利益の一部を配当金として受け取ることがあり、会社の意思決定機関である株主総会に出る権利もある。株式を買った株主にとっては、会社の利益が大きくなり、配当金や株価が向上することが望ましい、としくみを説明する。

●「これから必要とされるモノ・サービスとはどんなものだろうか？」

　起業の第一目的は利益であり、その一形態である株式会社のしくみを説明することで、みんなに必要とされ、実現可能なビジョンを伝えることができれば資金が手に入れられることを理解させる。

**資料1 「Connect future ～ 5Gでつながる世界～（3分ver）」**（総務省動画チャンネル）
www.youtube.com/watch?v=ArRWXopUHAQ&t=1s

**5 G（ファイブジー）**
第五世代移動通信システム。「高速大容量通信」「超信頼・低遅延」「多数同時接続」などが目玉で、これにより遠隔医療、自動運転車、スマートシティなどが加速するともいわれる。

**Society5.0**
狩猟社会（1.0）、農耕社会（2.0）、工業社会（3.0）、情報社会（4.0）に続く、サイバー空間（仮想空間）とフィジカル空間（現実空間）を高度に融合させたシステムにより経済発展と社会的課題の解決を両立する、人間中心の社会とされる。

**「Society5.0」**
（内閣府ホームページ）
www8.cao.go.jp/cstp/society5_0/

（3）社会問題を解決し、社会をより豊かにするビジネスを提案する

● 「今の社会には、どのような問題があるだろうか。これまで習ってきた
　　ことなどから考えてみよう」

〈社会問題の例〉

地球環境分野…地球温暖化・海洋汚染・森林伐採・生態系保護など

労働分野…過労死・大企業と中小企業の格差・農業の衰退・ワークライフ
　　バランスなど

食糧分野…フードロス・食糧自給率の低下・持続可能な農業・貧困問題など

エネルギー・資源分野…化石燃料の枯渇・再生可能エネルギーの普及など

その他…ジェンダー差別・これからの教育・地方創生事業など

● 「新技術やみんなのアイデアで、社会をより良くするビジネスを考えて
　　みよう」

　グループになって、今の社会をより豊かにする事業を提案してみる。自
分たちの発想とリソースを組み合わせることで、今までにない独自のアイ
デアを生み出す楽しさと難しさを経験する。

①新たなビジネスを生み出すために使えるリソース
　　（右リスト）を提示する。

②解決したい社会問題を考える

例：高齢化やコロナの自粛期間で運動不足の現代人が
　　増えている

③リソースを組み合わせてできることを想像してみる
　　（組み合わせるほど独自性が強くなる）

例：ゲーム × VR × スポーツ ＝ 外に出なくても VR で
　　臨場感のあるスポーツ体験ができる

④既存のサービスで似たものがないかを探してみる

例：ニンテンドー Switch のソフト「Fit boxing」など
　　あまりにも似ていた場合には、①に戻り要素やリソ
ースを足したりして独自性を高めていく。

⑤事業計画書をまとめる

リソースリスト

| AI（人工知能）・ゲーム・農家・食べ物・動物・アニメ・おもちゃ・ドローン・結婚・スマホ・料理・職人・こども・高齢者・お祭り・観光地・フリーマーケット・リサイクル技術・家具・ファッション・VR・有名人・動画配信サービス・インターネットサイト・お笑い・音楽・建築・ダンス・ロボット・学校・SNS・スポーツ・観光客 その他（生徒の趣味や新技術などのオリジナルを入れるのもよい） |
| --- |

（金沢工業大学作成の SDGs カードゲーム「X（クロス）」を参考にした）

《事業計画書に書く項目》
1　商品・サービスの内容（既存商品・サービスとの違い）
2　想定する顧客・ターゲット
3　実現すると、社会はどう良くなるのか
4　考えられるリスクや実現を阻むものは何か。どう対処するか

参考文献・資料
亀井卓也『5G ビジネス』（日本経済新聞出版社）

SDGs カードゲーム
「X（クロス）」金沢工業大学
www.kanazawa-it.ac.jp/
sdgs/education/application/
game-1.html

全国民主主義教育研究会『今日からできる 考える「公共」70 時間』（清水書院）

〈発展〉この後の 1 ～ 2 時間で、各グループの事業計画をパワーポイント
　　などでプレゼンするクラス内報告会をおこなう。可能なら地域の住民や
　　企業の方などを呼び、コメントをいただくとよりリアリティが増す。

（藤川　瞭）

## 11 貨幣とは何か？

1 時間

### ねらい

● 貨幣のもつ役割・歴史を理解し、貨幣が流通を発展させてきたことを理解する。

● 現代は変化していく貨幣の過渡期にあることを理解し、これからの貨幣のあり方を考える。

### 授業の展開

(1) 貨幣の誕生〜貨幣の発祥と役割を理解しよう

　物々交換の時代から兌換紙幣、不換紙幣へと変わる通貨のしくみの歴史と貨幣の役割を説明することで、現在のお金のしくみも将来は変わる可能性があることを考えさせる。

①最初は物々交換の時代だが、不便なこともあった。「物々交換では不便なことはなんだろう？」(「自分が欲しいものと自分が持っているものを交換してくれる人が見つかるまで探さないといけない」)

　「それなら、いったんみんなが欲しがるものに変えておいて、いつでもそれを使えるようにしたらいい！」これが通貨の誕生。最初は石や貝だったが、時代を経て世界的にみんなが価値があると思う金や銀が用いられるようになった。お金を表す漢字の多くに「貝」がつく（財・賄賂・貨など）のは、古くは貝が通貨だったから。

②貨幣に価値をもたせるために

　石や金属のお金は重くて持ち運ぶのに不便→じゃあ「紙」にしよう！

　紙に価値があることを示すために、すべての紙幣は金と交換可能な「兌換紙幣」になった。古い紙幣（資料1）に書かれた「此券引換金貨千圓相渡可申候」の文字を見せ、「この券を持ってくれば金貨千円分と替えてあげますよ」という意味だと説明する。

　しかし、兌換紙幣にはデメリットもあった。いつでも金と交換できるようにするには、発行する国が保有している金の量に応じてしか貨幣は印刷できない。→お金の量の調節が難しい。不況のときにはお金の量を増やし、好況のときは減らさないといけないのに…。

③今の貨幣の価値はどこから？　兌換紙幣から不換紙幣の「管理通貨制」へ

　現在のお金は政府がその価値を保証している。その国の政府の信用が下がれば世界的にその国のお金の価値は下がるし、信用が上がればお金の価

資料1　古い日本銀行券

「此券引換金貨千圓相渡可申候」

値も上がる。ニュースの最後に出てくる「為替」の変動がこれを示す。

④貨幣の機能　貨幣には以下のような機能がある。

・価値尺度機能…財・サービスの価値を表示する機能。

・交換媒介機能…財・サービスの交換を仲立ちする機能。

・価値保存機能…貯蓄をする機能。

(2) キャッシュレス決済の種類と特徴

　生徒自身のキャッシュレス決済の経験を聞き出しながら、キャッシュレス決済のメリットとデメリットを考える。その後、キャッシュレス決済とひとくくりにされているものを分類し、その特徴をまとめさせる。家庭科などとコラボしてクレジットカードの危険性などもふれられるとなおよい。

　「キャッシュレス決済」とは現金を使わないで支払いをすること（カード決済、モバイル決済など）。

・電子マネー（前払い）…お店などでカードを申し込み、あらかじめ入金（チャージ）して利用する。交通系 IC カードなど

・プリペイドカード（前払い）…お店などで金額分のカードを購入して利用する。図書カード、iTunes カードなど

・デビットカード（決済時払い）…銀行口座と紐づけられたカード。現金をおろさなくても、決済するとすぐに口座から利用金額が引き落とされる。

・クレジットカード（後払い）…カード会社に申し込み、審査をへて発行されるカード。店頭などで決済すると代金を一時的にカード会社が立て替え、後日 1 回払い・分割払いなどで預金口座から引き落とされる。

(3) 貨幣の未来〜これからの貨幣はどうなるのか考えよう

　資料 2 や動画を参考に、これまでの授業内容に加え、ビットコインなどの仮想通貨の例を出し、これからの貨幣・通貨がどうなって

参考資料
「Swedish rail company swaps paper tickets for embedded microchips」
利用者の手に IC チップを埋め込んで利用する技術の紹介動画。
www.youtube.com/watch?v=5RSxfMYnah4&t=2s

日本クレジット協会教材『クレジットカードってどんなもの？』
www.j-credit.or.jp/education/school/provide.html

マルク・カルプレス『仮想通貨3.0』（講談社）

**資料2　ビットコインの誕生**

これまでのキャッシュレス決済はあくまで現在の通貨のやりとりをする方法だった。通貨は各国の中央銀行から発行され、その発行主体の政府が信用を保証することで通用してきた。しかしビットコインには、管理する中央銀行がなく中央管理者もおらず、物理的な貨幣も存在しない。ビットコインはブロックチェーンとよばれるまったく新しい方法で通貨に信用を持たせた。
ブロックチェーンとは…ネットワーク上で多数の人が情報のやりとりを記録しチェックすることで、不正がないかを監視するしくみ。
2010 年 5 月 22 日「ビットコインピザデー」
フロリダ在住のプログラマーが、仮想通貨のビットコインでピザ 2 枚を買う出来事があった。インターネット上の仮想通貨であったビットコインが現実世界の商品と取引できる「通貨」となった瞬間である。（マルク・カルプレス『仮想通貨3.0』より）
(質問)「仮想通貨は流通貨幣になれるだろうか？　貨幣の機能や仮想通貨のメリット・デメリットなどから考えよう」

いくのか、そのような社会では何に気をつけなければならないかを考えさせる。

**留意点** ............................................

●皆が当たり前のように大事だと思っているお金（貨幣）が「なぜ大事なのか」を考えさせるところから、貨幣の役割を理解させたい。

●最後の質問は、本授業案ではオープンエンドにしているので、ディベートの課題や調べ学習などでさらに深めても学びになる。　　　（藤川　瞭）

<table>
<tr><td style="width:8%"></td><td>私たちの生活と金融機関</td><td>1 時間</td></tr>
</table>

# 12 私たちの生活と金融機関  1 時間

**ねらい**

●生徒にとって「知ってはいるけど、よくわからない」存在である銀行の
役割を、生活体験に基づいて学習する。

●私たちにとってやや遠い存在の日本銀行の仕事と役割を考えさせ、日本
経済に大きな影響力をもっていることを理解する。

**授業の展開**

(1) 銀行のもうけはどこから？

●「知っている銀行の名前を挙げてみよう」と問い、小グループで出
しあわせる。「この近くにある銀行は？」と身近な銀行を挙げさせる。
「みんなが銀行を使うのはどんなとき？」（「お年玉を預ける」「何か
買うときにお金をおろす」など）

「銀行はお金を預かってくれるところ。コインロッカーに荷物を預
けるときは、預ける人がお金を払うよね。銀行にお金を預けるとき、
お金を払うかな？　でも、実はとてももうかっているのが銀行なんだ」

主な銀行の純利益（**資料1**）を見せ、「銀行のもうけ（利益）は
どこから来るのだろう？」と問いかける。

(2) 貯金のゆくえ～銀行の仕事

●「銀行が預かったお金は、どこに行くのだろう？」（「金庫」「他の人
に貸す」など）

銀行は預かったお金を別の人や企業に
貸している。家や車など、一度に払えな
い金額の買い物をするとき、銀行がお金
を貸してくれれば買える。また、企業が
新しい事業を始めるときに必要なお金を銀行から借りることができる。す
ぐには使わないお金を預かり、必要な人に融通するというのが銀行の役割
で、それを少し難しい言葉で言うと「金融」である。銀行はお金を動かす

**資料1　主な銀行の純利益（2020-2021年）**

| | |
|---|---|
| 三菱UFJFG | 7,770億円 |
| 三井住友FG | 5,128 |
| みずほFG | 4,710 |
| ゆうちょ銀行 | 2,801 |
| 三井住友トラストホールディングス | 1,421 |
| りそなホールディングス | 1,244 |
| 千葉銀行 | 496 |
| 新生銀行 | 451 |
| ふくおかFG | 446 |
| 静岡銀行 | 436 |

FG＝フィナンシャルグループ
（「業界動向SEARCH.COM」より）

**資料2　銀行のしくみ**

**資料3　金利の例**

| | ○○銀行（普通銀行） | | | □□銀行（ネット銀行） | | |
|---|---|---|---|---|---|---|
| | 普通預金 | 定期預金 | 住宅ローン | 普通預金 | 定期預金 | 住宅ローン |
| 1990年9月 | 2.08% | 6.08% | | | | |
| 2010年5月 | 0.04% | 0.06% | | 0.05% | 0.31% | |
| 2022年3月 | 0.001% | 0.002% | 2.475% | 0.02% | 0.02% | 0.537% |

(注) 実際の普通銀行とネット銀行の数値を使用。定期預金は1年。住宅ローンは変動金利のデータ。諸条件は考慮せず2022年3月の数値のみ記載。

ことで大事な仕事をしている（**資料2**）。利子Bと利子Aの差が銀行のもうけとなる。実際の例は**資料3**を参照。

　銀行には支払いや送金などの仕事もあり、その手数料が銀行の収入になる。

（3）金利を計算してみよう（資料3から）

---

①2022年3月から、○○銀行に100万円を普通預金で預けた。1年後につく利息はいくら？（出し入れせず、税も考慮しない）
1,000,000 × 0.00001 ＝（　10　）円
②1年後にコンビニのATMで引き出した。その結果、預けた100万円はいくらになる？（税は考慮しない）　手数料は110円とする。
1,000,010 − 110 ＝（999,900）円
③1990年に、○○銀行に100万円を普通預金で預けた。1年後につく利息はいくら？（出し入れせず、税も考慮しない）
1,000,000 × 0.0208 ＝（20,800）円

---

　過去の金利と比較することで、現在の超低金利（ゼロ金利政策）を実感する。普通預金と定期預金の金利の違いは「需要と供給」に絡め、普通銀行とネット銀行の金利の違いは営業コストの差に絡めて説明できる。インターネットと他銀行のATMを活用することで銀行業務をおこなうのは新しい業態のひとつであり、売上げを伸ばす工夫のひとつといえる。

（4）銀行以外の金融業者（ノンバンク）

●「銀行以外に金融業をしている会社を知ってる？」（「アイフル」「アコム」「プロミス」）

　「では、アイフルにお金を預けたことがある人はいるかな？」と問い、お金を預からず貸すことに特化した金融業者（ノンバンク）の存在を知る。融資の審査時間短縮、無担保・無保証など、借り手にとって借りやすい反面、利子が高いことにも着目し、その便利さと危険性を確認する。

（5）日本銀行の役割

●「最後に、大事な銀行を忘れていないかな？」と紙幣を見せる。「このお金の正式名は？」（「日本銀行券」）

　「この銀行の仕事は何だろう？」と問い、**資料4**から読み取らせる。日本銀行の仕事を明確にしながら、「政府の銀行」「銀行の銀行」「発券銀行」と3つの役割をまとめる。

**資料4　日銀の役割**

> 金融持株会社の登場…90年代に進んだ金融再編は銀行の姿も変えた。社名が「○○フィナンシャルグループ（FG）」となっていれば、その会社がその金融グループの総元締めの金融持株会社ということ。

> 消費者金融のサイトには「返済シミュレーション」ができるものもある。金利の計算は複雑なため、活用してみると実際の返済額がわかる。

---

【**留意点**】 ・・・・・・・・・・・・・・・・・・・・・・・

●現在は超低金利政策（ゼロ金利）が続く。この政策のもとでは預金者、銀行、お金を借りている企業・国民それぞれの立場で、どんなことが想定されるか考えると、国の政策が見えてくる。　　　　　　（池本恭代）

# 13 景気と金融政策

## ねらい

● ニュースで聞く「景気が悪い」「景気が良い」とはどういうことか、また景気変動が社会に及ぼす影響を理解する。
● 日本銀行の役割を知り、景気対策にどのような影響があるかを理解する。

## 授業の展開

(1)「身近なおとなに聞いてくる」宿題

●「今、景気が良いと思うか、悪いと思うか。それを実感するのはどんなときか」ということと、過去の好景気（バブル経済）や不景気の思い出話を周囲のおとなに聞いてくる宿題を出す。中学生に景気の実感といってもわかりにくいため、家族や塾の先生、学校の先生などから聞きとったことを交流するところから授業を開始する。

(2) 景気変動

●「今出された話から、景気が良いときと悪いときの状況を確認しよう」と、商品の売れ行き、生産量、雇用状況、失業・倒産の状況を比べる。

　景気が良いときを好況（好景気）、悪いときを不況（不景気）といい、深刻な不況で経済が麻痺した状態を「恐慌」、好況と不況が移り変わっていくことを「景気変動」ということを学ぶ。

　好景気と不景気は、社会全体の需要量と供給量の動きに応じて交互にくりかえされる。「なぜ景気変動が起こるのか、しくみを考えながら、当てはまる言葉に○をつけてみよう」と、次の作業をおこなう。

| |
|---|
| ①商品の売れ行きが良くなる<br>↓<br>②企業は生産を（増やす・減らす）<br>↓<br>③企業は雇用を（拡大・縮小）<br>④倒産・失業が（増える・減る）<br>↓<br>⑤世の中に出回るお金の量は（増える・減る）<br>↓<br>⑥物価が（上がる・下がる）＝インフレーション |

| |
|---|
| ⑦商品の売れ行きが悪くなる<br>↓<br>⑧企業は生産を（増やす・減らす）<br>↓<br>⑨企業は雇用を（拡大・縮小）<br>⑩倒産・失業が（増える・減る）<br>↓<br>⑪世の中に出回るお金の量は（増える・減る）<br>↓<br>⑫物価が（上がる・下がる）＝デフレーション |

　物価が下がるとモノが買いやすくなり、①につながるといった変動が起こる。さまざまな要因で、この通りになるとは限らないが、以上が景気変動の基本的なしくみである。ただし、近年は物価が下がっても売れ行きが良くならない「デフレスパイラル」現象があり、それにふれる必要がある。

生徒は○をつけた後、言葉を補いながら説明できるようにする。

(4) 日本銀行の金融政策〜公開市場操作

　物価の大きな変動は家計や企業経営に深刻な影響を与える。そのため日本銀行は、景気の安定化を図るために金融政策をおこなう。

● 「さっき出てきた図の中で、日本銀行がかかわれるのはどこ？」と問うことで、通貨量の調整と深くかかわることに気づかせる。

　「しくみを考えながら、当てはまる言葉に○をつけてみよう」と、作業と説明をさせる。

| 〈不景気のとき〉 |
| --- |
| ①日本銀行は銀行から国債を購入し、代金を支払う<br>↓<br>②銀行が貸し出せる資金は（増える・減る）<br>↓<br>③企業は銀行からお金を<br>　　　　　　（借りやすくなる・借りにくくなる）<br>↓<br>④世の中に出回るお金の量は（増える・減る）<br>↓<br>⑤経済活動は（活発になる・落ち着く）<br>↓<br>⑥景気は（上向き・下向き）になる |

| 〈好景気のとき〉 |
| --- |
| ⑦日本銀行は銀行に国債を売り、代金を受け取る<br>↓<br>⑧銀行が貸し出せる資金は（増える・減る）<br>↓<br>⑨企業は銀行からお金を<br>　　　　　　（借りやすくなる・借りにくくなる）<br>↓<br>⑩世の中に出回るお金の量は（増える・減る）<br>↓<br>⑪経済活動は（活発になる・落ち着く）<br>↓<br>⑫景気は（上向き・下向き）になる |

(5) 戦後の日本経済の歩み

● 「資料1から読み取れることを挙げてみよう」と、好景気・不景気をくりかえしながら経済成長を続けていることを読み取らせる。

　1955年からは高度経済成長期。オイルショックによる不景気、バブル経済と呼ばれる好景気。バブル崩壊後は長期低迷期。授業のはじめに発表させた、身近なおとなから聞いた話をふまえつつ補足できるとよい。日本の高度経済

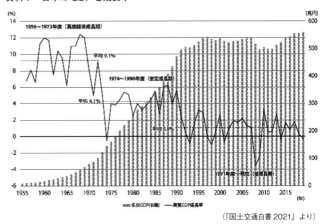

資料1　日本のGDPと成長率

（『国土交通白書2021』より）

成長を支えたものが朝鮮戦争やベトナム戦争でもたらされた特需であることにもふれる。近現代の歴史や現在の社会問題につながるテーマである。

留意点 .........................................

● ここで説明したしくみは基本的なものであり、実際にはもっと複雑な要素が影響し、単純ではないことに言及する。

● 公民学習では、身近なことでも生徒が経験していないことが多いので、「身近なおとなに聞いてこよう」という宿題は有効である。　（池本恭代）

## 14 労働の意義と労働者の権利

1時間

### ねらい

● なぜ働くのかについて、具体的な例を挙げながら、実感的に理解する。

● 増加する非正規雇用などにふれながら、労働者の現状について知る。

● 憲法や労働基準法などをもとに、労働者の権利と労働組合の役割を理解する。

### 授業の展開

(1) 社会的分業と職業選択の自由

　「将来どんな仕事をしたいですか？」(「アニメーター」「スポーツ選手」「声優」など) 自由に発言させながらも、建設や農業、製造業など、生産現場にかかわる仕事の重要性にふれる。

　「人間は一人では生きていけない。さまざまな仕事があり、支えあって社会が成り立っています。これを社会的分業といいます。そして憲法は職業選択の自由を保障しています」

　「働くことはかならずしもバラ色ではないよね。どんな問題がありますか？」(「失業」「給料が安い」「仕事が楽しくない」「希望の仕事につけない」「過労死」など、自由に出させる)「労働条件の悪い非正規雇用も広がっています (資料1)。外国人労働者も増えてきました」

(2) ハローワークや公共職業訓練施設

● 「政府は失業を減らし、雇用の安定化をはかる政策をとらなければなりません。そのためにどんな施設がある？」(「ハローワーク」「職業訓練施設」など)

　「不景気などで企業が採用を控える場合でも、新卒者や失業者に雇用の場を保障することや、労働条件が守られるように企業を監督することが政府の役割です。ほかに、定年の延長や退職者の再雇用、障がいを持った人の雇用、男女の雇用格差の是正、外国人の労働環境保障などにも、政府は積極的に動かなければなりません」

(3) 労働者の権利と労働組合の役割

　労働基準法や労働三権について、あらかじめ教科書などを読ませ、知識として得ておく。さまざまな例を挙げて、労働者の権利や労働組合

**資料1　年齢階級別非正規雇用者の割合**

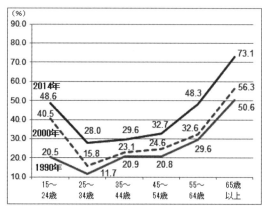

（総務省統計局「統計 Today」No.97）

の役割について考えさせる。(資料2)

(例1) ハローワークの求人では月給が手取り20万円と書いてあった。ところが実際の月給は16万円。社長に聞いたら「君はまだ仕事を覚えていないから減らした」と言われた。これは許されるのだろうか？

→許されない。会社が労働条件を労働者の同意なしに変更することは、労働基準法で禁止されている。

(例2) ある日、上司から「不景気なので明日から来ないでいい。給料も払わない」と言われた。これは許されるのだろうか？

→許されない。一方的な解雇は労働基準法で禁止されている。

(例3) 労働条件が悪いので、労働組合を結成して団体交渉や団体行動（ストライキなど）をおこなおうとしたら、会社側から「労働組合をつくるな」と言われた。これは許されるのだろうか？

→許されない。労働三権（労働組合をつくる権利・団体交渉をする権利・団体行動をする権利）は憲法で保障されている。

**留意点**

● 1か月以上のバカンス（夏季休暇）が一般的で、超過勤務（残業）もほとんどないEU諸国の労働条件などを例に、日本が過労死大国であることを知らせたい。その際、身近なおとながどのくらい長時間働いているかを尋ねるのもいい。

● アルバイトにも年次有給休暇があることなど、卒業してから遭遇するであろう労働問題を想定して、役立つ学習にしたい。

● 都道府県の弁護士会や社会労務士会などが、労働者の権利についての出前授業を実施しているので、時間があれば組み入れてもよい。(本庄 豊)

資料2 「働いているとき、こんなことが起こったら？」

デジタル資料集

**参考資料**
映画「マイケル・ムーアの世界侵略のススメ」
ヨーロッパ各国の労働条件がコメディタッチでわかりやすく解説されている。
https://sekai-shinryaku.jp

## ねらい

● 雇用形態により労働者の立場に大きな違いがあることを理解し、格差の
問題に目を向ける。

● 「働き方改革」が叫ばれる背景に過労死の問題があり、解決に至らない
現実を理解する。

## 授業の展開

(1) 正規労働者と非正規労働者

● 「みなさんは何歳から働けますか？」「ほとんどの人はもうす
ぐ高校生です。高校生になったらアルバイトはしますか？」
(「する」「しません」)

「では一生アルバイトを続けますか？」(「いいえ」)「就職して会
社員や公務員などの労働者になる人が多いでしょう。なぜ就職す
るのですか」(「給料が高い」「仕事が楽」「やりがいがある」「休み
が多い」「安定性」など) **資料 1** を伏線にする。

● 「かつての日本では、パートやアルバイト以外は正規労働者
(いわゆる正社員) でした。正規労働者は退職まで同じ企業で
働くことが一般的で、毎年給料が上がりました。それぞれ何と
いう制度ですか」(「終身雇用制」「年功序列賃金」)

「こうした雇用慣行は近年大きく変化しました。資
料 1 から何がわかりますか」(「非正規労働者が増えて
いる」)

「非正規労働者の数も、全体に占める割合も増えて
いるのはなぜでしょうか」と問い、予想されることを
発表する。(「女性の社会進出」「専業主婦の減少」「会
社の都合」「スマホ代が高いから」など)

法律の改正で、非正規労働者の範囲が大幅に拡大さ
れた。

1986 年　労働者派遣法制定…「優れた知識や技能を
持つ」労働者の派遣を趣旨とする

1999 年　一部の禁止業務を除き多様な業種への労働
者派遣が解禁される

● 「正規労働者と非正規労働者の違いを調べましょう」

資料 1　非正規雇用は増え続けている

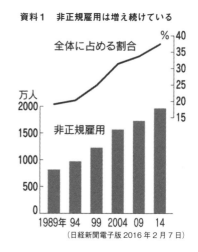

(日経新聞電子版 2016 年 2 月 7 日)

資料 2　非正規の職員・従業員についた主な理由 (男女別)

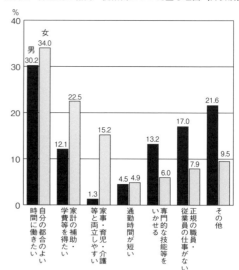

(総務省統計局「労働力調査 (詳細集計) 2021 年 (令和
3 年) 平均結果」による)

観点を決めてまとめさせる。

非正規が不利な点…労働時間が不安定、賃金、福利厚生
　（健康保険、厚生年金、雇用保険）、解雇（雇い止め）、
　将来の生活の不安など

非正規が有利な点…趣味の時間を優先できる、いろんな
　仕事ができる、人間関係が楽など

　「実際に非正規で働く人が非正規労働者になった理由
（資料2）を見てみましょう。みなさんが労働者なら、
どちらを望みますか」（「正規」）

　「では立場を変えて、あなたは社長です。非正規労働
者を雇うメリットは何ですか」資料3で確認し、班で
まとめさせる。

　正規労働者と非正規労働者の生涯年収の
差＝5777万円（1億7118万円と1億1341
万円。厚生労働省「令和2年賃金構造基本
統計調査」の平均年収から44年勤続とし
て推計。人材派遣会社による試算）。非正
規労働者の増加は企業にとって有利である
ことを確認する。コロナ禍でこうした格差
の矛盾が噴出した（資料4）。

（2）過労死

●「みなさんは将来どんな職業に就きたい
　ですか。決まっている人は？」と挙手さ
　せる。

　「大企業で週休3日制の導入が発表され
ました。どうかな？　働くならどんな会社
がいいですか」

　労働者が期待する会社像…給料がいい、休みが多い、勤務地が近い、潰
れない…等

●「資料5は、小学1年生のマー君が書いた『僕の夢』という詩です。読
　んでみましょう」下線部分を隠し、語句を推理しながら順に開いていく。

資料3　雇用形態による賃金格差

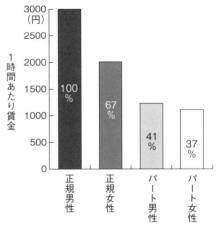

（厚生労働省「賃金構造基本統計調査報告」から作成）

資料4　コロナ禍の格差

（東京新聞 2021年2月23日朝刊）

資料5　「僕の夢」

> 大きくなったら、ぼくは博士になりたい。
> そしてドラえもんに出てくるようなタイムマシーンを作る。
> ぼくはタイムマシーンにのって　お父さんのしんでしまう前の日にいく
> そして「仕事に行ったらあかん」ていうんや
> 　　　　　　（「『はたらく』へのトビラ」厚生労働省作成）

　「なぜお父さんは死んでしまったのでしょうか？」（「事故」「津波」「テロ
の犠牲」など）

和歌山県の公務員で過重な業務に追われていたお父さん（当時46歳）は、マー君が幼稚園に通っていた2000年に自ら命を絶った。起床時間は午前5時。亡くなる前の1か月間は残業時間だけで月110時間、家で仕事をしていた時間も合わせると200時間以上も働いていた。

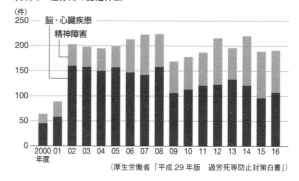

資料6　過労死の認定件数

（件）

（厚生労働省「平成29年版　過労死等防止対策白書」）

「お父さんの死因は過労死（過労自殺）でした。本来、労働者は憲法などで守られています。社会権の学習で学んだことは何でしたか」

「労働基準法は労働時間についてどう定めているでしょう。労働組合は守ってくれなかったのでしょうか？」（「労働基準法では週40時間、1日8時間労働と決められている」「自分から相談しないと労働組合も守ってくれないのかも」「働きすぎの人が多くて、労働組合も救いきれないのでは」など）

「ところで、過労死を英語でどう言うか知っていますか」（「karoshi」と板書）

（3）過労死を防ぐ

　2014年、「僕の夢」の詩が議員の心を動かし、国会で「過労死等防止対策推進法」が成立した。「これで過労死問題は解決でしょうか？」

　2014年以降も過労死は続いていることを資料6で確認する。2016年に起きた電通社員の過労自殺事件は大きく取り上げられた。

「もし働きすぎの家族がいたら声をかけましょう。タイムマシンはありません。ほかに、どんな対策をとれば過労死を防げるでしょうか。班で話しあってください」

　時間があれば、中3になったマー君の手記（資料7）を読ませたい。

資料7　「命こそ宝」（中3になったマー君の手記）
（「『はたらく』へのトビラ〜ワークルール20のモデル授業案」厚生労働省作成）
www.check-roudou.mhlw.go.jp/pdf/tobira_all.pdf

参考資料
「過労死等防止対策に関する法令・過労死等防止対策推進協議会」（厚生労働省）
www.mhlw.go.jp/stf/newpage_04739.html

過労死を減らす取り組みをしている厚生労働省自身の非正規職員の割合は官庁で最多、各地のハローワークは非正規が正規職員の3倍もいる。以下参照。
「そりゃあんまりだ！　厚生労働省はブラック官庁」
http://editor.fem.jp/blog/?p=1741

留意点

●格差が問題となる一方で、企業側が非正規労働者の確保を継続するため、待遇改善策が打ち出されていることにも目を向けたい。働き方改革で、ワークライフバランスの確立に努めている企業の存在にもふれておく。

●労働者が企業をつくり運営する労働者協同組合法が法制化された。今後の新たな働き方のスタイルとして、簡単にふれてもよい。　（長屋勝彦）

# 16 外国人労働者

1 時間

## ねらい

● 外国人労働者を通して、日本の労働市場の問題点を考える。

● 将来の労働者不足を見据え、外国人労働者とどう共生するかを考える。

## 授業の展開

### (1) 導入

　著名な在日外国人の写真を提示し、次にハーフ（ダブル、ミックス）の
タレントやアスリートの写真を順に掲示し、日本に定住する外国人の存在
に気づかせる。その数は増加の一途、今や新生児の 30 人に 1 人はどちら
かの親が外国籍である。クラスや校内に親や本人が外国籍の生徒がいれば、
人権に配慮しながら紹介する。

### (2) 増え続ける外国人労働者

● 「日本で外国人労働者が増えはじめたころに目を向けてみましょう」（外
　国人労働者の写真を見せ）「日本で外国人労働者が広く見られるように
　なったのはいつごろ？」

　三択で出題。高度経済成長期／バブル期／ 21 世紀になってから

「**資料1** を読んでください。答えが見つかりましたね。バブル期です」

「では資料をもう一度読んで、疑問点を書き出してください」

　なぜ日本で働くのか（賃金格差）、彼の家は豊かなのではないか（高い
渡航費）、なぜ顔を隠すのか（外国人隠しのため）、なぜ働き手がいないの
か（バブル経済）、なぜ捕まる心配があるのか（観光ビザによる非正規滞
在〔オーバーステイ〕）

**資料1　町工場の外国人労働者**

・好景気のバブル期には「3K」（汚い、きつい、危険）で低賃金の職場は
　人手不足となり、労働条件が低くても働く外国人労働者が求められた。

・現在でも結婚による定住者、日系人、在日韓国・朝鮮人を除き、専門的
　知識や技能以外の一般の労働（単
　純労働）は認められていない。

### (3) 実習生・留学生が支える労働現場

● 「日本には現在、どれほどの外国
　人がいるでしょうか？」（三択）

　**資料2** で、2019 年に約 293 万人と
急速に増えていることを確認する。

**資料2　在日外国人の推移**

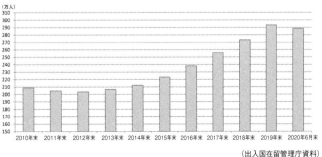

（出入国在留管理庁資料）

「どこの国が多いかな」（資料3）

そのうち外国人労働者は約166万人。身近にいれば、どんな仕事をしているかを問う。

「なぜ外国人労働者が増えたのでしょうか。日本で自由に働けるようになったのでしょうか？」

制限は緩くなったが、現在でも外国人が自由に働くことは認められていない。

「外国人労働者の内訳を見ましょう」（資料4）

外国人労働者の3分の1は技能実習生と留学生のアルバイト、つまり日本に学びに来ている外国人である。2010年に日本語学校への留学が認められ、留学生が増えた（留学生全体の半分）。大都市のコンビニや飲食店で働く外国人の多くが日本語学校に在籍しながら働く留学生である。留学生のアルバイトは週28時間に制限されているが、現実には長時間働いており、労働者の性格が強い。

人手不足の零細企業は外国人労働者を安く雇いたい。政府は国民の雇用と治安への不安を意識し、外国人の単純労働を認めたくない。

「必要なときに低賃金で働く人材を求める企業の声に応えて、どんな政策がとられたでしょうか？」

①非正規労働者（派遣社員、契約社員など）の拡大

②合法的な外国人労働者の導入制度（日系人や実習生）

③定年退職者の再雇用（賃金を減額して同一労働に従事）

外国人労働者を合法的に確保する政策として新設されたのが外国人技能実習制度であった。

「技能実習生とは？ なぜ日本に来るのだろうか。予想してみましょう」

政府は実習生の教育を通じた「国際貢献」を制度の目的と言っている。

「多くの実習生は借金を抱えて来日します。それでもたくさんの実習生が来日する理由は？」

一人あたり国民総所得：日本37,630ドル、中国11,850ドル、フィリピ

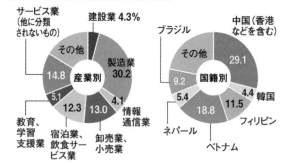

資料3 産業別、国籍別外国人労働者数

サービス業（他に分類されないもの）
建設業 4.3%
その他 14.8
製造業 30.2
5.1
教育、学習支援業
12.3
宿泊業、飲食サービス業
13.0
卸売業、小売業
4.1
情報通信業
産業別

ブラジル
その他
中国（香港などを含む） 29.1
9.2
韓国 4.4
フィリピン 11.5
ネパール 5.4
18.8
ベトナム
国籍別

（2017年10月現在。厚生労働省「外国人雇用状況の届出状況まとめ」から）

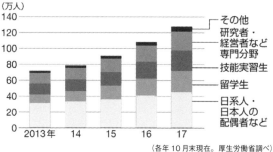

資料4 外国人労働者の内訳

（万人）

その他
研究者・経営者など専門分野
技能実習生
留学生
日系人・日本人の配偶者など

2013年 14 15 16 17

（各年10月末現在。厚生労働省調べ）

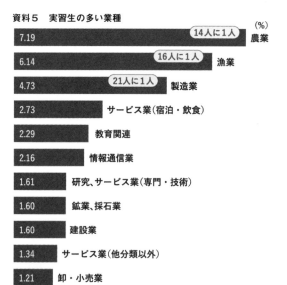

資料5 実習生の多い業種

（%）

| | |
|---|---|
| 7.19 | 14人に1人 農業 |
| 6.14 | 16人に1人 漁業 |
| 4.73 | 21人に1人 製造業 |
| 2.73 | サービス業（宿泊・飲食） |
| 2.29 | 教育関連 |
| 2.16 | 情報通信業 |
| 1.61 | 研究、サービス業（専門・技術） |
| 1.60 | 鉱業、採石業 |
| 1.60 | 建設業 |
| 1.34 | サービス業（他分類以外） |
| 1.21 | 卸・小売業 |
| 1.09 | サービス業（生活関連）、娯楽業 |

0 1 2 3 4 5 6 7 8

（NHK for School「外国人"依存"ニッポン」）

ン 7,820 ドル、ベトナム 5,030 ドル、ネパール 2,260 ドル、世界平均 15,076 ドル（2013 年）

資料6　外国人技能実習生の失踪者数

（産経新聞 2015 年 5 月 15 日）

(4) 外国人技能実習生に頼る業種とその理由を考えよう

（**資料5**）

・農業…高齢化と人手不足、国際競争力の弱さ

・繊維業…外国製品との価格競争

　実習生たちは研修の後、中小零細企業や農家で働く（3 年間。転職禁止）。

　「**資料6**を見てください。技能実習生の失踪が目立ちます。なぜだろうか？」

　聞き取り調査では…低賃金、労働時間が長い、指導が厳しい、仕事内容が違う、相談相手がいない、実習終了後も日本で働きたい　等

　実習という名の低賃金の劣悪な労働であることがわかる。

(5) 今後の外国人労働者の受け入れについて

● 「少子高齢化などにより、2030 年には 644 万人の人手不足になると予測されています（パーソル総合研究所）。日本はどうすべきでしょうか」

　選択肢から自分の考えに近いものを選び、理由も書く。その後、班で意見交換する。

(A) EU と同様に労働市場を開放し、外国人も日本人と対等の労働条件で自由に働けるようにする。

(B) 限られた業種または定員などの制限をもうけ、条件付きで外国人の雇用を認めていく。

(C) 国内で労働力不足の解決策を考え、専門的知識や技能をもつ外国人労働者以外は禁止する。

(D) その他

---

**留意点**

● 外国人技能実習生の実態について、具体的な事例を資料にして深めてもよい。YouTube に多数の動画がある。

● 外国人を親にもつ子どもの割合が増えているので、人権への配慮が必要である。

（長屋勝彦）

こんなときどうする？　労使交渉

## ねらい

●労働者の権利を再確認し、実際の場面に当てはめて考えられるようになる。

●実例に則して、労使間の問題をどう解決するかを具体的に考える。

## 授業の展開

（1）クイズで労働条件を学ぶ

●「アルバイトをしている高校1年生の考えです。法律に照らして○か×かを考えましょう」

プリントを配布し、グループで相談して○×とその理由を書かせる。問題と解答・解説をグループに割り振り、出題と解答・解説を生徒に担当させてもよい。

---

〈労働基準クイズ〉○か×かで答えよう！

①アルバイトを探していたら募集広告を見つけました。時給は890円ですが、最初の3か月は研修期間で850円です。このお店がある県の最低賃金は885円ですが、研修中はいろいろ教えてもらうので、時給が低くてもやむをえないと思います。

②店長に言われて開店の準備や片付けをしていますが、店と合意した仕事は「接客」で、接客以外の雑務はごく短時間なのでアルバイト代は払えないことになっていると言われました。店のために働いたのだからアルバイト代は請求できるはずです。

③仕事中に自分のミスで店の皿を割ってしまいました。翌月のアルバイト代から皿の弁償金が差し引かれていました。お皿を割って自分の過失を認めたのでしょうがないです。

④アルバイトで毎回タイムカードに記録された時間のうち、15分未満が切り捨てられてアルバイト代の計算がされています。短時間でも働いた記録があるから、アルバイト代は請求できるはずだ。

⑤アルバイト先には「遅刻をしたら罰金千円」というルールがあります。遅刻した分のアルバイト代がもらえないのは当然ですし、遅刻した自分が悪いので、ルールに従って「罰金」を払わなければいけないんですね。

⑥週末に1日に7時間働いています。いつも忙しくて、休憩が15分くらいしか取れていません。お店のみんなも忙しくて休憩を取れていないので、私も休憩が取れなくても仕方ないです。

⑦店長から「今日は忙しいから閉店時間（午後11時）まで働いてほしい」と言われました。お店が困っているんだからと、9時までの契約ですが閉店まで働くことにしました。

⑧仕事中にケガをしてしまいました。会社からは「君の不注意が原因なので治療費は自分で払ってください」と言われました。保険証があるから治療費はそんなに高くないし、自分のミスだから自分で治療費を払います。

（問題文は『「はたらく」へのトビラ』より作成）

---

①答え：×　研修中でも最低賃金を下回ってはいけない（最低賃金法第4条）

②答え：○　会社の指示で働いた分は賃金が支払われる（労働基準法第24条）

③答え：×　場合によっては弁償しなければならない場合もあるが、賃金から差し引くことはできない（労働基準法第24条）

④答え：○　労働時間は1分単位で集計しなければならない（労働基準法第24条）

⑤答え：×　遅刻による損害の有無にかかわらず一律に罰金を科すことはできない（労働基準法第16条）

⑥答え：×　6時間を超える労働には定められた休憩時間を設けなければいけない（労働基準法第34条）

⑦答え：×　18歳未満は午後10時以降は働かせてはいけない（労働基準法第61条）

⑧答え：×　仕事が原因のケガは労災保険の給付が受けられる（労働者災害補償保険法）


(2) 問題の解決への道

　「ブラック企業で働くお兄さん」（「『はたらく』へのトビラ」厚生労働省）を読む。

●「このままでは、お兄さんは体を壊すか、過労死するかもしれません」

　お兄さんを守るための解決策をグループで考える。今後、会社と争うにあたって準備しておくべきことを考える。

例：雇用契約書、給料明細など書類の整理、出退勤時間の記録、健康被害があった場合には医師の診断書、家族による生活状況の記録

　次の選択肢からいずれかを選び、労働問題に直面した場合の対処方法を具体的に考える。

（A）転職を勧める

→方法は？　自力で探す（新聞広告、貼り紙、転職サイト）。公的機関のハローワークのほか、転職サイトも多くある。同じ問題にぶつからないよう、転職にあたっての注意事項も調べさせるとよい。

　○転職できれば健康不安がなくなり、ちゃんと給料が払われる

　△再就職できるかわからない

（B）労働組合に交渉してもらう

　「労働者の権利」での学習につなげ、組合の交渉の手順を具体的に調べさせる。労働組合のつくり方や、個人加入できる組合（ユニオン）などを紹介し、一人でも企業とたたかえる知識を伝えたい。

　○対等に交渉できる。職場の人に助けてもらえる

　△交渉がまとまらないかもしれない。組合がないと話にならない

（C）弁護士に頼んで、民事裁判で未払い賃金を払わせる

　民事裁判の基礎は学習しているが、より具体的に学ぶ機会となる。

　○有力な解決方法。勝てば未払い分が全部取り戻せる

　△時間と費用がかかる。負けた場合の損失が大きい

（D）国の役所に相談する

→担当は？　労働基準監督署について調べさせる。公式サイトだけでなく、公的機関の限界についても深められるとよい。

　○料金がかからない。権力がある

　△抱える案件が多く、迅速に対応できない。明確な違法行為でないと対応できない　　　　　（長屋勝彦）

# 私たちの生活と財政

## ねらい

● 国際的な調査結果を読み解き、日本の子どもたちをとりまく社会状況について理解し、その問題点を明らかにする。

● それらの問題に経済的状況が大きくかかわっていることを理解し、あらためてどのような解決をめざすべきか考える。

● 私たちの暮らしと企業や政府（財政）が大きくかかわっていることを理解し、いわゆる「経済の3主体」や、消費、働き方、企業のあり方、税のしくみやその役割、財政のあり方についてなど、経済分野の概論的理解を深める。

## 授業の展開

(1) 国際的な調査で日本はどのような位置にあるか

ユニセフ報告書「レポートカード16」を読み解く（**資料1**参照）。

日本は「子どもの幸福度」の総合順位では20位（38か国中）。

「精神的幸福度」37位（生活満足度が高い子どもの割合や自殺率）

「身体的健康」1位（子どもの死亡率、過体重・肥満の子どもの割合）

これらの調査結果に至る原因がどこにあるか、「気づき」をお互いに交流し、「問い」の形にまとめ、今後日本が取り組むべき課題として整理する。「何ができなくてつらいのか？」「なぜできないのか？」という他者との応答の形で討論させ、シンキングツールを使って視覚的にまとめることが有効だろう。

同報告に対する尾木直樹氏、阿部彩氏のコメントを読む（**資料1**参照）。自分たちが読み解いたものと両氏のコメントとを比較し、さらに「問い（課題）」として深めていく。そのなかで、子どもの幸福度が教育上の問題であるだけでなく、経済の問題ときわめて密接に関係していることに気づかせる。特に阿部氏のコメントを参考にすると、子どもの幸福度が、財政という政策上の問題や社会状況と切り離せないものであることが明らかになる。

(2) 「気づき」と「問い」から「経済の3つの主体」について導き出す

自分たちの「気づき」や「問い」について整理する際に、どこにどのような問題があるのかを明らかにしながら整理させる。そうすると、個人や家庭の問題と、それだけではどうにもならない問題とが意識される。

たとえば、

**資料1　ユニセフ報告書「レポートカード16」先進国の子どもの幸福度をランキング　日本の子どもに関する結果**
www.unicef.or.jp/report/20200902.html

・「序列化と競争原理」の学校、「いじめ」
　など　→　教育政策など政治（政府）
　の問題。
・「コロナ禍と失業」などの生活の急変
　→　家計の重大な問題であると同時に、
　支援策など政治の問題でもある。
・「ワークライフバランス」や育休など
　→　企業のあり方の問題であると同時
　に、働き方にかかわる政治の問題でも
　ある。
・「ワーキングプア」や非正規労働の増
　加など　→　格差是正や労働法制など政治の問題である。　…など

資料2　経済の3つの主体

社会保障や経済政策への要求

社会保障や
公共サービス　　税金

主権者として

個　人
幸福追求権
（§13）

労働者として

消費者として

税金

公共事業や
産業の振興

消費者の権利

雇用や労働条
件への要求

政府

家計　　　賃金・商品やサービス　　　企業
労働力・代金や料金

（筆者作成）

　自分たちの幸福度を上げるためには、家計の安定、家族との時間や働き
方の問題など企業との関係の改善、そして社会・経済全体の安定やセーフ
ティーネットなど、経済政策や社会保障制度などの課題が密接にかかわっ
ていることに生徒自身が気づくことが重要である。その上で導き出された
「経済の3つの主体」と、それぞれの「問い」で明らかにされた問題の整
理を、「個人」を中心に据えておこなうこととする。**資料2**の「3つの主
体」の間でお金を適切に循環させるのが財政のはたらきであり、私たち一
人ひとりが主権者として政府の財政政策をチェックすることが重要である
ことに気づかせる。

（3）それぞれの「問い」に見通し（Anticipation）を立てる

　これまでに学習した内容をふまえながら、これからの学習への地ならし
として、学習の見通しを自分なりにまとめさせる。教科書の目次のページ
を利用することも有効である。そうすることで、学習内容のつながりを意
識させる。さらに、自分たちが立てた「問い」の解決の糸口を自分なりに
探らせることもできるよう促す。

**留意点**

●従来この部分は、基礎的な知識として教えるものとされることが多かっ
　た。（2）の学習過程で「経済の3つの主体」が生徒自身から出てくるか
　どうかがもっとも難しい部分であるが、4人程度で意見交流するなかで、
　個人ではどうにもならない問題と気づいたときに出てくることが期待さ
　れる。また、教科書などにある「経済の3つの主体」の図の中心に、自
　分自身（個人）を据えることも重要である。「効率と公正」などを考え
　る際に、「為政者」的な視点に立って効率を考えてしまいがちなときに、
　自分自身（個人）に立ち戻る必要に気づかせる図としたい。

（井口和之）

# 18 政府の役割と財政の課題

## ねらい

● 「仮説」「架空」の想定をした上で、論点を整理する手法を学ぶ。

● 市場原理に任せることの問題点に気づくと同時に、セーフティーネットをつくる政府の役割に気づく。

● より良い社会、より人間らしい生活に必要な財源をどのように確保するのか、税のしくみや目的について考えるきっかけとする。

## 授業の展開

(1) 思考実験を通じて、格差の許される範囲について考える

● 公共サービスについての仮定から、世界の事例と比較する。

「もし、救急車や消防車が有料だとしたら？」

世界では、消防車や救急車が有料である例は少なくない。現在の日本の状況が、どのようにして成り立っているかを考えさせる。

公共サービスは、すべての人にとって平等であるべきものと生徒たちには認識されている。そこで生徒たちに、警備保障会社のサービスや、電力会社やガス会社がおこなっている「見守りサービス」なども紹介し、「お金を払えばサービスとしての安心と安全を手に入れることができる」ことを指摘して、現実には「格差」があることも気づかせる。

● 市長選挙に立候補した候補者が、次のように訴えた場合を考える。

「消防や救急車を有料とします。その代わりに、水道代や電気代、ガス代を無料にします（公的資金でまかないます）」

この公約があり得るかと問うと、生徒たちの多くは、実現には多額の財源が必要となるので難しいと考えたり、資源の無駄使いを抑制するためにも有料のほうがよいのではないかと主張することが予想される。しかし、経済的に弱い立場にある人は、日常的に節約して生活をしている可能性が高いため、有料化に無駄使いを抑制する効果はなく、ただの負担増であるにすぎないと気づかせたい。一生の間で利用回数の少ない消防や救急が無料であるよりも、日常的に必要な水道、電気、ガスが無料であることのほうがありがたいのではないかと、議論をさせることも重要である。

「無料というのはどうだろう？」「有料にすることのメリットとデメリットは？」「最低限必要な電気や水の量って？」など、教師が適宜コメントを加えながら、考えるべき視点やキーワードへの気づきを促す。

「両方とも生きていく上で必要なものなので、本質的には無料であるべ

きではないか」「最低限生きていく上で必要な分を無料とし、節約して使う分を超えた範囲から有料としたらよいのではないか」あるいは「消防や救急は従来通り無料を維持し、水道や電気、ガスについては基本的な使用量を無料化すべきではないか」など、仮説そのものへの批判的な提案が出てくるように、「気づき」を整理していくよう心がける。

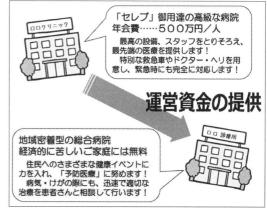

「セレブ」御用達の高級な病院
年会費……５００万円／人
最高の設備、スタッフをとりそろえ、最先端の医療を提供します！特別な救急車やドクター・ヘリを用意し、緊急時にも完全に対応します！

運営資金の提供

地域密着型の総合病院
経済的に苦しいご家庭には無料
住民へのさまざまな健康イベントに力を入れ、「予防医療」に努めます！病気・けがの際にも、迅速で適切な治療を患者さんと相談して行います！

(2) 市場原理の問題点と政府の役割

● 「もし、年会費が超高額な会員制高級病院（セレブ病院）があって、年会費さえ支払えば最先端の医療を最高の施設で利用できるとすれば、商売としてはありか」と問う。生徒たちの中には「あり得るが、全面的に肯定できない」という意見も多くみられた。

次いで、「このセレブ病院を経営する法人は、もうひとつ地域密着型の診療所を経営しており、そこでは経済的に弱い立場の人を無料で診療している。決して最先端の医療を最高の施設で提供しているわけではないが、平均的なレベルの医療を無料で提供している。それに必要な費用はセレブ病院で得た利益をあてている。この２つの病院経営についてはどう思うか」と問う。医療を商売の論理で考えてよいのか、商売の対象として扱うこと自体が倫理的に問題ではないかと考える問いとする。

● 「本来公的であるべきサービスを民間企業の商売として提供することはどこまで認められるか」と問う。

社会の中で、すべての人が平等であるということが難しい場合、「許される格差」とはどの程度までなのか。また「許されない格差」を是正する責任は誰が負うべきなのか。この問いに気づくことが重要となる。

この気づきから「社会資本や公共サービスの提供」「所得の再分配」、そして、格差を許される範囲にとどめるためにも、経済活動のルールを定めたり、過度な競争を防ぎ経済の安定につとめる「景気の調整」という、いわゆる「財政の３つのはたらき」が導き出される。あわせて、税のはたらきや累進課税制度について、あるいは消費税の問題などが「格差」の視点から整理できるようになる。

<hr>

**留意点**

● 展開の(2)で、市場原理に任せることの問題点や政府の役割に気づくかどうかは、(1)の際に自分の気づきを自由に発言できる雰囲気が十分に醸成されているかどうかが重要となる。教員は教えるのではなく、「どうしてそう思ったの？」と問いながら、意見交流のなかで方向づけていくようにしなければならない。

(井口和之)

# 社会保障のしくみ

## ねらい

●答えの出にくい困難な問題に、今の時点での自分なりの見通しを立てる。またそれらの問題は、問いの立て方そのものに不具合があり、あらためて適切な問いを立てるということが良い場合も多いことを学ぶ。

●医療費の問題から、医療保険制度、ひいては社会保障について考える。

●「ウェルビーイング」や「ベーシックインカム」について考える。

## 授業の展開

・ジグソー法を用いて、医療費にかかわる問題を指摘した以下のNHKの記事を読み解き、どのような記事であったかを共有する。

**資料1**「『超高額』新薬負担は誰が？」(「時事公論」2019年5月21日)

**資料2**「どうなる？　医療費の負担」(「くらし☆解説」2020年12月18日)

**資料3**「どうする？　健康とお金　私たちの医療費は…」(「クローズアップ現代＋」2020年2月4日)

それぞれの記事のグラフや図表を用いて、何が問題として提起されているかを意見交換しながらまとめさせる。

・これらの記事から問題点を整理する。

年々高額になっていく医療費について取り上げる際に、上記の記事はいずれも「医療費をどう抑えるか」「高額な医療費の財源をどう確保するか」という問題として整理されている。生徒も基本的にはこの問い立てに引き寄せられるので、結果として「命をとるかお金をとるか」とか「高齢者か若者か」など、答えようのない問いの中で建設的な議論とならずに終わることが多い。こうしたなかで、資料3の記事が大きなヒントとなる。「医療費の負担割合をどうするか」や「財源をどうするか」ではなく、「そもそも健康であれば医療費の必要もなくなるのでは？」と問いかけている。

教科書でも、社会保障制度については「病気や事故にあったとき…」という設定から始まることが多いが、この設定では新たなアイデアを導き出す問いを立てるのは難しい。

・あらためて「問い」を立てる

「増大する医療費をどう抑えるか」や「財源を確保するために自己負担をどこまで上げるか」という問いではなく、別の問いを立てることができるのではないか、と促す。社会保険制度や公的扶助などの社会保障費を財政的に成り立たせるためにはどうするべきかという問いから発するのでは

**ジグソー法**
同じ資料を読み、その資料の内容について理解を深める活動（エキスパート活動）をおこなった後、違う資料を読んだ人が一人ずついるように新しいグループに組みかえ、エキスパート活動で理解したことを説明しあう（ジグソー活動）。この2つの活動をくりかえし、学びを深める協同学習法。

**資料1　「『超高額』新薬負担は誰が？」(時事公論)**
www.nhk.or.jp/kaisetsu-blog/100/367789.html

**資料2　「どうなる？　医療費の負担」(くらし☆解説)**
www.nhk.or.jp/kaisetsu-blog/700/441157.html

**資料3　「どうする？　健康とお金　私たちの医療費は…」(クローズアップ現代＋)**
www.nhk.or.jp/gendai/articles/4380/index.html

これらの記事は、いずれもコンパクトにわかりやすくまとめられており、生徒たちでも論点を理解しやすく工夫されている。積極的にICTを活用して、それぞれの記事のどのグラフや図表を用いるか、また何が問題として提起されているかを意見交換しながらまとめさせるとよい。

なく、あらためて「どうすれば病気にならない（深刻な状態にならない）か」という視点から問いを考えさせる。

「予防医療を充実させるためにはどうすべきか」「すべての企業に健康を維持するための施設を義務づけたり、労働時間内に適切な休憩や運動の時間を設定させるのはどうか」など、具体的なアイデアが出てくるようになると、より本質的な問いが立てられるようになる。

## (2) 社会保障制度についての新たな視点を探す

社会保障制度は、私たちの生活を守るものとして「社会保険」「公的扶助」「社会福祉」「公衆衛生」から成り立っているが、なんらかの困難におちいった際に、あるいは高齢や障がいなどで自立して生活を営むのが困難な場合などに、セーフティーネットとして機能することが求められている。そのことから、教える際にもそうした「困難な状況」を前提にしながら制度的なしくみを理解させようとしがちになる。しかし生徒たちの本音は、できればそうした困難におちいる前にサポートされたいのである。その視点から社会保障制度を考える機会をつくる。

●「私たちの健康や安心、安全はどうすれば確保できるか」とあらためて問いかける。

世界に視野を広げ、「ウェルビーイング（Well-being：身体的にも精神的にも、そして社会的にも良い状態のこと）」の議論から学ぶことや、フィンランドやオランダなどで始まっている「ベーシックインカム」という試みについて、そのメリットとデメリットを含めて学ぶことを通して、社会保障制度それ自体をゼロベースで考える機会とするため、生徒たちに「世界のさまざまな社会保障制度やその制度を成り立たせている考え方について調べてみよう」と促す。

グループ活動として、いくつかのキーワードを選び、その長所・短所を比較したスライドを作成させ、プレゼンさせることで、クラス内で知識の共有をはかるのも効果的である。

ウェルビーイングの視点からは、個人の幸福が、個人の問題としてではなく、私たち社会（コミュニティ）がつくりあげるものであるという点に気づくことができるし、阿部彩氏が紹介する「ミニマム・インカム・スタンダード」についても興味深い。

---

### 留意点 ·······························

●記事を読み、批判的に分析するには、自分の気づきや解釈を相対化する必要があり、それには他者との交流が有効である。(1)ではそうした相対化を経て課題を発見していくプロセスとするよう留意する。

●社会保障制度を学習する際には、財政の安定を重視するあまり、増税の是非であるとか、個人負担と公的扶助の割合の話として議論をさせがちであるが、多様な意見を引き出しにくい。むしろ世界に目を向け、新たな発想や試みを知ることから、制度そのものをより広い視点で議論できるよう工夫することが求められる。　　　　　　　　（井口和之）

**参考文献**
阿部彩『弱者の居場所がない社会』（講談社現代新書）
渡邊淳司、ドミニク・チェン監修・編著『わたしたちのウェルビーイングをつくりあうために——その思想、実践、技術』（BNN）

## 20 少子高齢化と財政

1 時間

### ねらい

● 「赤ちゃんポスト」や「注文をまちがえる料理店」の試みについて学び、誰もがなりうる「弱い立場」とされる人たちを、社会全体で支えあうためにはどのような発想の転換が必要かについて考える。

● より良い社会を築くための「ボトムアップの制度設計」とはどのようなものかについて考える機会とする。

● 少子化問題と高齢化問題について扱いながら、「Backcasting（逆算的に考えること）」という考え方を経験する。

### 授業の展開

(1)「赤ちゃんポスト」と「注文をまちがえる料理店」の試み

　2つの事例をネットなどで調べ、気づいたことを意見交換させる。特にこれらの試みに対する社会的な評価（賛否両論をかならず確認する）を含めて確認させる。

①「赤ちゃんポスト」という試み

　「赤ちゃんポスト」を教材化した例はいくつかあるが、そのなかで、目的の正当性と手段の相当性が論じられていることから学ぶことは多い。赤ちゃんの人権を守ることが最優先、最大限尊重されるべきだという目的の正当性と、「赤ちゃんポスト」というシステムが手段としてふさわしいかどうかという論点は、生徒たちにとって「正当な目的のためには手段を問わない」という考え方が肯定されないということを知る良い機会となる。

　生徒の議論の中で、教師が「緊急避難としての意義は認めるが、赤ちゃんポストというシステムは、それに頼らざるをえなかった親を救うものとしては機能していないのではないか」と指摘したり、「老人ホームを利用することは社会的に非難されないが、育児を他者に委ねることは社会的にあまり好ましいこととされていない」現状を紹介するなど、適宜コメントしていく。「老人ホームのように、たとえば赤ちゃんハウスがあって、社会全体で赤ちゃんを育てる（預かる）システムがあってもいいのではないか」という提案などが出てくると、少子化問題へのひとつの解決法が見えてくるのではないか。

②「注文をまちがえる料理店」という試み

　「注文をまちがえる料理店」という試みは、認知症になっても安心して暮らせる社会をめざすひとつのヒントとなっている。

「赤ちゃんポスト」についてはネット上でも多くの資料を集められるが、以下の参考図書を紹介しておく。

ＮＨＫ取材班『なぜ、わが子を棄てるのか──「赤ちゃんポスト」10年の真実』（NHK新書）

蓮田太二『ゆりかごにそっと──熊本慈恵病院「こうのとりのゆりかご」に託された母と子の命』（方丈社）

また、授業案として紹介されたものとしては下記も参考になる。

橋本康弘編『教室が白熱する"身近な問題の法学習"15選──法的にはどうなの？　子どもの疑問と悩みに答える授業』（明治図書）

貧困がもたらすさまざまな影響と同じく、認知症の方をはじめ、高齢者の多くが「肩身の狭さ」を感じてしまう社会となっている現状に対して、新しい居場所を提供したり、高齢者の「自己肯定感」や「自己有用感」を得られるしくみを社会の中につくり上げることが求められること、そして高齢であるがゆえに起こりうる問題を「まあいいか」とおおらかに受けとめられるような社会をめざすことも考えさせたい。車いすの利用者が当たり前として設計されたレストラン「バリアフルレストラン」の試みも、自らの「当たり前」を問い直す視点を与えてくれる。

**(2) より良い社会を築くための制度設計とは（民間の試みに学ぶ）**

教科書では基本的に社会保障制度などの学習が大部分であり、（1）で学んだような民間のさまざまな取り組みが紹介されることは依然として少ない。この民間の多様な試みこそが、公的なセーフティーネットでは救われていない人たちが抱える問題の解決の糸口になりうるのではないかと気づかせたい。

授業展開としては、積極的に Zoom などを用いて、市役所などの行政や地域自治会、民間施設で働く人たち、あるいは先に紹介したような試みをおこなっている起業家の方々に授業に参加していただきながら、身近なコミュニティでおこなわれている活動を具体的に学ぶ機会を設ける。

生徒たちに、自分たちでも何かアイデアが出せるのではないかと考えさせる。そのアイデアをコンテスト形式で、自治会や民間施設で働く人、新たな仕事を起業する方々などに審査していただくことも有効である。

---

### 留意点

● 授業として社会保障制度の学習にのみ終始し、「どのような制度を整えればよいか」と制度を考察するだけではなく、民間の試みや地域の活動を具体的に学ぶよう留意する。それら民間の活動が行政支援（補助金などの財政的な支援）の充実によってより永続的なものとなり、多くの人がその恩恵を得る可能性があることに気づかせる。新しい社会保障制度とそれを支える財政とは、こうした民間の試みの中から「ボトムアップ」的に設計図を描くことが可能であると気づかせることが重要である。

● SDGs の視点が求められる今、理想的な社会とはどういうものかという点についてはコンセンサスが得られつつある。そのような中では「どのような社会にすべきか」という問題は倫理的な意味しかない。そうではなく、理想的な社会に至るまでに、今、そして今後の数十年の間に具体的に何をしなければならないかを「Backcasting（逆算的に考える）」する能力を養うよう、カリキュラムデザインする必要がある。（井口和之）

---

▶▶ **注文をまちがえる料理店**
www.mistakenorders.com/

「世を席巻『注文をまちがえる料理店』は認知症の何を変えたか　代表に聞く」（「なかまある」）
https://nakamaaru.asahi.com/article/12660339

▶▶ **バリアフルレストラン**
https://dare-tomo.team/event/event20200213.php

**同志社中学校での実践例**
京都市総合企画局総合政策室SDGs・市民協働推進担当の方の Zoom 授業
京都市の市政参加の一環として「パブリックコメント」に中学生が参加した。その際、上記部署の担当者にオンラインで授業をおこなっていただいた。民間の活動を京都市として支援していくことの具体的な姿を知る機会となった。
（参考：https://tsukuru-kyoto.net/about/）

**Backcasting（逆算的に考える）について**
現状の改善策を積みあげていくような考え方をフォアキャスティング（forecasting）と呼ぶのに対して、理想的な状態を考えた上で、逆算して今どんなことができるかを考える発想をバックキャスティング（backcasting）と呼ぶ。特にSDGsのように目標達成の時限が明確な場合、具体的な行動計画が必要となることから、後者の考え方が重要視されている。

資料1　大気汚染

（写真：アフロ）

（毎日新聞社）

資料2　焼却炉の写真

資料3　ごみの分別ラベル

| 燃やすごみ COMBUSTIBLES | 燃やさないごみ |
| プラスチック容器 PLASTICS | ペットボトル ビン・カン PLASTICBOTTLES CANS |

---

## 21 公害の防止と環境の保全

1時間

### ねらい

● 公害・環境問題が私たちの生活に与えてきた影響とその対策を学ぶ。

● 未来社会に向けての環境対策を多面的に考える。

### 授業の展開

(1) 日本でもあった大気汚染

● 「新型コロナ流行前の画像（**資料1**）です。どこの国ですか。なぜマスクをしているのだろう？」（「中国」「PM2.5」「大気汚染」）

「少し古いけれど、次の写真はどこ？」「これは三重県で撮られた写真です。マスクの理由はわかりますね」

(2) その後の環境問題と生活の変化

● 「かつては多くの家や学校にありましたが、今はすっかり消えたモノがあります」と、焼却炉の写真（**資料2**）を提示する。（「焼却炉です」）

「なぜ消えたのだろう？」「ごみの分別方法も変わりました。可燃ごみと資源ごみ、あとは？」（**資料3**）

プラスチック製品を見せる。「なぜプラごみを分けるのかな？」

塩化ビニールの焼却の際に発生する有害なダイオキシン。ベトナム戦争で使用された枯れ葉剤もダイオキシンが用いられた。

(3) 2020年からのレジ袋有料化

● 「プラスチックごみについては、大きな変化がありました」（**資料4**、「有料化」の文字を隠しておく）（「レジ袋が有料化された」）「有料化の目的は？」（地球温暖化対策、ごみの減量、マイクロプラスチックによる海洋汚染の防止）

「レジ袋有料化に賛成？　反対？」の世論（**資料5**）も参考にして、自分の賛成／反対とその理由をノートに書く。事前にレジ袋有料化の成果と問題点を調べさせるとより深まる。

「マイバッグが徐々に増えていますが、プラごみの総量は年間900万トン、うちレジ袋のごみは20万トンです」

現在の法律では、成分の25%以上が植物由来のレジ袋なら無料配布してもよいことになっている。残り75%分は従来と同じプラスチックであっても無料配布されている現実がある。

ごみ減量のために「3R」が強調されるが、「リサイクル」よりも

「リデュース（減量）」「リユース（再利用）」のほうが地球に優しい点はふれたい。

（4）2050 ゼロエミッションに向けて

●資料6を提示し「世界の国々のリーダーは何を喜んでいるのでしょう」と問う。

「COP21 という会議で歴史的な協定が結ばれました。何という協定か、写真を見て当ててください」（「パリ協定」）

内容を簡単に説明する。気温上昇を産業革命前から2度未満にすることを国際的な枠組みで合意した。

「日本も取り組みます。2020 年、菅総理（当時）によって『温室効果ガス 2050 実質ゼロ宣言』が発表されました」

各紙の見出しを読み上げる。

（朝日）菅総理「温室ガス 2050 年ゼロ」　初の所信表明「産業・社会に変革」
（読売）温室ガス「ゼロ」で成長　所信表明 50 年に実現宣言
（毎日）温室ガス「2050 年ゼロ」宣言　など

「温室効果ガス排出を現在より 80％削減（20％分は森林資源の吸収効果）するためにできることは何ですか。みなさんの家庭で実践していること、できることは何がありますか」

家庭での太陽光パネルの設置や電気自動車などが、身近にも広まりつつあることを確認する。トヨタが建設をすすめる先進技術の実証都市「ウーブンシティ」を紹介してもよい。おもな対策を、教科書や資料集も参考にまとめる。二酸化炭素を出さないという名目で原子力発電に頼ることを正当化する計画（**資料7**）であることにも目を向ける。

**留意点**

●環境問題への対応は一人ひとりの課題であるが、企業活動や政治の役割が大きく、家庭や個人に責任を転嫁することがないようにする。

●内燃機関（エンジン）の自動車の販売を禁止する動きが世界に広まっていることなどに目を向け、国際的な取り組みの多様性を確認する。

（長屋勝彦）

**資料4　レジ袋有料化のポスター**

レジ袋削減にご協力ください！
プラスチック製買物袋の　が
2020年7月1日よりスタートします。

**資料5　レジ袋有料化への賛否**

反対 11％
どちらともいえない 42％
賛成 47％

男女 14,183 人
（2019 年 12 月、花王「くらしの研究」サイト調べ）

**資料6　COP21 でパリ協定に合意**

Nations Unies
Conférence sur les Changements Climatiques 2015
COP21/CMP11
Paris France

（© MEDDE / SG COP21, Arnaud Bouissou）

**資料7　2050 年の電源構成「参考値」**

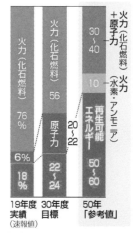

| | 火力（化石燃料） 76％ | 火力（化石燃料） 56 | 火力（化石燃料）＋原子力 30〜40 |
| --- | --- | --- | --- |
| | | 原子力 20〜22 | 火力（水素・アンモニア） 10 |
| | 原子力 6％ | 22〜24 | 再生可能エネルギー 50〜60 |
| | 再生可能エネルギー 18％ | | |

19年度実績（速報値）　30年度目標　50年「参考値」

（経済産業省・総合資源エネルギー調査分科会資料　時事通信 2020 年 12 月 22 日）

▶▶ウーブンシティ
https://toyotatimes.jp/

# 6 グローバル化する日本経済

1 時間

## ねらい

● 為替相場のしくみを理解し、それが経済にどう反映しているかを考える。

● グローバル化のなかでの貿易と企業進出の現状や展開を考える。

## 授業の展開

● 「1960年代の日本が豊かになってきた時代を何といいましたか？」(「高度経済成長期」)

「当時、バスガイドさんの定番のクイズがありました。『バスの中に180円の部品があります。何でしょう？』」「答えは『ハンドルです』。意味がわかりますか？」

「ハンドルは1ドルの半分。現代では1ドルは約何円ですか」

TVニュースの最後に「1ドル〇円から〇円で取引されています」等とアナウンスされていることを紹介する。「から」となっているのは、手数料により円売りとドル買いに差が出るため。

「では、高度経済成長のころは1ドル何円でしたか」

50年前は1ドル＝360円（**資料1**）。

「外国のお金との交換比率を為替といいます」

● 「資料1を見て、気になったことを発表してください」(「グラフの形が途中で変わった」「グラフが下がっている」「細かく上がり下がりするようになった」)

「50年前と比べて日本円の価値は？」(「上がった」)
「円の価値が高くなることを円高といいます」

以前に比べ円の価値が少しでも上がると「円高」、前日よりわずかでも下がると「円安」ということをまとめる。

「高度経済成長のころは常に1ドル=360円でしたが、現在はリアルタイムで円とドルを売買（交換）し、為替レートも変動しています。それぞれ固定相場制と変動相場制といいます。グラフの形にも注目してください」

(2)　貿易について

①貿易立国日本にとっての円高と円安

● 「1ドル＝360円だと円の価値が低いので、貿易には不利でしょうか？」

「多くの日本企業は円安を望んでいます。円の価値が下がるのに、なぜでしょうか」(教科書の図などで解説できるようにする)

「ヒントは貿易にあります。自動車の輸出に注目しましょう」

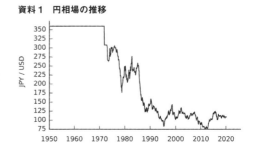

**資料1　円相場の推移**

ネット銀行の口座を持てば、教室でスマホを使って通貨の売買の実際を紹介できる。

資料２　貿易摩擦（1980年代）

（写真：AP／アフロ）

資料３　日系自動車メーカーの世界生産台数および生産地（2020年）

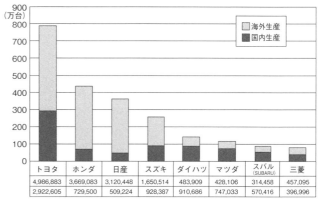

| | トヨタ | ホンダ | 日産 | スズキ | ダイハツ | マツダ | スバル(SUBARU) | 三菱 |
|---|---|---|---|---|---|---|---|---|
| | 4,986,883 | 3,669,083 | 3,120,448 | 1,650,514 | 483,909 | 428,106 | 314,458 | 457,095 |
| | 2,922,605 | 729,500 | 509,224 | 928,387 | 910,686 | 747,033 | 570,416 | 396,996 |

（各社ニュースリリースより。「自動車産業ポータル MARKLINES」調べ
www.marklines.com/ja/statistics/product/jp_pro2020）

資料４　日系自動車メーカーの世界自動車生産台数の推移

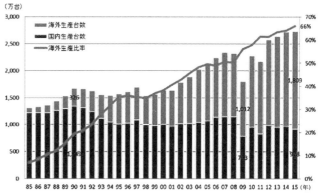

（注）世界自動車生産台数＝国内生産台数＋海外生産台数
（自工会資料による。参議院・経済産業委員会調査室「自動車産業の現状と今後の課題」「立法と調査」2016年7月号より）

②私たちの暮らしと円高円安

●「みなさんの中に商品を輸出している人はいますか？　では、円高・円安はみなさんの生活にどんな影響がありますか」

身近にある外国製品として、生徒の所持品に目を向ける。シューズ、筆箱、バッグなど。さらに、実物または画像で輸入品（百均の商品、家電、スマホ、輸入車、食品、宝石、ブランドバッグ、石油など）を提示する。

「円高・円安で、輸入品の価格はどう変化しますか」

海外旅行での買い物は輸入にあたることにもふれる。

●「なぜ外国から輸入するのでしょうか？」

各商品について理由を考えて書き出す。安いもの、日本にはないもの、外国の優れた製品、本場の商品、ブランド品…等。輸入品には、資源の有無や生産性によるもののほか、消費者のニーズ（ブランドなど）があることを確認する。関税をかけていても、車、ブランド品、嗜好品など人気の外国製品は多い。

（3）海外生産にシフトする自動車業界

1ドル300円台のころは、海外で日本製品が安く売れた。資料２を見せて理由を問う。（「アメリカは産業が打撃を受けた」「アメリカが貿易で赤字が大きくなった」）

「その結果、日米の間で貿易摩擦が起きました。日本のメーカーはどうしたでしょうか」（資料３）→自動車業界の海外生産が加速した。貿易摩擦により、日本の自動車メーカーの海外生産への移行が進んだ。海外依存の割合や海外へのシフトをグラフ（資料４）から読み取る。

「なぜ海外での生産が増えているのでしょうか」（「労働力が安い」「輸出に

コストがかからない」「関税がかからない」)

　貿易摩擦、為替リスクにもふれる。日本や欧州のメーカーのメキシコ進出は、低賃金とNAFTAによる関税対策で対米輸出を有利にするため。

「日本人の働く場が減ってしまうのでは？」

　過去には「産業の空洞化」が大きな社会問題になった。

(4) 多国籍企業（画像を多用する）

● 「これって外国の製品？」（コカコーラ、デルモンテのケチャップ、マクドナルド、ケンタッキーの袋などを見せ）「どこの国の企業の商品ですか」（アメリカ）「でも日本製ですね。このように、いくつもの国で生産・販売をおこなう会社を多国籍企業といいます。日本企業にも同様の多国籍企業はあります。どんな会社がありますか」（トヨタ、任天堂、ソニー等）

　日本に生産・販売やサービスの拠点をもつ外国企業（アップル、アマゾン、マイクロソフト、マクドナルド、P&G、ダイソンなど）を紹介する。

　「これはどこの国の製品かな」（資料5）日本製のようだが海外生産品（ユニクロ、ソニー、パナソニックの外国製造製品）

　「なぜ海外で生産するかわかりますね」（「安く作れる」）

　「（シャープ製品を見せ）これはどこの国のメーカー？」（「日本」）「実は、外国企業（台湾の鴻海（ホンハイ）精密工業）に買収された日本企業の製品です」

　東芝も海外譲渡の渦中である。グローバル化のなかで、企業の国籍、生産地、資本が多様化していることを理解する。あわせて、ユニクロ、楽天、日産などが社内の公用語を英語に変えた理由を考えさせてもよい。

(5) グローバル化の中の労働者

● 「労働者も国境を越えて団結する動きが出てきました。グローバル化で企業の拠点が世界に広がるなかで、労働者にも新たな動きが見られます。新聞記事（資料6）から読み取りましょう」

　国境を越えて労働者が団結しはじめたことを確認する。

資料5　ユニクロ製品のタグ

資料6　「グーグルに国際労組」の記事

グーグルに国際労組

10カ国組織が連合　労働・社会問題解決へ

（しんぶん赤旗 2021年1月28日）

---

**留意点**

● 身近な商品の中にグローバル化の例はたくさんあるので、実物や商品の画像を多く使って、見えるモノから見えていない世界に目を向けさせる。

● 日々のニュースでグローバル化の進展を把握し、教材も最新の情報に更新が必要である。

（長屋勝彦）

# 23 豊かさと経済

1 時間

## ねらい

● 先行研究を批判的に読み、「視点を変える」方法について学ぶ。

● 「子どもの貧困」について学びながら「豊かさ」とは何かについて考える。

● 日英の比較を通して、「豊かさ」について問い直す視点を得る。

● 「中流意識」という、かつて多くの人びとが自認してきた状況は今日すでになく、格差が拡大しているにもかかわらず、貧困状態でありながらそれを気づかずにいるのではないかということを考える機会とする。

## 授業の展開

(1) 阿部彩『子どもの貧困』を読み解く

① 「ぜいたくなもの」と「必要不可欠なもの」の振り分け

　阿部氏の用いたアンケートの項目をフリップとして作成し（「クリスマスプレゼント」など）、生徒たちに提示しながら「今現在は実現していなくても、できれば税金を使ってでもすべての子どもに保障すべきもの」と「税金を使ってまで保障すべきではない、いわばぜいたくなもの」とに振り分けさせる。

　振り分けた結果をもとに分析をおこなう。特に「保障すべき」「保障すべきではない」と考えた根拠をかならず述べさせる。

　その上で、資料としてイギリスでおこなわれた同様のアンケートの結果を提示し、日本に比べてイギリスのほうがより幅広い項目を「税金で援助してでも子どもに保障すべき」、あるいは、より豊かな環境を子どもに整えるべきと考えている可能性があることを指摘する。自分たちが振り分けた際に、どのような基準を用いていたかをあらためて考えさせる。

② なぜこのような差が生じるのだろうか

　日本はイギリスに比べて、子どもに対し、どうしてこんなに「厳しい」感覚をもっているのかを考えさせる。生徒たちからは、「"ぜいたくは敵だ"といった戦中・戦後直後の感覚がまだ根強いのではないか」「子どもにぜいたくをさせると社会に出たときに困ることになるから」などの意見が出ることが予想される。阿部氏は「中流意識」について紹介しながら、いくつかの仮説を立てているが、阿部氏の分析した時代よりもさらに10年以上を経た現在にもそのままあてはまるのか、あらためて考えさせたい。

　生徒たちからは、「イギリスと日本の文化の違いではないか」「日本では

**参考資料**

阿部彩『子どもの貧困——日本の不公平を考える』（岩波新書）

授業では P.187 および P.190 の表の項目をフリップにして提示し振り分けをおこなった。

生きていくために必要なものの保障を求め、イギリスでは充実
した人生を送るために必要なものにも保障を求めるので、日本
よりイギリスのほうが、より良い人生を重要視している」など、
視点の広がりのある意見が出されることも多い。

(2)「豊かさ」についての意識調査

　次に、あらためて生徒たちの「豊かさ」についての感覚を問う。

① Google フォームを用いたアンケート

　「日本は豊かだと思いますか」と単純化した問いをあえておこ
なうと、マズローの欲求についての五段階説（右図）と似た様相を見て取
ることができる。「衣食住が他国に比べて相対的に豊かだから」という理
由で豊かだと感じる生徒もいれば、「自己実現ができていない」とか「自
己肯定感が低いので豊かとは言えない」という意見も出てくる。

　自分たちの意識調査結果から「豊かさ」の定義について話しあわせる。
生徒の多くは衣食住の生活必需品が充実していることを「豊かさ」だと感
じており、より良い人生を送ることが「豊かさ」だという認識は少ない。

　「豊かさを個人の生活の物質的な充実と定義するなら、日本は豊かなほ
うだと思うが、社会的な意味での充実（差別がないなど）や環境（自然）
の豊かさと定義するなら、日本は特別豊かなほうだと思わない」とか「日
本の幸福度は低いように思う」といった意見が出ると「豊かさ」の理解に
深みが出てくる。

② 問いを考え直すこと

　「あなたにとって豊かさとは何ですか」という問いは、豊かさについて
の考察を「自分ごと」に収斂させてしまう恐れがある。「あなたが豊かさ
を感じられるような社会にするためには、どうすべきだと思いますか」と
いうような問いの変換が必要となる。自分の豊かさと自分をとりまくコミ
ュニティ、さらに地域社会や国や世界が関連性をもって意識されるように
工夫する必要がある。

マズローの欲求五段階説

自己実現欲求

承認欲求

社会的欲求

安全の欲求

生理的欲求

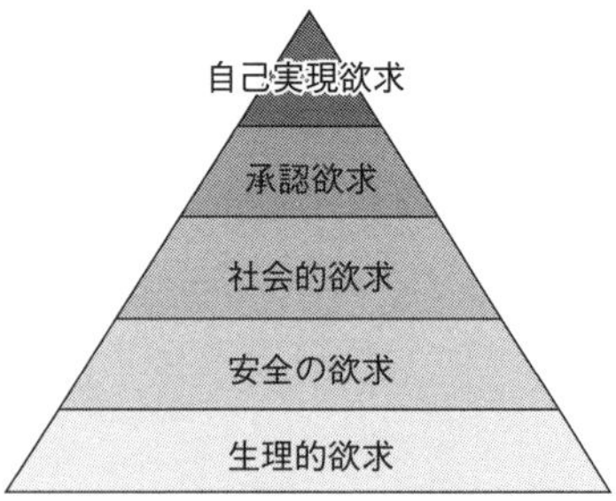

中学生にとってもマズローの
欲求五段階説は興味・関心が
高いようだ。また、SNSを利
用する中学生が多い現在、い
わゆる「インスタント自己承
認」（ニール・ヒンディ『世界
のビジネスリーダーがいまアー
トから学んでいること』クロ
スメディア・パブリッシン
グ）という問題点も指摘され
ており、本来の自己実現と
「豊かさ」について考える機
会を設けることも重要だろう。

┌─────────┐
│ **留意点** │ ............
└─────────┘

● 教科書では、「持続可能な社会」を築くために、環境保全の取り組みや、
　食糧自給率と日本の農業政策、経済成長と福祉について考えることの重
　要性を指摘しているが、「豊かさ」という個人の感覚（価値観）を問い
　直すこと抜きに考えることはできないだろう。日英比較を通して、ある
　いはアンケートによって自分の考えを明らかにすることを通して、豊か
　さについて問い直す視点を得られるよう工夫する。

● 豊かさを問い直すため、新しい問いを立てることから、その豊かさを実
　現するためにどのような社会であるべきかというように、発展させるよ
　う組み立てていくべきであろう。　　　　　　　　　　（井口和之）

# 日本経済の課題

## ねらい

- 経済学習で学んだ日本経済の課題をより詳しく調べ、解決策を考える。
- 問題意識を共有し、自分たちにできることを明らかにし、発信する。

## 授業の展開

- 「これまでの経済学習で学んだ日本経済の課題を発表してください」

　授業ノートから、経済学習で学んだ諸課題を書き出させ、発表させ板書する。地理で学んだこと（農業、食糧、過疎・過密、貿易など）も追加で出させる。消費者、資本主義と企業、労働者の生活、市場経済と価格、金融・財政、貿易、経済格差・地域格差、公害・環境などの分類を示してもよい。

（2）レポート作成

　個人またはグループでテーマを決め、レポートにまとめる。課題とテーマの例は次頁。

- 「日本経済の課題からひとつ選択して、より詳しくまとめましょう」

〈レポート様式〉

選んだテーマ　「　　　　　　　　　　　　　　」

選んだ理由　　「　　　　　　　　　　　　　　」

①授業で知った現在の課題や、深く調べてみたい問題点の実情をさらに深く調べる。

②対策を講じないとどうなってしまうかを示す。未来に目を向け、課題の大きさを調べる。

③課題解決に向けたさまざまな対策を紹介する。現在おこなわれている対策の現状、今後講じるべき必要な対策をまとめる。情報源の出典を明記する。

④対策の中で、どれを中心におこなうべきかを提案する。対策に軽重、順序をつけてみる。

⑤私たちがすぐに実践に移せることは何であるかを提起する。

## 留意点

- 課題はそれまでの授業をもとに設定するが、その時点の社会問題などの発展的な課題も追加できるとよい。
- レポート作成に際しては、時間的な制約もあるので、短時間の論述テストや授業の感想文に振り替えてもよい。　　　　　　　　　（長屋勝彦）

**日本経済の課題とテーマ（例）**

- 課題【財政赤字】……世界一の借金大国になっている

  テーマ「どうすれば国債に頼らない財政にできるだろうか」

  ・ある年度の国家予算について国債発行の理由

  ・国の借金の返済方法

  ・歳入を増やし、歳出を減らす財政赤字対策

- 課題【非正規労働者の権利】……正規労働者との格差が問題となっている

  テーマ「どんな対策が求められているのか」

  ・非正規労働者が多くいる理由

  ・賃金格差や社会保障における格差と対策

- 課題【外国人労働者】……外国人労働者の増加にともなう諸問題

  テーマ「なぜ日本は外国人労働者を必要とするのか」

  ・外国人技能実習制度と実習生の現状

  ・少子化による将来の労働力不足

- 課題【農家の未来と食糧自給率】……農家が減少し、食糧自給率が低下

  テーマ「国内の農業が衰退して、日本の食生活は大丈夫か」

  ・農業従事者の減少と日本の農業政策

  ・日本の農産物の国際競争力向上の取り組み

  ・食糧自給率向上の必要性

- 課題【温暖化と$CO_2$削減】……2050年までに$CO_2$排出実質ゼロをめざしている

  テーマ「どうすれば$CO_2$排出ゼロを実現できるか」

  ・火力、原子力を廃止し自然エネルギーによる発電へのシフト

  ・化石燃料を使う車、船、航空機などの対策

- 課題【循環型社会の実現】……使えるモノが捨てられている

  テーマ「資源を有効に使い、無駄をなくすために何ができるか」

  ・リサイクルの課題

  ・ゴミも輸出している（2020年のプラごみの輸出82万トン）

  ・ゴミを減らすための生産企業の取り組み

  ・年間600万トン（1人1日茶碗1杯分）もの食品ロスの解決策

- 課題【社会保障制度の充実】……高齢化で増大する福祉・医療費

  テーマ「少子高齢化が進んでも社会保障制度は守れるか」

  ・年金支給年齢の変化、高齢者医療費の負担増

  ・福祉・介護の現場の人手不足

- 課題【情報化社会での消費者の権利】……ネット社会、キャッシュレス化

  テーマ「新しい時代の消費者をどう守るか」

  ・ネット社会の消費者の被害と消費者保護、個人情報保護の国の取り組み

  ・ネット社会化、キャッシュレス化で必要な消費者の知識

〈レポート例〉

選んだテーマ「どうすれば国債に頼らない財政にできるだろうか」

選んだ理由　授業で日本の借金は世界一という事実を学びましたが、1000兆円を超える国の借金のツケを私たちの世代に受け継がせることに納得がいかないため選びました。

①授業で見た国家予算のグラフを見ると、借金（国債）の返済が3分の1を占め、それ以上に国債を発行しているので、借金は増える一方だということに驚きました。しかし、これを削ると景気が悪くなると言う人たちと対立を大きくするように思えました。

②「日本の借金」についてネットで調べました。どれも日本が破綻する心配はないと言っていますが、やがて国民生活を圧迫すると予想され、福祉や年金が減り、増税の可能性もあると書いてありました。一般家庭に当てはめると、ローン地獄状態だそうです。

③ネットで調べたら、経済を発展させて税収を増やすことが一番の対策だと書いてありました。すぐにできるとは思えません。だから歳出を減らすことではないでしょうか。国会議員一人当たりの経費が大きいことが資料集からわかりました。コロナ禍の中でも多額のボーナスをもらっていると新聞に書いてありました。また、多額のお金をばらまいて選挙違反が行われていることをニュースで聞きます。まず、政治家が意識を変えることだと思います。政治家は地域のためと言って、新幹線や高速道路などの建設を急いでいます。お金がないなら国民にしばらく我慢してもらうようにすることが必要だと思います。また、防衛費も多額なので、国際社会を頼り、他国の脅威に対抗せず軍縮に努めることも大切だと思いますし、米軍のために税金を使うのはやめてほしいです。一方、テレビで富裕層や有名芸能人の贅沢なくらしが紹介されます。国民も豊かな人はもっと税金を払うべきだと思います。しかし消費税を上げると中学生の負担が増えるのでそれだけはやめてほしいと思います。

④もっと税金を払える人への増税はすぐできます。無駄な工事は一時的に休止することも可能です。赤字抑制の効果は低いですが、政治家の借金への意識を改めることはすぐにできます。

⑤中学生が納める消費税は小額なので、国の借金を減らすことに貢献はできませんが、将来に向けて、国家の財政にしっかりと目を向けることは大切だと感じました。将来、大成功して税金をいっぱい払えるようになれば最高です。

V

# 地球社会と私たち

## 1　国際社会における国家

1 時間

### ねらい

●沖ノ鳥島の護岸工事の例から、国家の主権が及ぶ範囲とその確定を考える。

### 授業の展開

●「この写真（**資料1**）は何に見えますか」「ある場所ですが、どこでしょう？　真ん中の黒い部分は何だろうね」

「この黒いのは島なんです。北小島といいます。日本のどこにあるでしょう？」「小笠原村なんだけれど…東京都から1700km離れています」（「これ島なの？」「どう見たって岩でしょ」）

「これは島だという人は？」（挙手）「じゃあ、これは岩だという人は？」「その根拠は？」生徒は感覚で答えるが、揺さぶりを入れる。

・国連海洋法条約で「島」と「岩」について定義されている。

資料1　北小島

（東京都島しょ農林水産総合センター提供）

> 第121条第1項：島とは、<u>自然に形成された陸地</u>であって、<u>水に囲まれ、高潮時においても水面上にあるもの</u>をいう。
>
> 第121条第3項：<u>人間の居住又は独自の経済的生活を維持することのできない岩</u>は、排他的経済水域又は大陸棚を有しない。

「北小島は自然に形成されたサンゴ礁でできています。1933年の調査記録では、高潮（満潮）のときでも海抜が最高2.8mありました。2008年には1mで、満潮時はわずか16cmです。16cmの高さがぽっこり海上に出ている状態です」

中国政府は北小島は岩だと主張している。

「北小島と東小島を含む全域、これが沖ノ鳥島です（**資料2**を提示）。東京都小笠原村に属する島です。干潮時には南北約1.7km、東西約4.5km、周囲約11kmほどの米粒形をしたサンゴ礁の島が見えます。満潮時には、コンクリートで固めて消波ブロックのある2つの小島だけが海上に残ります。

資料2　北小島と東小島を含む沖ノ鳥島

（写真：国土交通省関東地方整備局）

1987年から、波の侵食による島の消失を防ぐため護岸工事がおこなわれました。工費は約300億円かかっています」

東京都作成の動画「知っていますか？　沖ノ鳥島の秘密」（資料3）を2分視聴する。

資料3 「知っていますか？沖ノ鳥島の秘密」（東京都）
www.youtube.com/watch?v=ArRuZGghR24

●「なぜこの島を残そうと思ったのかな？」（「排他的経済水域が失われると困るから」）

「排他的経済水域とは何ですか？」「大陸棚とは何ですか？　説明してください」

> 排他的経済水域（EEZ：Exclusive Economic Zone）とは、漁業をしたり、石油などの天然資源を掘ったり、科学的な調査を行ったりという活動を、他の国に邪魔されずに自由に行うことができる水域です。海に面している国は、自分の海（領海）の外側に決められた幅を超えない範囲で排他的経済水域を設定することができます。海に面している国は、これらの活動を行うほかは、排他的経済水域を独り占めしてはならないことになっています。たとえば、他の国の船が通ったり、飛行機が上空を飛んだり、他の国が海底にパイプラインを作ったりすることを禁止することはできません。　（「キッズ外務省」より）

▶▶「キッズ外務省　ちょっと知りたい言葉の意味！」
www.mofa.go.jp/mofaj/kids/q_a/imi.html

●「この島がなくなってしまったら、どうなってしまうかな？　日本にはどのような影響がありますか」

「この島がなくなってしまうと日本は約40万㎢の排他的経済水域を失うことになります。日本の国土面積（約38万㎢）と比較すると、いかに広大な水域であるかわかりますね」

「沖ノ鳥島は日本の領域の最南端に位置しています。では北端、東端、西端を地図帳で調べて書き込みましょう。そこが何県かも調べてください」

●「国家を意識するのは、どんなときですか」

・オリンピックでの国旗＝日の丸掲揚や、国歌＝君が代斉唱、海外旅行でのパスポート

「国家の三要素とは？」主権・領域・国民である。

資料4で国家の主権が及ぶ範囲を確認する。

資料4　領土・領海・領空

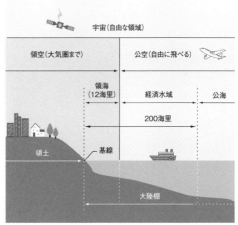

（松竹伸幸『これならわかる日本の領土紛争』大月書店）

### 留意点

●多くの国家によって成り立つ国際社会には、互いに守るべきルールが定められている。国際法（国際条約や、長年の慣行が法となった国際慣習法）により、国と国が互いの主権を尊重し、外交交渉を通じて協調し、信頼関係を築くべきことを指摘して次時につなげたい。　（山本政俊）

# 2 国際協調と領土問題

## ねらい

●国境をめぐる「紛争」がなぜ、どのように存在するのかを理解し、日本の近隣諸国との「領土問題」の解決について考える。

## 授業の展開

(1) 国境とは何か

●「国境線（国の領域）は何によって、どうやって決まるのかな」

・山や川などの自然的国境、交渉で決まる人為的国境

「国境線は変わることがある。どういう場合だろうか？」（「戦争による占領や譲渡」）

・日清戦争後の日本による台湾領有、日露戦争後の南樺太領有、韓国併合条約による朝鮮半島の植民地化など。日本はポツダム宣言で本州、北海道、四国、九州の4島と付属の島となり、サンフランシスコ平和条約で朝鮮、台湾、千島列島、南樺太を放棄、北緯29度以南の南西諸島（沖縄など）、小笠原諸島などがアメリカの統治下に置かれた。ソ連（現在のロシア）、中国、韓国、北朝鮮は同条約に調印していないので個別の外交交渉が必要となった。

「北方領土ってどこ？　どこの国との領土問題？」（「日本とロシア」）

「竹島ってどこ？　どこの国との領土問題？」（「日本と韓国」）

「尖閣諸島ってどこ？　どこの国との領土問題？」（「日本と中国」）

生徒に地図帳でそれぞれ場所を確認させる。

(2) 北方領土問題とは

●「領土問題は解決できる？　できない？　でもどうやって？」

「北方領土の4島を答えられますか？」（「国後・択捉・歯舞群島・色丹」）

国後はアイヌ語でクンネ（黒い）シル（島）＝「黒い島」
（クナシリ）

択捉はイト（岬）オロ（ところ）フ（もの）＝「岬のあるところ」
（エトロフ）

歯舞はアイヌ語でハ・アプ・オマ・イ＝「流氷のある島」
（ハボマイ）

色丹はアイヌ語でシ（大きい）コタン（村）＝「大きい村」
（シコタン）

　各島の特徴や面積、人口などを紹介。特に北海道からの距離がどれくらいかにふれる。

「北方領土に日本人は住んでいるの？」「今は実効支配といって、ロシアの主権下にある。でも日本政府は北端の領土だと言っている。教科書では排他的経済水域も設定している。一体どういうことなんだろう」

歯舞群島（貝殻島、水晶島、秋勇留島、勇留島、志発島、多樂島など）は面積95㎢
色丹島は面積250.57㎢
人口3198人
国後島は面積1497.56㎢
本土からの距離37.4 km
人口6000人
択捉島は面積3167.74㎢
人口6485人

ある土地が「日本固有の領土」だという根拠は？　歴史的経過（**資料1**）を説明する。

　「日本が請求すべき領土はどこ？　どの条約に根拠を置き、どういう交渉をするか」

　条約を根拠に、A〜Eのどの立場か生徒に考えさせ発表させる。

　「北方四島交流（ビザなし交流）や北方墓参などがあるが、平和的解決のために自分には何ができるか考えよう」

(3) 尖閣諸島はどこの国の領土か？

〈日本の言い分〉1895年、清国の支配が及んでいないことを確認して日本領土に編入（先占の法理）。日本人が生活していたことがある。「解決すべき領有問題は存在しない」

〈中国の言い分〉明や清の時代に中国の管轄だった証拠がある。1895年の下関条約で台湾・澎湖諸島とともに日本に略奪された。石油や天然ガスの埋蔵が確認され、1971年から領有を主張。

●「あなたが考える解決方法は？」

(4) 南極大陸は誰のもの？

　「どこの国のものでもない」という形で、各国の領有の主張を解決した南極条約について説明する。

---

### 資料1　北方領土をめぐる歴史経過

| | |
|---|---|
| 1854年 | 日露通交（和親）条約　択捉島以南を日本領、得撫島以北をロシア領と定める |
| 1875年 | 樺太千島交換条約　千島列島が日本領になる |
| 1945年8月9日 | ソ連対日参戦　9月5日までに歯舞群島、色丹島（地理的・歴史的に北海道の一部）を含む千島列島を占拠 |
| 1951年 | サンフランシスコ平和条約　千島列島は放棄 |
| 1956年 | 日ソ共同宣言　平和条約締結後に歯舞群島、色丹島は日本へ引き渡すと約束 |
| 1993年 | 東京宣言　ソ連が崩壊し、ロシアのエリツィン大統領との間で北方領土問題の解決と平和条約の早期締結にむけ交渉を継続していくことを確認 |

**日本がとるべき立場**
(A) 二島返還（歯舞群島、色丹島）
(B) 四島返還（歯舞群島、色丹島、国後島、択捉島）
(C) 国後島から占守島までの千島列島
(D) 請求すべき領土はない
(E) その他

**ビザなし交流**
領土問題解決までの間、相互理解の増進を図り、北方領土問題解決に寄与することを目的として1992年4月から北方四島との間で相互訪問を実施してきたが、ロシア外務省が2022年3月21日に停止を表明した。

**北方墓参**
北方四島にかつて居住していた先祖のお墓参りをしたいとの親族の願いに応えるため、人道的見地から1964年に初めて実現した。71年から73年に中断したが、2017年度からは航空機を用いた特別墓参を実施している。

---

**留意点**

●歴史的経緯をもとに「我が国の固有の領土」とは何かを検討しながら、その解決の方向性として、領土問題としてではなく、そもそもの起因である外交問題の視点からの解決策を考える。

●領土問題を解決する手段には、①譲渡　②棚上げ　③国際司法裁判所の調停などがある。他国の解決例などもできれば紹介したい。

●国境や領土問題の学習にこそ、国際連合憲章、日本国憲法前文を生かす。「すべての加盟国は、その国際紛争を平和的手段によって国際の平和及び安全並びに正義を危くしないように解決しなければならない」（国連憲章第2条の3）「すべての加盟国は、その国際関係において、武力による威嚇又は武力の行使を、いかなる国の領土保全又は政治的独立に対するものも、また国際連合の目的と両立しない他のいかなる方法によるものも慎まなければならない」（国連憲章第2条の4）「政府の行為によって再び戦争の惨禍が起ることのないようにする」「平和を愛する諸国民の公正と信義に信頼して、われらの安全と生存を保持しようと決意した」（日本国憲法前文）

（山本政俊）

# 国際連合のしくみと役割

●国際連合はなぜできたのか。世界平和と人類の福祉の増大のために、国連が世界でどのような役割を果たしているかを調べ考える。

（1）国際連合のなりたちと活動

●「この写真（資料1）は何でしょう」

　米ニューヨークにある国際連合本部前に設置された「発射不能の銃（正式名 Non-Violence）」と題されたオブジェである。ルクセンブルク政府から寄贈されたもの。

　「銃はどのような状態ですか」「発射できないということは、どういうことを伝えたいのですか」

　銃筒がねじれた姿は戦争の否定と非暴力を表現しており、国連の活動を端的に示す。

　「これは世界平和を維持する国際組織の本部前にあります。それは何でしょうか」（「国際連合」）

●国際連合はどのように誕生したか説明する。

　「われら連合国の人民は、われらの一生のうち二度まで言語に絶する悲哀を人類に与えた戦争の惨害から将来の世代を救い…」（国連憲章前文）

　1945年6月26日署名、10月24日に過半数の国が署名したことを受けて原加盟国51か国で成立。第二次世界大戦でファシズム国家に対抗する概念としてアメリカ大統領 F.ルーズベルトが考案した United Nations＝連合国を、日本の外務省は「国際連合」と訳している。

　国連の目的の第一は世界の平和と安全の維持、第二は国家間の友好関係の発展、第三は貧しい人びとの生活条件の向上とすべての人の人権保障、第四はこれらの目的を果たすための国際協力を促進すること、である。

●「このマーク（資料2）は何でしょう」

　WFP（国連世界食糧計画）のマーク。

　「今、地球上では○人に1人が栄養不足、○人に1人が飢えに苦しんでいる。○に入る数字はそれぞれ何人？」（4人と9人）

　WFPは毎年約80か国において平均8000万人に食糧支援を届けている。常時20隻の船舶、70機の航空機、5000台のトラックを備え、必要とする場所へ食糧その他の援助物資を輸送する。この活動により

資料1　「発射不能の銃」

デジタル資料集

（By Didier Moïse, CC BY-SA 4.0）

国連のしくみなどは、国連広報センターのサイトに授業で使える動画が多数ある。

「国連を映像で学ぶ」（国連広報センター）
www.unic.or.jp/texts_audiovisual/audio_visual/learn_videos/

資料2　WFPのマーク

2020 年ノーベル平和賞を受賞。予算はすべて各国の任意の拠出金による。日本は国連 WFP の主要拠出国のひとつで、2018 年に日本政府は 1 億 3000 万米ドルを拠出、世界有数の支援国として WFP の活動を支えた。また、国連 WFP 協会を通じて民間（企業・団体、個人等）からは 1 億 4200 万米ドルが寄せられた。日本人は約 50 人の正規職員がアジア、アフリカなど世界各地の事務所に勤務している。

(2) ウクライナ戦争による人権侵害と難民問題

● 2022 年 2 月 24 日、ロシアがウクライナに侵攻し、戦争が始まったことを新聞記事やインターネットの動画などを使用して伝える。

「戦争になると一番の犠牲になるのは誰だろうか」

「この戦争は、第二次世界大戦以来、子どもたちの大規模な避難を最速で引き起こした」（国連児童基金〔ユニセフ〕のキャサリン・ラッセル事務局長の発言）

　1 か月間で、ウクライナでは推定 750 万人の子ども人口の半分以上にあたる 430 万人（国内避難民を含む）の子どもが避難を余儀なくされたとユニセフは推定している。国連人権高等弁務官事務所（OHCHR）は、ロシアによるウクライナ侵攻で 2787 人の民間人が死亡（うち子どもは 202 人）、負傷者は 3152 人と発表している（2022 年 4 月 27 日現在）。

●「難民になるとどんなことが困るか」と問い、話しあいをする。

　家がない。食べ物がない。働くことができない。学校に行くことができない。コロナ禍で病気になったらどうしよう（親から離れて一人で避難も）。危険な目に遭うかもしれない（人身売買や性的搾取など）等。

●「私たちには何ができるだろう」と問いかける。

## 留意点 ....................

● 国連を自分とはかけ離れた遠い存在としてではなく、新型コロナ対策に取り組む WHO など、自分も恩恵を受ける身近な存在としてとらえさせたい。国連 WFP が給食を入れる容器として使っている赤いカップに賛同する企業から、キャンペーンマークのついた商品が発売されている（レッドカップキャンペーン）。対象商品を購入するとその売り上げの一部が企業から寄付されるなど、国連の活動に参画する回路を教えたい。SDGs の目標 2（飢餓をなくそう）との関連も意識したい。

● ロシアのウクライナ侵攻に対して国連機関がどのような役割を果たしているか、総会、ユニセフ、UNHCR（国連難民高等弁務官事務所）などの活動を調べさせる授業も構想できる。国連広報センターの動画が活用できる。 （山本政俊）

「日本人職員に聞く『子どもはどの社会にとっても未来の希望』前編　ラオスにおける国連 WFP の学校給食支援、コロナウイルスとのたたかい（唐須史嗣さん）」（WFP ブログ）
https://ja.news.wfp.org/20-52-7825687cba89

# 4 地域主義の動きと東アジア

1 時間

## 授業の展開

（1）欧州連合（EU）の誕生

● 「A 国には鉄鉱石があり、B 国には石炭があります。（右図を板書）資源は国境沿いにあるため、両国はこの資源の領有をめぐって何度も戦争をしてきました。どうしたら解決できますか？」生徒の意見を発表する。

欧州の実例で、A 国とはフランスであり B 国はドイツである。両国は何百年もの間、幾度となく戦争の悲劇に見舞われてきた。近代以降も第一次世界大戦、第二次世界大戦のどちらでも敵国どうしだった。そのくりかえしに終止符を打とうと、1950 年 5 月 9 日、当時のフランス外相ロベール・シューマンは、あらゆる軍事力の基礎となっていた石炭と鉄鋼の産業部門を共同管理する超国家的な欧州機構の創設を提唱した（「シューマン宣言」）。

シューマンの考えに賛同したフランス、西ドイツ（当時）、ベルギー、イタリア、ルクセンブルクおよびオランダが 1952 年に欧州石炭鉄鋼共同体（ECSC）を設立。その後、平和と和解にとどまらず、「共通市場」を擁する欧州経済共同体（EEC）の創設、1993 年のマーストリヒト条約で共通通貨ユーロを創設（27 加盟国中 19 か国で導入）し、現在の欧州連合（EU）に至る。

・加盟国が増えていく過程を、色を変えて塗る白地図作業でつかむ。

● 「どうして加盟国が増えていったのだろう？」「加盟することで各国にはどんなメリットがあるのかな？」（「市場の拡大と経済発展」）

実際のユーロ紙幣を提示し、ヨーロッパの地図上でフランスにユーロ紙幣を貼り付け、それをドイツに動かしても使用できるという説明で、市場拡大のメリットを考える。

（2）ASEAN の誕生

EEC が発足した 1967 年、東南アジアでもインドネシア、マレーシア、タイ、フィリピン、シンガポールの 5 か国を原加盟国とする地域共同体 ASEAN（東南アジア諸国連合）が成立。現在は 10 か国で構成されている。

**資料1　ASEAN の GDP 推移と 2030 年の予測**

（IMF等資料より三菱総合研究所作成）

**資料2　ASEAN の貿易額・相手国／地域の推移**

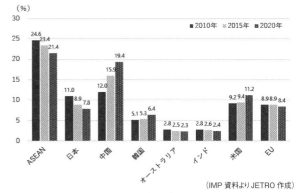

（IMP 資料より JETRO 作成）

**資料3　ASEAN 成立の年表**

| | |
|---|---|
| 1976 年 | 東南アジア友好協力条約（TAC）締結 |
| 1992 年 | ASEAN 自由貿易協定（AFTA）締結。域内経済協力の強化に取り組む |
| 2007 年 | ASEAN 憲章を採択（2008 年 12 月発効）。民主主義、人権、法の支配、紛争の平和的解決、内政不干渉等を確認 |
| 2015 年 | 「政治・安全保障共同体」「経済共同体」「社会・文化共同体」からなる「ASEAN 共同体」の構築を宣言 |

**資料4　東南アジア友好協力条約（TAC）**

国際連合憲章の諸原則、バンドン会議の平和 10 原則、東南アジア諸国連合設立宣言などを再確認し、第 2 条で「主権・領土保全等を相互に尊重」「外圧に拠らずに国家として存在する権利」「締約国相互での内政不干渉」「紛争の平和的手段による解決」「武力による威嚇または行使の放棄」「締約国間の効果的な協力」など東南アジア地域の平和、安定、協力の諸原則を定めている。日本は 2004 年から参加し、現在、中国、ロシア、アメリカ、北朝鮮など 28 か国が加入している。世界人口の 55％が住むアジアでは、23 か国のうち 20 か国が非同盟諸国運動に加盟し、東南アジア非核地帯条約（1997 年発効、ASEAN10 か国はすべて加盟国）も結ばれるなど平和への強い流れがある。

白地図で加盟国の色塗り作業をする。

●「ASEAN は近年、高い経済成長を見せているが、その要因は何だろう」

「ASEAN の GDP 推移と 2030 年の予測」「ASEAN の貿易額・相手国／地域の推移」のグラフ（**資料1、2**）を読み取り、経済発展の要因について考える。世界の「開かれた成長センター」となる潜在力が各国から注目されているが、対話による紛争防止の努力がベースにあることを**資料3、4**で確認する。

（3）まとめ

　まとめとして、EU も ASEAN も経済共同体としてだけではなく、地域共同体として紛争防止に貢献していることを確認させたい。

---

**留意点**

● NAFTA から名称変更した USMCA（米国・メキシコ・カナダ協定）、MERCOSUR（南米南部共同市場）、TPP（環太平洋経済連携協定）、APEC（アジア太平洋経済協力会議）などの地域共同体や、複数の国家間で締結される FTA（自由貿易協定）、EPA（経済連携協定）など、貿易の自由化の拡大が自国産業にどのような影響を与えているか、また国境を超える過度の人の移動はパンデミックなどのリスクをかかえていることも考えさせたい。

（山本政俊）

# 5 地球環境問題

1時間

## ねらい

●便利でコストが安いゆえに、私たちの日常生活に深く入り込んでいるプラスチック製品。そのごみ処理のあり方を例に地球環境問題に迫り、持続可能な社会を考える。

## 授業の展開

(1) プラスチックの大量消費・大量廃棄

●「日本全体で年間どのくらいのペットボトルを消費しているでしょうか」
答えは225億本（2018年度）。人口1億人とすると1人当たり225本だ。
「レジ袋はどうだろう。年間どれくらいの枚数を消費しているでしょうか」
答えは450億枚（2018年度）。1人が毎日1枚以上は使用している量である。

　「全世界で1年間に約4億トンのプラスチックが生産され、世界の石油生産量の8%がそれに使われています。うち約半分が容器・包装など使い捨てのもので、すぐにごみになります。これが海に流れていって、少しずつ劣化して粉々になっていきます」

　2004年、イギリスの海洋科学者リチャード・トンプソンは、1mm以下のプラスチックが海の底や砂の中に堆積し、食物連鎖の中に入ってくることを指摘した。プラスチックは分解性がきわめて低いため、いったん海洋に流入すると海に長期間残留し、プランクトンと混在して二枚貝やカニ、小魚などに取り込まれ、食物連鎖を通して生態系全体を汚染する。それを食べた人体には有害化学物質が蓄積していくことになる。特にペットボトルのふたに使われるノニルフェノールは内分泌系を攪乱したり、生殖異常、免疫に影響を与えることがわかっており、今後の影響が懸念されている。

　数にして50兆個、重さ27万トンのプラスチックが海を漂っていると計算されている。世界の海のプラスチック分布密度の地図を示す（**資料1**）。

(2) プラごみと企業の責任

●「なぜ、そんなにプラスチックを作っているのかな？」（「便利」「軽い」「持ち運びしやすい」）だから売れる。企業がもうかる。
「日本では、回収されたペットボトルはどうなるか知っていますか」（「リサイクル」）「回収したボトルを洗って再び使ったりしてはいません」（「それじゃ、なんで回収してるの？」）

　日本では、プラスチックごみの66%は焼却炉で燃やされている。

●「ペットボトルの処理方法として、どちらがいいと思いますか」

> **マイクロプラスチック**
> 2008年、米海大気局が5mm以下のプラスチックと定義する。1972年に海鳥の胃から初めて発見され、ウミガメ、クジラ、魚など200種類以上の海の生物から検出されている。化粧品や洗顔料の中に配合されているスクラブ（磨き粉）や化学繊維の糸くずも発生源になる。

> 環境省は廃棄物発電、セメント燃料化、熱利用をリサイクルの定義に含めている。

（A）自治体が回収して焼却炉で燃やす。その建設費や修理費は住民の税金でまかなう。

（B）販売企業に回収を義務づけ、企業の責任で処理させる。企業はそのコストを製品の価格に転嫁することになる。

生徒どうしで話しあい、意見を発表する。

「（Bがいいという声に対し）でも日本はそうなっていません。だから企業は捨てられた後のことは考えず、売れるからどんどん作る」「日本では年間225億本を消費し、2015年の回収率は88.9%。燃やすと地球温暖化の原因になる。未回収のペットボトルは年間25億本。これも環境汚染の原因になっています」

（3）どうすればプラごみを減らせる？

●「では、ペットボトルを販売禁止にしますか？」

プラスチックごみに対する世界の取り組みを紹介する。ドイツなどで実施されているデポジット制のしくみを教える。

2017年の国連海洋会議で採択された行動提起で、レジ袋等の使い捨てプラスチックの削減が合意された。現在127か国で法規制がなされ、レジ袋は無料配布を禁止、40か国以上でレジ袋配布自体を禁止している。

日本では、京都の亀岡市が2021年からプラ製レジ袋の提供禁止に関する条例を施行した。この条例により市内の事業所でのプラ製レジ袋の提供が有償・無償を問わず禁止となり、代替の紙袋などは有償での提供となる。

2018年6月の先進7か国首脳会議（G7サミット）で「海洋プラスチック憲章」を採択。2030年までにすべてのプラスチックを再使用可能かリサイクル可能なものにし、使い捨てプラスチックの使用を削減する。同憲章にイギリス、フランス、ドイツ、イタリア、カナダ、EUは署名したが、プラごみ排出量ナンバーワンのアメリカと2位の日本は署名しなかった。

●「日本が海洋プラスチック憲章に署名しなかったのはどうしてだろう」

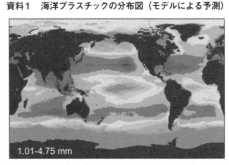

資料1　海洋プラスチックの分布図（モデルによる予測）

1.01-4.75 mm

Eriksen M. *et al.* (2014) "Plastic Pollution in the World's Oceans: More than 5 Trillion Plastic Pieces Weighing over 250,000 Tons Afloat at Sea" *PLoS ONE* 9（12）: e111913. https://doi.org/10.1371/journal.pone.0111913

**亀岡市の「プラスチック製レジ袋の提供禁止に関する条例」啓発用マンガ**
www.city.kameoka.kyoto.jp/kankyousoumu/manga.html

---

【留意点】 ．．．．．．．．．．．．．．．．．．．．．．．．

●分別やリサイクルなどの道徳的取り組みだけではごみは削減できない。廃棄を前提とした製品を作らないこと、それを使い続ける社会のしくみを変えることが必要である。

●フランスでは2016年に使い捨てプラ容器の使用を禁止する法案が成立（2020年施行）。イギリスは公共施設での飲料水の提供にペットボトルの使用を禁止。インドでも500㎖以下のペットボトルの使用を禁止している。諸外国では企業に対して法規制をしていることをしっかり押さえたい。

（山本政俊）

**参考文献**
高田秀重「いまこそプラスチック削減を　問われる排出企業の責任」（『前衛』2019年9月号）

## 6 資源・エネルギー問題

1時間

### ねらい

● 日本と世界のエネルギー消費の現状を理解し、日本の今後のエネルギー政策のあり方を考える。

### 授業の展開

● 「一次エネルギーには、どんなものがあるだろうか」(「石炭」「石油」「天然ガス」「原子力」「再生可能エネルギー(太陽光、風力、水力、地熱、バイオマスなど)」)

「そのうち化石燃料はどれですか」(「石炭・石油・天然ガス」)

・近年はシェールガスやメタンハイドレートも注目される。

　資料1をもとに、諸外国と比較して日本のエネルギー構成の特色を読み取る。化石燃料の使用率は約70%。弱点は原料を海外からの輸入に頼ること(2016年現在約92%)。石油は中東地域から、石炭や天然ガスはオーストラリアから。対してドイツ、イギリス、イタリアなどはその他(主に再生可能エネルギー)の割合が高い。

　東京電力福島第一原発事故(2011年)発生時に54基あった商業用原発は、すべて一旦停止。2013年に施行された新規制基準で21基の廃炉が決定。原子力規制委員会の審査に合格した17基のうち10基が再稼働している(資料2)。

**資料1　主要国の電源別発電電力量**

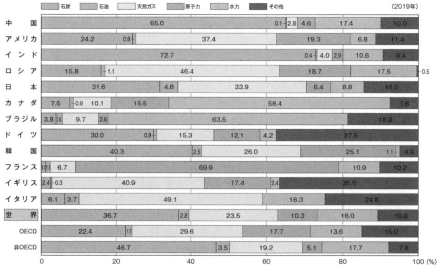

(注)四捨五入の関係で合計値が合わない場合がある

(日本原子力文化財団調べ)

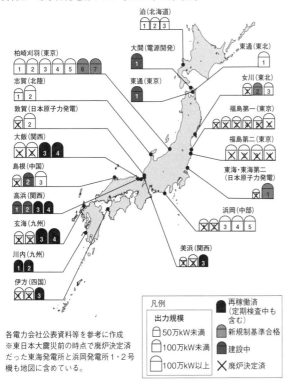

泊（北海道）
1 2 3

大間（電源開発）
1

東通（東北）
1

柏崎刈羽（東京）
1 2 3 4 5 6 7

志賀（北陸）
1 2

東通（東京）
1

女川（東北）
1 2 3

敦賀（日本原子力発電）
1 2

大飯（関西）
X X 3 4

福島第一（東京）
1 2 3 4 5 6

島根（中国）
1 2

福島第二（東京）
1 2 3 4

高浜（関西）
1 2 3 4

東海・東海第二
（日本原子力発電）
X 1

玄海（九州）
X X 3 4

浜岡（中部）
X X 3 4 5

川内（九州）
1 2

美浜（関西）
X X 3

伊方（四国）
X X 3

各電力会社公表資料等を参考に作成
※東日本大震災前の時点で廃炉決定済だった東海発電所や浜岡発電所1・2号機も地図に含めている。

**凡例**

**出力規模**
- 50万kW未満
- 100万kW未満
- 100万kW以上

- ■ 再稼働済（定期検査中も含む）
- ◩ 新規制基準合格
- ■ 建設中
- X 廃炉決定済

資料3　主な発電方法の利点と課題

| | 利点 | 課題 |
|---|---|---|
| 石炭火力 | 原料が世界各地に豊富に存在する。電力供給が大量で安定的、需給調節がしやすい。 | $CO_2$の排出量が多い。大気汚染の原因となる物質も排出する。 |
| 石油火力 | 燃料があれば安定して高い発電量が見込める。 | 原料が一部の地域に偏って存在する。燃料の調達量や費用が海外情勢に左右されやすい。石炭火力より少ないが$CO_2$を排出する。 |
| 天然ガス | 世界各地に広く存在する。燃料があれば安定して高い発電量が見込める。 | 中東や東南アジアへの依存度が高く、やや供給が不安定。石炭火力の半分程度の$CO_2$を排出。 |
| 原子力 | 電力供給が大量で安定的。発電時に温室効果ガスを排出しない。 | 事故発生時の被害が甚大で安全対策のコストがかかる。放射性廃棄物の処理方法が未確立で最終処分場も決まっていない。 |
| 水力 | 資源枯渇のおそれがなく、国内で確保できる。温室効果ガスを排出しない。 | 立地が河川上流に限定される。ダムなど大規模な施設建設は自然環境を損なうことがある。 |
| 風力 | 海上にも建設が可能。温室効果ガスを排出しない。 | 発電量が気象条件に左右されるため、電力供給が不安定。立地が限定される。 |
| 太陽光 | 小規模で狭い場所でも設置可能。温室効果ガスを排出しない。 | 発電量が気象条件に左右されるため、電力供給が不安定である。 |
| 地熱 | 日本は火山が多く資源枯渇のおそれがない。温室効果ガスを排出しない。 | 立地が限定される。 |

● 資料1〜4から、2030年の発電割合をどうすべきか、日本のエネルギー政策について、効率と公正、持続可能性の観点から考える。「○○発電をどうする？　その理由は？」を個人で記述させ、その後発表させて意見交流する。

**留意点**

● 東京電力福島第一原発事故による避難者は福島県の発表で2万5376人（2022年3月29日現在。県は仮設住宅を出て災害公営住宅に入った県内避難者は除外している）。被災者の思いに寄り添い、風化させないための授業の工夫もしたい。2016年には電力小売りの全面自由化、2020年には発送電分離により新規事業者も送電網を使うことができ、多様な電源から消費者が選択できるようになるなど、政策の変化にも目を向けたい。また、核廃棄物の最終処分場をめぐって北海道寿都町や神恵内村が文献調査に応募したことも注視したい。

（山本政俊）

資料4　原発作業員の仕事

西日本から来た当時40代の作業員は事故から数カ月後、1号機原子炉建屋の線量を下げるために、鉛の遮蔽板を建屋内に置いてくる作業をした。20kgの鉛板を入れた縦長のリュックを背負い、狭い急階段をビルの6階と同じ高さまで、一気に駆け上がる。1つの班が戻ると、「行くぞ！」という合図で次の班が鉛板を背負い全速力で駆け上がる。建屋内は高線量の瓦礫が散乱し、もたもたすると被ばく線量がどんどん上がってしまう。…線量計の警告音は鳴りっぱなし。緊張と全面マスクの息苦しさで心臓が破裂しそうになりながら、「早く終われ、早く終われ」と心の中でつぶやき続けた。この男性は高線量の現場ばかりを渡り歩いて被ばく線量がかさみ、1か月ほどで現場を去った。

（片山夏子「原発作業員はいま」『いつでも元気』2022年3月号）

原発作業員は「1年間で50、5年で100ミリシーベルト」という被ばく線量の上限があり、それを超えると働けなくなる。現在は年間20ミリシーベルト以下に抑えなくてはならず、現場では人集めに苦労している。

# 7 公正な社会のために　貧困問題

1 時間

## ねらい

●識字率を指標に、教育を受けられない状況に置かれることが貧困を加速させていることを考える。

## 授業の展開

(1) 貧困とは何か

●「1 日いくらのお金があったら生きていけるだろうか？」と問い、自由に発表させる。

　UNDP（国連開発計画）による貧困の定義は「教育、仕事、食料、保健医療、飲料水、住居、エネルギーなど、もっとも基本的な物・サービスを手に入れられない状態のこと」。世界銀行の定める国際貧困ラインは 1 日 1.9 ドル未満に設定されている（2015 年 10 月以降）。

　「1 ドルは現在何円？」（授業日の為替レートで確認する）

　1 ドル 110 円で計算して、1 日約 210 円未満で生活する人たちが、地球には約 7 億人と推定される。

　「地球上の 10 人に 1 人は極度の貧困状態にある。どうしてなんだろう？」

(2) 識字率からみた世界

●「識字とは何のこと？」

　ユネスコでは「日常生活で用いられる簡単で短い文章を理解して読み書きできる能力」と定義。それができる人の割合を示すのが識字率。世界の成人（15 歳以上）の識字率は 1990 年では 76％ → 2016 年 86％。学校に通えない子どもが約 5800 万人、読み書きのできないおとなが約 7 億 8100 万人（世界の 15 歳以上人口の 6 人に 1 人）。

　「どうして読み書きができないのだろう？　その背景は何かな？」（「学校が近くにないから通えない」「学校に行っても先生がいない」「女性に教育は必要ない（早く結婚して家事をするから勉強は役に立たない）という考えがある」「戦争や自然災害の影響を受ける国に住んでいる」など）

(3) 文字の読み書きができないと…

　資料2を読ませる。字が読めないと薬を正しく服用することができない。病気になって医者から薬を処方されても飲み方がわからない。危険なエリアの注意書きがあってもわからずに近づくなど、命が危険にさらされることもある。

資料1　若者（15 ～ 24 歳）の識字率ワースト 7 位の国

| 国 | 男 | 女 |
|---|---|---|
| ブルキナファソ | 57% | 44% |
| 中央アフリカ | 49 | 27 |
| チャド | 41 | 22 |
| コートジボワール | 59 | 47 |
| ギニア | 57 | 37 |
| マリ | 61 | 39 |
| ニジェール | 49 | 32 |

（ユニセフ「世界子供白書」2019 年版から作成）

**資料2　文字の読み書きができないと…**

あなたのお母さんが高熱を出して苦しんでいます。しかし、この村には病院もなくお医者さんもいないので、代わりに学校の先生の家に薬が少しおいてあり、困ったときは分けてもらっています。先生の家を訪ねてみると、先生は町まで出かけていて留守でした。戸棚にはいくつかのコップがありますが、先生以外は文字を読めません。いつも熱が出たときに使う薬と同じようなコップが3つありましたが、区別がつきません。さあ、どれを選びますか？

（教育協力NGOネットワーク「世界一大きな授業」ウェブサイトより、一部改変）

水　　毒　　薬

**資料3　貧困の連鎖（ワークシート）**

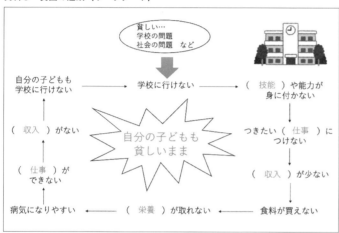

**資料4　マララ・ユスフザイの国連本部でのスピーチ（2013年7月12日）**

「私はあらゆる子どもの教育を受ける権利を訴えているのです」

「1人の子ども、1人の教師、1冊の本、そして1本のペンが、世界を変えられるのです。教育以外に解決策はありません。教育こそ最優先です」

　学校に行けない、文字が読めないことで、どんな問題が起こるのかをワークシート（**資料3**）に記入し、貧困が連鎖することに気づく。

（4）状況を改善するためにどうするか

　**資料4**を読み、私たちにできることはどんなことか考える。

・SDGsの目標4にかかげられる「質の高い教育をみんなに」と関連させて取り上げることも可能である。

**留意点** ..............................

●識字率だけではなく就学率からも授業は可能である。これらの指標は、乳児死亡率と相関関係があるといわれる。また、遠い外国のこととしてだけではなく、日本にも貧困はないかと問いかけ、「子どもの貧困率」（中間的な所得の半分に満たない家庭で暮らす18歳未満の割合）が2018年時点で13.5%（2019年国民生活基礎調査）、7人に1人であることにも目を向けさせたい。「子ども食堂」の増加グラフ（**資料5**）などが教材化できる。

（山本政俊）

**資料5　「子ども食堂」全国箇所数調査（2020年）**

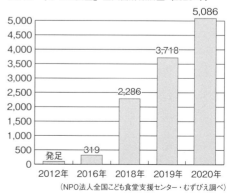

（NPO法人全国こども食堂支援センター・むすびえ調べ）

# 8 新しい戦争　平和の実現のために

1 時間

## ねらい

● 21 世紀になっても終わらない戦争。ロシアのウクライナ侵攻により、国連憲章・国際法に違反する戦争が大きくクローズアップされた。AI 兵器やドローンなど、無人化された兵器で犠牲になるのは、いつも普通の市民である。なぜ紛争が起こるのか、どうすれば解決するのかを考えたい。

## 授業の展開

（1）同時代の戦争・紛争

● 「この写真は何だろうか」（資料1）

　生徒は台風や津波被害を予想するだろうが、空爆の跡である。アゼルバイジャン領「ナゴルノ・カラバフ」をめぐるアルメニアとの軍事衝突「ナゴルノ・カラバフ戦争」は 2020 年 9 月 27 日から始まり、11 月 10 日停戦合意に至った。写真はアゼルバイジャンの攻撃を受けて破壊されたナゴルノ・カラバフの中心都市ステパナケルトの市場。この戦争では、アゼルバイジャンがイスラエル製の「神風ドローン（Kamikaze Drone）」や「自爆ドローン（Suicide Drone）」と呼ばれる兵器を使用した（資料2）。標的を認識すると突っ込んでいき攻撃をおこなう無人機である。

　過去さまざまな地域で紛争が起こってきたことを教科書等で確認させる。

● 「地域紛争の原因を考えよう」

　民族や宗教上の対立に経済格差が結びつく（パレスチナ問題、アイルランド問題、チェチェン紛争、ユーゴスラビア紛争など）、領土や資源をめぐって（インドとパキスタンの紛争など）、侵略行為（湾岸戦争、ロシアのウクライナ侵攻）などがある。

　「紛争で発生する難民の数はどのくらいだと思う？」

　2019 年末時点で、故郷を追われた人びとは 7950 万人（国境を越えて避難した難民 2600 万人、国内避難民 4750 万人）。

（2）アメリカ同時多発テロとアフガン戦争

　2001 年 9 月 11 日にアメリカで起こった同時多発テロの写真（資料3）を見せる。

資料1　ナゴルノ・カラバフ戦争での被害

（朝日新聞 2020 年 11 月 11 日）

資料2　神風ドローン

（CC by Julian Herzog）

デジタル資料集

| | |
|---|---|
| 8時46分 | アメリカン航空11便が世界貿易センタービル・ノースタワーに激突 |
| 9時3分 | ユナイテッド航空175便がサウスタワーに激突。搭載していたジェット燃料に火がつき爆発・炎上。炎は2つのビルに燃え広がった |
| 9時38分 | アメリカン航空77便が国防総省（ペンタゴン）に激突 |
| 9時59分 | サウスタワーが崩壊。脱出する人たちは粉塵と灰にまみれた |
| 10時3分 | ハイジャックされたユナイテッド航空93便がペンシルバニア州シャンクスヴィルに墜落 |
| 10時28分 | ノースタワーが崩壊。わずか12秒で崩れ落ちた |

資料3　9・11米国同時多発テロ

デジタル資料集

（CC by Robert）

ニューヨークでは2753人が死亡（救出活動に駆けつけた343人の消防士と救急救命士、60人の警察官を含む。日本人24人も犠牲）、ペンシルバニアでは40人、ワシントンD.C.では184人が死亡、総死者数は2977人にのぼった。ブッシュ大統領（当時）は、テロ攻撃はテロ組織アルカイダによるものとし「テロとの戦い」を宣言。アルカイダのリーダー、オサマ・ビン・ラディンをかくまったとしてアフガニスタンへの空爆が始まる。

中村哲医師（1946年生まれ）は、NGO「ペシャワール会」現地代表として1986年からアフガニスタン東部の山岳地帯に診療所をつくり、住民に治療をおこない、一緒に井戸を掘り、水路を建設して農業用水を引いた（47ページも参照）。

資料4を読ませ、中村医師の肖像画が描かれた飛行機の写真（資料5）を見せる。

「どうしてアフガニスタンの飛行機に日本人の肖像が描かれているのでしょうか」

中村さんのアフガニスタン人へのまなざしが、現地で敬愛された理由であり、そこから、国際協力の上でもっとも大切にしなければならないことは何かに気づかせ、それが平和につながることを考えさせたい。

資料4　中村哲さんのことば

デジタル資料集

資料5　アフガニスタンの航空会社「カーム航空」の航空機の尾翼に描かれた中村哲さんの肖像

（カーム航空 Facebook ページより、2019年12月5日 www.facebook.com/flykamair/photos/a.114571211910528/3199453320088953/）

### 留意点

● YouTube にある動画「武器ではなく命の水を　医師中村哲とアフガニスタン」は、「100の診療所より1本の用水路を」という中村さんと現地の人びとの力で、アフガニスタンの砂漠に水路ができ、緑野に変わるシーンを映し出す。授業で視聴させたい。

● ロシアのウクライナ侵攻に対して、平和について学ぶ高校生グループが「戦争中止」を求める署名活動をおこなったことや、世界の反戦運動を伝え、できることを考えさせたい。　　　　　　　（山本政俊）

「武器ではなく命の水を　医師中村哲とアフガニスタン」
www.youtube.com/watch?v=i26J_xapNIA

「ウクライナ侵攻で若者たちは抗議署名提出や核廃絶を討論」
（「NHK 政治マガジン」2022年3月21日）
www.nhk.or.jp/politics/articles/lastweek/79532html

# 世界の人びとと平和をつくる
## 核抑止力と核兵器禁止条約

1時間

● わが国に原子爆弾が投下されたことをふまえ、日本と世界のヒバクシャの実相、核保有国による核兵器の開発、核実験が国際社会に及ぼした影響について理解する。

● 近隣諸国に現実の核の脅威があるなかで、核抑止力と核兵器禁止条約のどちらを選択するか、意見をまとめる。

### 授業の展開

(1) 世界の「ヒバクシャ」

● 「次の地名の共通点は何だろう。わかったらその時点で答えてください」

生徒の反応を見ながら順番に板書する。

セミパラチンスク（カザフスタン）、ネバダ（アメリカ）、ムルロア（南太平洋）、ロプノル（中国）続いて板書する。1954年3月1日ビキニ（南太平洋）、1945年8月6日広島、1945年8月9日長崎

「これらの地点の共通点は何かわかりますか」（「核被害」）

「核兵器は何が恐ろしいのだろう？」

→3つの核被害（爆風・熱線・放射線障害）

資料1から放射線障害について理解させる。資料2から、爆風や熱線などの直接的被害だけではなく、心の傷と被爆者のその後に思いを馳せさせたい。

厚生労働省の発表では、2019年度末時点で認定されている被爆者（被爆者健康手帳所有者）は13万6682人。被爆したのに、爆心地から離れている（2km以上）ことを理由に、原爆症の症状があっても被爆者と認定されていない人も大勢いる。

(2) 核兵器と核抑止論

● 「核兵器はどうしてここまで増えてきたのだろう？」

**資料1　ビキニ核実験と第五福竜丸**

> 1954（昭和29）年3月1日、アメリカが南太平洋のビキニ環礁（ユネスコ世界遺産に登録）で水爆実験を実施。近隣の海域で操業していた日本の漁船も被爆しました。水産庁が提出した資料によると、被災した漁船の総数は1423隻。放射能汚染魚を廃棄した漁船は992隻です。静岡県のマグロ漁船「第五福竜丸」が焼津港に戻ると、被爆した23人の乗組員は全員入院。大騒ぎになりました。無線長の久保山愛吉さんは9月23日、2人の子どもを残し40歳の若さで亡くなりました。全国各地に水揚げされた放射能マグロは穴を掘って土の中に埋められました。
>
> （筆者作成）

**資料2　片岡津代さん（広島で被爆）の証言**

> 「顔のケロイドも、ましてや心の傷も癒されることはなかった。自分の傷に向けられる世間の目に耐えられず、社会からかくれるように暮らしてきた。すべてを奪った原爆や傷ついた自分を呪い、悲しみ、なげく日々でした。どれだけ死にたいと思ったことか」1981年に広島を訪れたローマ法王ヨハネ・パウロ2世の言葉が片岡さんの心を動かした。「戦争は人間の仕業です。ヒロシマを考えることは、平和に対して責任をとることです」という平和へのメッセージを聞き、生かされた者の使命として、平和のための道具になりたいと決心した。
>
> （会田法行『被爆者——60年目のことば』ポプラ社）

相手国に対して壊滅的な破壊能力をもつ核兵器をお互いに保有することによって、報復に対する恐怖ゆえに結果として核戦争が阻止されているという考え（核抑止論）がある。

● 「世界には核兵器がこれだけある」（資料3）

核不拡散条約（NPT）によって核兵器の保有が認められているのは米ロ仏中英の5か国。その5か国は「世界の平和と安全の維持」を目的とする国際連合の常任理事国でもある。NPT条約に加わらない核保有国はパキスタン、インド、イスラエル、北朝鮮。

「核兵器はなくす（廃絶）ことができる？　それとも、そんなの無理？」と問い、理由を発表させる。（「核で脅そうとする国がいるからなくならない」「どこかの国が内緒で開発するかもしれないから難しい」「世界中のみんなが信頼しあって、協力すれば可能だと思う」等）

生徒の中で、なくすことができると考えるのは圧倒的少数派である。

(3) ICANと核兵器禁止条約

● 「このマーク（資料4）は何を表したものだろう？」

ICAN（核兵器廃絶国際キャンペーン）は、核兵器を禁止し廃絶するために活動する世界のNGO（非政府組織）の連合体。スイスのジュネーブに国際事務局があり、2017年10月現在101か国から468団体が参加。2017年にノーベル平和賞を受賞した。

2017年7月7日、国連122か国の賛成で「核兵器禁止条約」が採択された。日本政府は核保有国と非保有国の対立を深めるとして条約に反対し、交渉会議に参加しなかった。2021年1月22日に条約は発効。署名86か国、批准61か国（2022年5月時点）。

同条約は、前文で「核兵器の使用による犠牲者（Hibakusya）の…受け入れがたい苦痛と被害を心に留める」と「ヒバクシャ」を明記した。

● 「核兵器禁止条約は核兵器の何を禁止したのだろうか？」

核兵器その他の核爆発装置の開発、実験、生産、製造、取得、保有または貯蔵、移転、受領、使用または使用の威嚇など。

核兵器禁止条約に対する日本政府の見解（資料6）も読み、日本は、米国の核抑止力（核の傘）と核兵器禁止条約への加盟のどちらを選択したほうがいいかを議論させる。

資料3 「世界の核兵器、これだけある」

（朝日新聞デジタル）

各国の核兵器保有数の変化が年を追ってグラフィックで見られる。
www.asahi.com/special/nuclear_peace/change/

資料4 ICANのマーク

資料5 国連会議場で日本代表の机に置かれた折り鶴

「#Wish You Were Here（あなたがここにいてくれたら）」と書かれている。
（しんぶん赤旗2017年3月30日）

資料6 条約に対する日本政府の立場

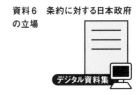

デジタル資料集

┌─────────
│ 留意点
└─────────

● NHKスペシャル「赤い背中〜原爆を背負い続けた60年」に登場する、被爆し背中の皮膚を損傷しながら2005年ニューヨークのNPT会議で核廃絶を訴えた谷口稜曄さんの生き方など、被爆者の人生に寄り添い、その生きざまから学びとることも重視したい。　　　（山本政俊）

NHKティーチャーズ・ライブラリー（www.nhk.or.jp/archives/teachers-l/）で視聴できる。

**編者　一般社団法人 歴史教育者協議会**（略称 歴教協）

戦前の教育への反省の中から1949年に結成され、以来一貫して日本国憲法の理念をふまえた科学的な歴史教育・社会科教育の確立をめざし、その実践と研究・普及活動を積み重ね続けてきた。2011年4月より一般社団法人に移行し、全国に会員と支部組織をもち、授業づくりの研究をはじめ、地域の歴史の掘りおこしやさまざまな歴史教育運動にもとりくむ。機関誌『歴史地理教育』（月刊）を発行し、毎年夏には全国大会を開催している。

**本シリーズ編集委員**　大野一夫、石戸谷浩美、岩田彦太郎、平井敦子

事務所　〒170-0005　東京都豊島区南大塚2-13-8　千成ビル
　　　　TEL03-3947-5701　FAX03-3947-5790
　　　　http://www.rekkyo.org
　　　　メールアドレス　jimukyoku@rekkyo.org

**執筆者一覧**（50音順・＊は担当編集委員）

青木潤一（あおき・じゅんいち）　元 同志社中学校高等学校
井口和之（いぐち・かずゆき）　同志社中学校高等学校
池本恭代（いけもと・やすよ）　東京都公立中学校
片岡鉄也（かたおか・てつや）　むかわ町立鵡川中学校
鈴木惇平（すずき・じゅんぺい）　金蘭会高等学校・中学校
中尾 忍（なかお・しのぶ）　香川県歴教協所属
長屋勝彦（ながや・かつひこ）　千葉県歴教協、歴教協事務局長
根本理平（ねもと・りへい）　南山高等学校・中学校 女子部
＊平井敦子（ひらい・あつこ）　札幌市立真駒内曙中学校
平井美津子（ひらい・みつこ）　吹田市立千里丘中学校
藤川 瞭（ふじかわ・りょう）　元 立命館宇治中学校・高等学校
本庄 豊（ほんじょう・ゆたか）　立命館大学
松尾良作（まつお・りょうさく）　金蘭会高等学校・中学校
松田浩史（まつだ・ひろし）　高等専修学校珊瑚舎スコーレ高等部
山本政俊（やまもと・まさとし）　札幌学院大学 人文学部

カバーイラスト　日野浦剛
カバーデザイン　ネオプラン
本文DTP　編集工房一生社

本書に掲載した写真・図版に関しては、できる限り著作権等を確認し必要な手続きをとりましたが、不明のものもあります。お気づきの点がありましたら小社編集部あてにご連絡ください。

**明日の授業に使える**

**中学校社会科 公民　第2版**

2022年6月15日　第1刷発行

定価はカバーに表示してあります

編者　歴史教育者協議会
発行者　中川 進
発行所　株式会社大月書店
　　　　〒113-0033　東京都文京区本郷2-27-16
電話　03-3813-4651（代表）
FAX　03-3813-4656
振替　00130-7-16387
　　　　http://www.otsukishoten.co.jp/
印刷　三晃印刷
製本　中永製本

©History Educationalist Conference of Japan 2022

ISBN978-4-272-40869-6 C0337 Printed in Japan

# デジタル資料集　登録用シリアル ID

「デジタル資料集」のユーザー登録には下記の ID 番号が必要です。この ID は初回登録時のみ使用します。次回からはご自身で設定した ID とパスワードでログインしてください。ID およびパスワードは大切に保管し、第三者に知らせないようにしてください。

デジタル資料集トップページ　https://data.otsukishoten.co.jp/jugyo/

637981747483